C A R L AUER

Ernest L. Rossi (Hrsg.)

Gesammelte Schriften von Milton H. Erickson

Band II

Indirekte Suggestion und Gefahren der Hypnose

**Sonderausgabe für die M. E. G.
Milton Erickson Gesellschaft
für klinische Hypnose e. V.**

1996

Aus dem Amerikanischen übersetzt von Sally und Bernd Hofmeister
unter fachlicher Beratung von Prof. Dr. Karl-Ludwig Holtz,
Dipl.-Psych. Alida Iost-Peter und Dipl.-Psych. Manfred Prior

DTP-Management: Peter W. Gester
Satz: Paul Richardson
Umschlagentwurf: WSP Design, Heidelberg
Printed in Germany 1996
Gesamtherstellung: Druckerei Kösel, Kempten

Erste Auflage, 1996
Herausgeber der deutschen Ausgabe:
Bernhard Trenkle, Gunthard Weber

Die Deutsche Bibliothek - CIP-Einheitsaufnahme

Erickson Milton H.:
Gesammelte Schriften / von Milton H. Erickson. Ernest L. Rossi.
[Hrsg. der dt. Ausg.: Bernhard Trenkle ; Gunthard Weber]. -
Sonderausg. für die MEG, Milton-Erickson-Gesellschaft für Klinische Hypnose e. V. -
Heidelberg : Carl-Auer-Systeme, Verl. und Verl.-Buchh.
Orig.-Ausg. u. d. T.: Erickson, Milton H.: The collected papers
of Milton H. Erickson on hypnosis
NE: Rossi, Ernest L. [Hrsg.]; Erickson, Milton H.: [Sammlung <dt.>]
Sonderausg. für die MEG, Milton-Erickson-Gesellschaft für Klinische Hypnose e. V.
Bd. 2. Indirekte Suggestion und Gefahren der Hypnose / [aus
dem Amerikan. übers. von Sally und Bernd Hofmeister]. - 1. Aufl. - 1996
ISBN 3-931574-33-4

Die Originalausgabe dieses Buches ist unter dem Titel
"The Collected Papers of Milton H. Erickson on Hypnosis",
Volume I erschienen.

Inhalt

I. Über das Wesen der Suggestion[1]

In diesem Abschnitt vergleichen wir in einem allgemeinen Überblick Ericksons eigenen Ansatz mit den Ansätzen seiner zahlreichen Schüler und Mitarbeiter. Ericksons eigene Arbeit läßt sich als klassische Methode charakterisieren, die das Wesen hypnotischer Phänomene und Suggestionen an sich wie auch ihre therapeutische Anwendung untersucht. Die meisten seiner Schüler und Kollegen auf dem Gebiet der Medizin und Zahnmedizin übernahmen seine klassische Methode, was sich in Ericksons erstem Buch manifestiert, *The Practical Application of Medical and Dental Hypnosis* (Julian Press, 1961), das er mit Hershman und Secter verfaßt hat.

Diese klassische Methode wird im ersten Artikel dieses Abschnitts, „Über Wesen und Charakter posthypnotischen Verhaltens", gut dargestellt. In dem Artikel, den Erickson zusammen mit seiner Frau Elizabeth geschrieben hat, werden entsprechend der akademischen Tradition zuerst die Arbeiten der Vorläufer untersucht, um dann die Resultate der eigenen Beobachtungen und Entdeckungen hinzuzufügen. Experimentelle Entwürfe, Statistiken oder Kontrollgruppen fehlen jedoch. Was nicht fehlt, sind die Einsichten und das besondere Genie des beherzten Forschers, der mit seinem Forschungsfeld eins ist. Man kann sich schlecht vorstellen, wie die wichtigste Entdeckung dieses Artikels, daß nämlich posthypnotische Reaktionen selbst in „einer spontanen, selbstbegrenzten, posthypnotischen Trance" ausgeführt werden, mit all dem Drum und Dran moderner experimenteller Methoden hätte entdeckt werden können. Sorgfältige Beobachtung, eine unendliche Neugier und ein jahrzehntelanger hingebungsvoller Um-

1. Anders als im Englischen gibt es in der deutschen Sprache den Begriff „Suggestion" fast ausschließlich im Zusammenhang mit Hypnose oder einer Verfassung, in der jemand nur eingeschränkte Möglichkeiten hat, sich gegen die mit dem Wort „Suggestion" ausgedrückte Macht über das Denken, Fühlen und Handeln zu wehren. „Suggestion" wird im deutschen Sprachraum als eindringliche, natürliche Barrieren durchbrechende Kommunikationsform verstanden. Bezeichnend dafür ist auch der Begriff der „Suggestivfrage", den es im Englischen nicht in Verbindung mit „suggestion" gibt (würde man das Wort Suggestivfrage mit „suggestive question" übersetzen, würde es als anregende, vieldeutige, allenfalls noch schlüpfrige Frage verstanden werden). Der deutsche Begriff „Suggestion" transportiert ein aus dem letzten Jahrhundert stammendes Verständnis der (hypnose-)therapeutischen Beziehung und der (hypnose-)therapeutischen Wirkmechanismen: Man denkt unwillkürlich an eine hierarchische, von Macht, Gehorsam und Unterordnung geprägte Beziehung. Der Therapeut suggeriert etwas, und der Klient kann nicht anders, als diesen Suggestionen

gang mit hypnotischen Phänomenen und deren Studium waren erforderlich, um diese subtilste Bewußtseinsänderung zu erkennen, die offensichtlich von allen früheren Untersuchenden übersehen worden war. Seit der Veröffentlichung dieser Entdeckung haben viele Schüler und klinische Kollegen Ericksons ihren Wert anerkannt und ihre therapeutische Anwendung erforscht. Soweit uns bekannt ist, hat jedoch noch niemand eine experimentelle Studie durchgeführt, um sie zu bewerten und ihre Parameter zu beschreiben.

Dies gilt auch für die anderen Methoden, die von anderen Forschern in der Auseinandersetzung mit Erickson erarbeitet wurden. Da ist zunächst die *psychoanalytische Theorie* zu nennen, vertreten durch die frühe Arbeit von Erickson in den 30er und 40er Jahren zusammen mit Kubie, Hill, Huston und Shakow. Diese Studien werden in Band 4 dieser Gesamtausgabe vorgestellt, der von der hypnotischen Untersuchung der psychodynamischen Prozesse handelt.

Als zweites sind ferner die Arbeiten von Bateson, Haley und Weakland wichtig, die in den 50er Jahren gemeinsam ihren *Interpersonellen Doppelbindungsansatz* erarbeiteten, der im zweiten Teil des ersten Bandes unter der Überschrift *Kommentiertes Transkript einer Tranceinduktion* vorgestellt wird. Diese Methode wurde in den 70er Jahren von Watzlawick (1978) weiterentwickelt, der die Rolle der linken und der rechten Gehirnhälfte bei der psychotherapeutischen Arbeit betonte. Die heute „Zeitverzerrung" genannten hypnotischen Phänomene standen auch im Zentrum einer intensiven Zusammenarbeit von Erickson und Linn Cooper während der 50er Jahre.

Die detaillierte Analyse von Ericksons Arbeit wurde in den frühen 70er Jahren vom Herausgeber wieder aufgegriffen. Er versuchte, Ericksons eigene Interpretation seiner Arbeit unbeeinflußt durch die

---

mehr oder weniger willenlos Folge zu leisten. Der Therapeut gibt etwas (nämlich die Suggestionen), und der Klient nimmt sie auf und kann nicht anders, als sie zu befolgen.

Im englischen und amerikanischen Sprachraum steht das Wort „suggestion" hingegen für eine sehr zurückhaltende Kommunikationsform, die am ehesten mit „Vorschlag" oder „Anregung" übersetzt werden kann. Im *Muret-Sanders*, einem Wörterbuch der englischen und deutschen Sprache, wird der englische Begriff „suggestion" mit „1. Vorschlag, Anregung ... 2. Wink, Hinweis. 3. Anflug, Spur, Hauch, ‚Idee',... 4. Vermutung: *a mere suggestion*. 5. Erinnerung (of an *acc.*). 6. Hervor-, Wachrufen. 7. Andeutung, Anspielung (*of* auf *acc*). 8. Eingebung, -flüsterung" und erst an der letzer Stelle mit „9. *psych.* Suggestion, (hypnotische) Beeinflussung" übersetzt (*Der Kleine Muret-Sanders; Langenscheidts Großwörterbuch*, Berlin 1989, S. 970). Die Herausgeber haben sich entschieden, einer Übersetzungstradition zu folgen und für den englischen Begriff „suggestion" auch im Deutschen das leider „suggestiver" wirkende Wort „Suggestion" zu verwenden.

Theorie oder den Bezugsrahmen anderer zu verstehen. Aus dieser Zusammenarbeit ging die doppelte Thematik *Utilisierungstheorie* und *Indirekte Suggestionsformen* als das Wesentliche des einzigartigen Beitrags Ericksons für das Verständnis des Wesens hypnotischer Suggestionen hervor. Diese doppelte Thematik war in vielen der frühen Artikel von Erickson schon angelegt. Sie führte in Übereinstimmung mit der modernen humanistischen Psychologie zum dritten wichtigen Ansatz, der betonte, wie die eigenen *kreativen Prozesse* des Patienten durch hypnotische Suggestionen hervorgerufen werden, um dadurch *menschliche Ressourcen auszuschöpfen.* Wie im fünften Band dieser Gesamtausgabe, *Innovative Hypnotherapie I*, dargestellt, beschäftigte sich Erickson im Verlauf seines Schaffens bevorzugt mit genau diesen Themen, wie nämlich Patienten zu helfen sei, aus gelernten Beschränkungen auszubrechen, damit sich ihre Möglichkeiten entfalten können.

Mitte der 70er Jahre wurde noch eine neue Methode, nämlich *Chomskys Transformationslinguistik*, dargestellt von Bandler und Grinder in ihrer auf drei Bände projektierten Arbeit *Patterns of the Hypnotic Techniques of Milton H. Erickson, M. D.*, (1975), für eine Analyse von Ericksons Arbeit angewandt. In dieser Zeit leistete Beahrs (1971, 1977a, 1977b; Beahrs a. Humiston 1974) einen entscheidenden Beitrag zu unserem Verständnis von Erickson.

All diese Methoden tragen dazu bei, daß es auf dem Forschungsgebiet über das Wesen hypnotischer Suggestionen zur Zeit kräftig gärt. Die Artikel dieses Abschnitts können nur einen Teil dieser Gärung reflektieren. Was jetzt ansteht, ist eine umfangreiche experimentelle Arbeit, die hilft, die relativen Vorzüge dieser theoretischen Ideen einzuschätzen. Die vielen Schüler und Therapeuten, die sich mit Dr. Erickson zur Zeit zu informellen Seminaren treffen, sind vielleicht die Vorboten dieser zukünftigen Arbeit.

1. Über das Wesen und den Charakter posthypnotischen Verhaltens[1]

Milton H. Erickson und Elizabeth M. Erickson

Obwohl das posthypnotische Verhalten und seine experimentelle bzw. therapeutische Anwendung allgemein bekannt ist, hat es als eigenständiges Phänomen wenig Beachtung gefunden. Statt dessen hat sich die Aufmerksamkeit fast ausschließlich auf die zahlreichen Aktivitäten gerichtet, die den Betroffenen als posthypnotische Aufgaben vorgeschlagen wurden. Die Besonderheiten des Verhaltens, das den posthypnotischen Zustand charakterisiert, wenn nicht gar konstituiert, und das die Art und Weise und den Umfang der suggerierten posthypnotischen Aktivität beeinflußt und vielleicht bestimmt, wurden vernachlässigt. Wichtig waren primär die mit den posthypnotischen Suggestionen erzielten Resultate und nicht der Charakter oder die Art des psychologischen Settings. Das Studium der geistigen Prozesse und der Verhaltensmuster, auf denen diese Resultate basieren und die notwendigerweise auf die eine oder andere Art vor, wenn nicht gar während der posthypnotischen Aktivität wirksam waren, ist vernachlässigt worden. Doch obwohl das experimentell vernachlässigt wurde, hat man bestimmte signifikante Fakten bezüglich der posthypnotischen Aktivität anerkannt. Diese implizieren ganz direkt die Existenz eines besonderen geistigen Zustands, der den Hintergrund für das posthypnotische Handeln bildet.

An erster Stelle ist das Auftreten des posthypnotischen Handelns als Reaktion auf eine Suggestion zu nennen, die zeitlich weit vor der Situation liegt, in der sie etwas bewirkt. Danach dient der unmittelbare Stimulus, das posthypnotische Signal oder der Auslöser des posthypnotischen Handelns, nur dazu, die Zeit für die Aktivität festzulegen, nicht jedoch die Art des Verhaltens, das von anderen Faktoren bestimmt wird. Auch ist das posthypnotische Handeln nicht bewußt motiviert, sondern entsteht aus einer früheren Situation, derer sich der Patient nicht bewußt ist. Schließlich ist es kein integraler Bestandteil des Verhaltens in der Gesamtsituation, in der es auftritt, sondern unterbricht tatsächlich den bewußten Handlungsablauf und steht möglicherweise in Widerspruch zu diesem.

---

1 Zuerst erschienen in: *The Journal of Genetic Psychology 24*, 1941, 95-133

Beim Durchschauen der in den letzten 20 Jahren publizierten Literatur, die zirka 450 Titel umfaßt, fanden sich keine Verweise, die sich auf das Studium des posthypnotischen Verhaltens selbst bezogen, obgleich viele der Titel andeuteten, daß posthypnotische Suggestionen verwendet wurden, um andere Verhaltensmuster zu studieren. Auch die Durchsicht von etwa 150 ausgewählten Artikeln und Büchern, von denen einige schon 1888 veröffentlicht wurden, ergab nur wenig Hinweise, daß das posthypnotische Verhalten eindeutig als ein spezifisches Phänomen gesehen wurde.

Ergiebiger als die experimentellen Studien waren die allgemeinen Lehrbücher über Hypnose. Aber auch hier fanden sich im wesentlichen nur allgemeine Behauptungen oder kurze, vage und manchmal widersprüchliche Aussagen, die entweder auf der eigenen Erfahrung des Autors und der Erfahrung anderer basierten oder auf experimentellem Material, das unzulänglich und häufig irrelevant war und bei dem die Resultate suggerierter posthypnotischer Aktivitäten mit den geistigen Prozessen und Mustern posthypnotischen Verhaltens verwechselt wurden, durch die diese Resultate erzielt wurden.

Trotz dieser Unzulänglichkeiten deutet einiges darauf hin, daß posthypnotisches Verhalten häufig als ein sich selbst konstituierendes Verhalten erkannt wurde. Etliche Autoren werden hier zitiert und kurz diskutiert werden, wobei wir vor allem jene Punkte betonen, die wir in direktem Bezug zu experimentellen Daten in diesem Artikel entwickeln wollen.

So führt Bernheim (1896, S. 147) bei der Diskussion posthypnotischer Aktivitäten aus: „Ich habe auseinandergesetzt, daß die Somnambulen, welche sich für Suggestionen auf lange Sicht eignen, sämtlich in hervorragendem Masse auch im Wachen suggerierbar sind, daß sie mit größter Leichtigkeit aus einem Bewußtseinszustand in den anderen übergehen, daß sie, wie ich mich ausgedrückt habe, spontan und ohne besondere Vorbereitung somnambul sind." Er geht jedoch nicht näher darauf ein.

Ebenso erkennt Sidis (1898, S. 174) die Tatsache an, daß sich posthypnotisches Verhalten vom gewöhnlichen bewußten Verhalten unterscheidet und sich durch besondere Charakteristika auszeichnet. Er erklärt: „Die posthypnotische Suggestion steigt auf aus den Tiefen des sekundären Selbst als eine feste, beharrliche Idee ... In Hypnose wird die Suggestion durch das sekundäre, halbwache, suggestive Selbst aufgenommen, und danach bricht diese Suggestion durch den Strom des wachen Bewußtseins ..." Ohne den Versuch zu machen, diese Punkte näher auszuführen, fährt er fort mit der Diskussion bestimmter experimenteller Resultate, die für diese Beobachtungen völlig unerheblich sind.

Ganz ähnlich führt Bramwell (1921, S. 95) aus:

> Unter gewöhnlichen Umständen verschwinden in dem Augenblick, in dem die Hypnose beendet wird, all die Phänomene, die sie unmittelbar charakterisiert haben. In bezug auf Suggestionen können sich jedoch ein oder mehrere dieser Phänomene im wachen Leben des Patienten manifestieren. Dies wird auf zwei Arten zustande gebracht. (1) Wenn der Hypnotiseur suggeriert, daß eines oder mehrere der Phänomene nach dem Erwachen andauern soll ... (2) Die interessanteste Klasse posthypnotischer Suggestionen ist jedoch jene, in der das Erscheinen der Phänomene bis zu einem mehr oder weniger fernen Zeitpunkt nach Beendigung der Hypnose aufgeschoben wurde.

Im selben Kapitel sagt Bramwell (1921, S. 111–112) später: „Nach Ansicht der meisten Autoritäten werden posthypnotische Suggestionen, selbst wenn sie einige Zeit nach dem Erwachen befolgt werden, nicht im normalen Zustand ausgeführt. Tatsächlich entsteht eine neue Hypnose oder ein ihr sehr ähnlicher Zustand." Er fährt fort:

> Nach Moll sind die Bedingungen, unter denen posthypnotische Handlungen ausgeführt werden, sehr unterschiedlich. Er faßt sie folgendermaßen zusammen: (1) Ein Zustand, in dem eine neue, durch Suggestibilität charakterisierte Hypnose während der Ausführung der Handlung auftritt, mit einem späteren Erinnerungsverlust und keinem spontanen Erwachen. (2) Ein Zustand, in dem keine Symptome einer neuen Hypnose zu entdecken sind, obwohl die Handlung ausgeführt wird. (3) Ein Zustand mit oder ohne neue Suggestibilität gegenüber Suggestionen, mit völligem Vergessen der Handlung und spontanem Erwachen. (4) Ein Zustand der Empfänglichkeit für Suggestionen mit nachfolgendem Erinnerungsverlust.

Offensichtlich stimmt Bramwell dieser recht angemessenen, wenn auch verworren ausgedrückten Anerkennung Molls bezüglich der Existenz eines posthypnotischen Zustands zu. Dennoch setzt er seine Diskussion fort mit einer irrelevanten Ausführung über die unmittelbaren Ergebnisse, die bei der Behandlung von physiologischen Störungen durch posthypnotische Suggestionen erzielt werden. Außer einigen verstreuten, ähnlich unbefriedigenden Verweisen, bemüht er sich nicht um nähere Erläuterung.

Bei Schilder und Kauders (1927, S. 64) findet man folgende widersprüchliche Darlegung, in der der posthypnotische Zustand als ein spezieller, aber schwer erkennbarer Zustand charakterisiert wird:

> Bestimmte Autoren nehmen tatsächlich an, daß die Hypnose während der Ausführung des posthypnotischen Befehls wieder erneuert wird, eine Annahme, die dadurch gestützt wird, daß bei einigen der Personen, mit denen experimentiert wurde, tatsächlich während der Ausführung des posthypnotischen Befehls ein traumähnlicher Zustand eintritt. In anderen Fällen können Personen, die dem posthypnotischen Befehl entsprechen, kaum von anderen, einen Befehl ausführenden Personen unterschieden werden, so daß es weit hergeholt wäre, von einer Erneuerung des hypnotischen Zustands zu sprechen.

Außer der allgemeinen Diskussion einiger durch posthypnotische Suggestionen erhaltenen Ergebnisse bemühen sich Schilder und Kauders nicht um weitere Klärung.

Binet und Féré (1888, S. 177) erkennen, daß hypnotisierte Personen eine seltsame Sensitivität gegenüber Suggestionen an den Tag legen, nachdem sie aus einer Trance erwachen, und sie lenken die Aufmerksamkeit auf posthypnotisches Verhalten als ein spezifisches Phänomen, wobei sie die Betonung auf die folgende signifikante Beobachtung legen: „... wenn ein Patient nach dem Erwachen unter dem Einfluß einer Suggestion bleibt, ist er nicht zu seinem normalen Zustand zurückgekehrt, wenn es auch danach aussieht."

Hull (1933, S. 300) erhebt, mit direktem Bezug auf diese Passage, Einwendungen gegenüber dieser Erklärung und kommentiert: „Diese Aussage ist aus unserer gegenwärtigen Sicht ähnlich widersprüchlich, weil Handlungen, die aufgrund von posthypnotischen Suggestionen ausgeführt werden, einen Spezialfall darstellen, wie aus der Tatsache hervorgeht, daß sie beim Erwachen in der Regel nicht erinnert werden." Inwieweit dieser Kommentar auf die Beobachtung von Binet und Féré zutrifft, ist nicht sicher. Obwohl Hull in einem 1933 veröffentlichten Lehrbuch erkennt, daß posthypnotisches Verhalten ein „Spezialfall" sei, zieht er weder Konsequenzen aus seiner eigenen Aussage noch aus seiner Kenntnis der Beobachtung von Binet und Féré. Weder er noch seine Kollegen versuchen in ihrer umfangreichen experimentellen Arbeit, die mögliche Existenz eines posthypnotischen

Zustands zu berücksichtigen, der signifikante Auswirkungen auf posthypnotische Handlungen haben könnte. Sie beachten nicht den möglichen Einfluß der geistigen Prozesse und Verhaltensmuster, die für den posthypnotischen Zustand charakteristisch sind, auf die zugewiesene Aufgabe, obwohl diese den gesamten Charakter der posthypnotischen Aktivität signifikant, wenn auch vielleicht indirekt, kontrollieren könnten. Hull zitiert zahlreiche Versuche und widmet beispielsweise ein ganzes Kapitel seines Lehrbuchs den posthypnotischen Phänomenen, beschränkt das Kapitel jedoch auf Amnesiestudien bei direkt suggerierten Handlungen und auf Studien über die Dauer posthypnotischer Befehle, ohne sich auf den geistigen Zustand zu beziehen, für den das Behalten und Ausführen von Suggestionen nur eine Teilüberlegung darstellt.

Hull und seine Kollegen befinden sich in dieser Hinsicht in guter Gesellschaft, denn es besteht generell die Tendenz, posthypnotisches Verhalten nur in bezug darauf zu untersuchen, wie gut eine suggerierte Aufgabe ausgeführt wird, ohne den geistigen oder psychischen Zustand zu beachten, der das Setting für diese Aufgabe bildet. Die Tatsache, daß die Ausführung der Aufgabe nur eine Teilmanifestation des allgemeinen geistigen Zustands ist, scheint allgemein nicht anerkannt zu werden. Erst wenn ausreichend Vorsorge getroffen wird für das, was in der Situation, in der die Aufgabe zu erfüllen ist, nötig ist, kann sie als ein Maßstab für die Qualität der Ausführung betrachtet werden.

Nach unserer Ansicht ist die Vernachlässigung des besonderen Charakters des posthypnotischen Zustands zu einem großen Teil für die Verworrenheit, Unzuverlässigkeit und Widersprüchlichkeit der Ergebnisse experimenteller Studien posthypnotischer Phänomene verantwortlich.

So schreibt Lundholm (1928, S. 338) in seiner Studie über funktionale Anästhesien: „Als die Experimente durchgeführt wurden, befand sich der Patient in einem posthypnotischen, völlig wachen Zustand, in dem er jedoch gegenüber schnippenden Geräuschen taub war, wobei die Taubheit auf die vorhergehende Suggestion während des hypnotischen Schlafes zurückzuführen war." Man nimmt folglich an, daß der Patient völlig wach war, also weder in einem teilweise wachen noch in einem somnambulen Zustand. Die Tatsache wird nicht berücksichtigt, daß die gegebenen Suggestionen dazu dienten, den Trancezustand tatsächlich zu einem signifikanten Teil fortzusetzen, da die posthypnotische Suggestion eine ununterbrochene Fortdauer bestimmter Phänomene des Trancezustands erzwang, die in einem völlig wachen Zustand nicht möglich sind.

Ein anderer Fall, bei dem der posthypnotische Zustand völlig vernachlässigt wird und es zu einer Verwechslung von somnambulen Zuständen mit dem Wachzustand kommt, findet sich in Platonows (1933) Experiment über Altersregression. Bei der Beschreibung seines Experiments führt er aus:

> Nachdem der Patient einen geeigneten Hypnosezustand erreicht hatte, sprachen wir ihn in der Regel wie folgt an:
>
> *„Sie sind in diesem Augenblick sechs Jahre alt."* (Diese Suggestion wurde dreimal wiederholt.) *„Nachdem Sie aufwachen, sind Sie ein Kind von sechs Jahren. Wachen Sie auf!"*
>
> Nachdem der Patient wach war, führte man zum Zwecke der Orientierung ein kurzes Gespräch mit ihm, und darauf folgten Tests nach der Binet-Simon-Methode. Mit Hilfe von Suggestionen wurden die Patienten in ein Alter von vier, sechs und zehn Jahren versetzt. Bei der Versetzung von einem Alter in das andere wurden sie hypnotisiert, sie erhielten die entsprechende Suggestion und wurden wieder aufgeweckt. Die Experimente wurden in der Regel mit der Suggestion des tatsächlichen Alters beendet, und es folgte eine Amnesie.

Diese Beschreibung will glauben machen, daß die Patienten während der Durchführung der psychometrischen Tests in der allgemeinen Bedeutung des Wortes „wach" waren, obwohl der Versuchsleiter selbst bestätigte, daß das normale wache Gedächtnis nicht vorhanden war, und obwohl er durch seine Experimente ausreichend Beweise erbrachte, daß durch die hypnotischen Suggestionen ein vom normalen Wachzustand unterschiedlicher geistiger Zustand hervorgerufen worden war.

Glücklicherweise hatte der verworrene und widersprüchliche Gebrauch der Begriffe in beiden obigen Experimenten keinen Einfluß auf die Gültigkeit der Ergebnisse oder Schlußfolgerungen.

Bei einer Durchsicht von Hulls Artikeln und der seiner Kollegen finden sich viele Verweise auf die beim Studium der Ergebnisse des posthypnotischen Zustands involvierten Probleme. Offensichtlich wird jedoch nicht erkannt, daß der Patient aufgrund der erhaltenen posthypnotischen Suggestionen oder bei der Ausführung posthypnotischer Handlungen womöglich ein Verhalten an den Tag legt, das sich von der zugewiesenen Aufgabe unterscheidet und das dazu führt, daß die Durchführung der Aufgabe entscheidend verändert wird. So schlägt Hull Studien vor, um das Verhalten auf posthypnotische Suggestionen zu erforschen oder Amnesien als posthypnotische Phänomene, ohne die mögliche Wirkung, ob direkt oder indirekt, zu berücksichtigen, die der posthypnotische Zustand auf das hervorgerufene Verhalten vielleicht haben könnte (Hull 1931). Er ist offensichtlich nur an den gewonnenen Ergebnissen interessiert und scheint nicht zu erkennen, daß jede Interpretation dieser Ergebnisse in den spezifischen Begriffen des psychologischen Settings zu erfolgen hat, in dem sie hervorgerufen wurden, statt in einer so breiten und schlecht definierten Kategorisierung wie in dem Begriff „posthypnotisch". Die Tendenz, die Ergebnisse so zu interpretieren, als stellten sie eine posthypnotische Aktivität dar, ist nur in dieser Hinsicht von Wert, vermittelt jedoch keine Erkenntnis darüber, was der posthypnotische Zustand selbst ist, und ist weitgehend für die Unbeständigkeit der Ergebnisse posthypnotischer Untersuchungen verantwortlich. Kurz gesagt, Hull wie auch seine Kollegen betonen nur posthypnotische Suggestionen und ihre letztendlichen Resultate und nicht den posthypnotischen Zustand, der vor, wenn nicht gar während, der posthypnotischen Aktivität bestehen muß. Sie vernachlässigen völlig die Tatsache, daß es notwendigerweise einen Bewußtseinszustand geben muß, der es erlaubt, daß die posthypnotische Suggestion, der sich der Patient häufig erst dann bewußt ist, wenn der passende Auslöser gegeben wird, wenigstens teilweise ins Bewußtsein dringen kann. Selbst dann hat dieses Bewußtsein einen seltsamen, begrenzten und beschränkten Charakter und ist nicht vergleichbar mit gewöhnlichen Bewußtseinszuständen. Dennoch haben Hull und seine Kollegen ihre Aufmerksamkeit lediglich auf den Beginn und das Ende eines langen, komplizierten Prozesses gerichtet und haben die Zwischenschritte ignoriert.

Um die bestehende Konfusion bei der Verwendung posthypnotischer Suggestionen zu verdeutlichen, sei unter anderen das Experiment von Williams (1929, S. 324) zitiert. Williams führt in seinem Bericht aus:

> Wenn wir in den Arbeitsperioden Trance- und Normalzustände miteinander kombinierten, wurde der Patient aufgeweckt, wenn er in der Trance erschöpft war, indem in rascher Folge wiederholt wurde: *„Eins, zwei, drei, völlig wach."* Die Instruktion, „so weiterzumachen", wurde in diesem Fall ebenfalls gegeben, damit der Patient seine Arbeit möglicherweise auch im Wachzustand fortsetzen könne.

Mit dieser Kombination von Instruktionen, die im Trancezustand den Befehl gibt, aufzuwachen und nach dem Aufwachen so weiterzumachen, gab Williams dem Patienten tatsächlich einen posthypnotischen Befehl. Demnach war die „Ausführung im Wachzustand" eine Reaktion auf eine nicht beabsichtigte und nicht erkannte posthypnotische Suggestion. Ferner nahm Williams offensichtlich an, daß das Erwachen aus einer hypnotischen Trance, trotz des Andauerns der Tranceaktivität, sofort bewerkstelligt werden könnte. Ganz ähnlich nahm er im selben Experiment an, daß eine Tranceinduktion sofort erfolgen könnte, ohne Unterbrechung der im Wachzustand ausgeführten Aktivitäten. Folglich ist die Gültigkeit seiner Entdeckungen, die Ausführungen im Wach- und Trancezustand darstellen sollen, in Frage zu stellen.

Die gleiche gedankliche Konfusion hinsichtlich posthypnotischer Suggestionen und der von ihnen zu erwartenden Ergebnisse zeigt sich auch bei Messerschmidt (1927–1928) in ihrem Experiment zur Dissoziation. Es wurden posthypnotische Befehle gegeben, die sich direkt und indirekt auf unterschiedliche Aufgaben bezogen, von denen die eine vermutlich auf einer bewußten Ebene und die andere in einem posthypnotischen oder „unbewußten" Zustand ausgeführt werden sollte. Die Folge war, daß sowohl das posthypnotische Verhalten als auch das angeblich wache Verhalten zu integralen Bestandteilen einer einzigen Ausführung wurden, von der ein Teil durch direkte posthypnotische Suggestionen zustande kam. Der andere Teil geschah als Reaktion auf indirekte und unbeabsichtigte posthypnotische Suggestionen, insbesondere auf die Instruktion, die posthypnotische Aktivität fortzusetzen, obwohl im Wachzustand eine neue und unterschiedliche Aufgabe gegeben worden war. So diente die posthypnotische Suggestion dazu, den Patienten zu instruieren, sich auf bestimmte, definitive Aufgaben vorzubereiten sowie auf andere, noch nicht benannte Aufgaben, obwohl sich der Patient bei der Wiederholung der experimentellen Verfahrensweisen im Trancezustand notwendigerweise bewußt wurde, daß die gewünschten Ausführungen einen dualen Charakter haben mußten. Den Patienten im Trancezustand zu instruieren, er habe im Wachzustand eine aufgetragene Aufgabe auszuführen, wenn der Patient genau weiß, daß ihm im Wachzustand eine zweite, von der ersten abhängige Aufgabe gestellt wird, heißt tatsächlich zwei Arten von posthypnotischen Suggestionen zu geben. Wenn man einem Patienten im Trancezustand instruiert, er solle beim Aufwachen Additionsreihen ausführen, indem er automatisch schreibt, ohne sich um andere Aufgaben zu kümmern, die ihm eventuell aufgetragen wurden, oder „im Unterbewußtsein" Additionsreihen ausführen, während er „bewußt" laut liest, dann bedeutet das, daß man posthypnotische Suggestionen gibt, die beide Aktivitäten abdecken. Dadurch verwandelt sich die

„bewußte" Aufgabe tatsächlich in eine posthypnotische Aktivität, die die anderen posthypnotischen Aktivitäten begleitet. Wenn man also einem hypnotisierten Patient suggeriert, eine Aufgabe „unbewußt" und eine andere Aufgabe „bewußt" auszuführen, dann dient dies nur dazu, posthypnotische Ausführungen beider Aufgaben auszulösen und nicht die Ausführung der einen Aufgabe im Wachzustand, obwohl deren bewußter Anteil größer ist, was in sich selbst eine zusätzliche posthypnotische Reaktion darstellt.

Zusätzlich zu den schon erwähnten Fehleinschätzungen berücksichtigt Messerschmidts Experiment, genau wie das von Williams, nicht die mögliche Existenz eines posthypnotischen, somnambulen oder besonderen geistigen Zustands, der sich mehr oder weniger signifikant auf die Ausführung der suggerierten Aufgabe auswirken oder einen signifikanten Einfluß auf sie ausüben könnte.

Recht unterschiedlich von den gewöhnlichen experimentellen Studien posthypnotischen Verhaltens ist der Bericht von Brickner und Kubie (1936), die im Verlauf ihrer Untersuchung die signifikante Wirkung betonen, die der geistige Zustand, der sich direkt aus posthypnotischen Suggestionen entwickelt, auf das gesamte Verhaltensmuster hat. Sie bemerken auch das Verschwinden dieser Veränderungen des allgemeinen Verhaltens nach Beendigung der posthypnotischen Aufgabe.

In ähnlicher Weise, obwohl ihre Studien in erster Linie in eine andere Richtung gingen, demonstrieren sowohl Erickson (1935) als auch Huston und seine Mitarbeiter (1934) klar die Ausbildung eines speziellen geistigen Zustands – als direkte Folge posthypnotischer Suggestionen –, der die gewöhnlichen Verhaltensweisen des Patienten im Wachzustand bei Alltagssituationen beeinflußt, verändert und sogar aufhebt, bis die posthypnotische Suggestion entweder entfernt oder völlig ausgeführt wurde.

Wenn auch dieser Literaturüberblick notwendigerweise unvollständig ist, so läßt er doch erkennen, daß der spezielle geistige Zustand, der sich in direktem Bezug auf posthypnotische Suggestionen entwikkelt und der sich nicht notwendigerweise auf die als die posthypnotische Aktivität suggerierte Aufgabe beschränkt, häufig, wenn auch unzulänglich, erkannt, aber auch völlig übersehen wurde. Er zeigt auch, daß viel experimentelle Arbeit über posthypnotisches Verhalten geleistet wurde, ohne daß der Versuch gemacht worden wäre, entweder den posthypnotischen Zustand zu definieren oder zu berücksichtigen, welche signifikante Bedeutung er für die experimentellen Verfahrensweisen gehabt haben könnte. Auch wurde kein Versuch unternommen, eine adäquate Definition des spezifischen posthypnotischen Handelns zu geben, außer in Begriffen der erhaltenen Resultate. Die geistigen Prozesse und die Reaktionsmuster, durch die diese Resultate erzielt worden sind, wurden ignoriert. Statt dessen nahm man allgemein an, daß das posthypnotische Handeln nichts anderes ist als die während des Trancezustands durch einen Befehl ausgelöste Aktivität, die gekennzeichnet ist durch einen unterschiedlichen und unbestimmten Grad von Amnesie, Automatismus und Zwanghaftigkeit. Als Folge der inadäquaten Bestimmung des exakten Wesens und Charakters des posthypnotischen Handelns hat die experimentelle Arbeit vielfach zu unbefriedigenden und widersprüchlichen Ergebnissen geführt. Eindeutigere Studien über das posthypnotische Verhalten sind also dringend erforderlich, Studien, die es als ein spezifisches Phänomen behandeln und nicht als ein Mittel, um andere geistige Prozesse zu untersuchen.

Wir schlagen deshalb vor, in diesem Artikel über verschiedene signifikante Beobachtungen sowohl allgemeiner als auch spezifischer Art, über Wesen und Charakter des posthypnotischen Verhaltens zu berichten. Diese Beobachtungen sind von uns im Verlauf unserer experimentellen und therapeutischen Arbeit, die sich über einen Zeitraum von mehreren Jahren erstreckte, immer wieder gemacht worden, und wir haben unsere Entdeckungen durch Befragung anderer Kollegen und durch direkte Beobachtung des posthypnotischen Verhaltens der von anderen Hypnotiseuren eingesetzten Probanden bestätigen können.

Eine Definition des posthypnotischen Handelns

Die folgende Definition des posthypnotischen Handelns fanden wir konsequent anwendbar und nützlich, da sie dazu dient, eine Verhaltensform adäquat zu beschreiben, die wir unzählige Male in einer Vielzahl von Situationen und bei einer großen Zahl von Patienten hervorgerufen haben. Unter den Versuchspersonen waren verschiedene Intelligenzgrade, von Minderbegabung bis zu hoher Intelligenz, von Normalen bis zu Psychotikern, und Altersstufen vom Kindesalter bis zum mittleren Erwachsenenalter vertreten. Für den Augenblick beschränken wir die Definition strikt auf die Handlung selbst. Partielle Aktivitäten, die von leichten Trancen herrühren, oder bestimmte andere wichtige Überlegungen werden später diskutiert. *Unter einer posthypnotischen Handlung verstehen wir eine Handlung, die von der hypnotischen Versuchsperson nach dem Erwachen aus der Trance als Reaktion auf während des Trancezustands gegebene Suggestionen ausgeführt wird. Die Ausführung der Handlung ist durch das Fehlen eines nachweisbaren wachen Bewußtseins der Versuchsperson bezüglich der seinem Handeln zugrunde liegenden Gründe und Motive gekennzeichnet.* Wir halten diese Definition der posthypnotischen Handlung für stichhaltig, da ihre Ausführung zwangsläufig durch definitive hochsignifikante Verhaltenseigenschaften gekennzeichnet ist.

Das die posthypnotische Aktivität charakterisierende Verhalten

Die mit posthypnotischen Reaktionen einhergehenden Verhaltenseigenschaften bestehen darin, daß sich spontan und zwangsläufig eine selbstbeschränkte, in der Regel kurze hypnotische Trance entwickelt, die einen integralen Bestandteil der Aktivität der suggerierten posthypnotischen Handlung bildet. Das heißt, wir haben wiederholt unter unterschiedlichen Umständen und in einer Vielzahl von Situationen beobachtet, daß die hypnotisierte Versuchsperson, die instruiert wurde, eine posthypnotische Handlung auszuführen, regelmäßig spontan eine hypnotische Trance entwickelt. Diese Trance dauert in der Regel nur kurz, bezieht sich direkt auf die Durchführung der posthypnotischen Handlung und repräsentiert offensichtlich einen wesentlichen Teil des Reaktionsprozesses auf den posthypnotischen Befehl und dessen Durchführung. Sie hat sich trotz einiger offensichtlicher Ausnahmen, die später diskutiert werden, regelmäßig entwickelt, und zwar unabhängig von den Befehlen der posthypnotischen Suggestion, die eine lange komplizierte Verhaltensäußerung hervorrufen können, oder zum Beispiel nur ein einziges Wort in einem beiläufigen Gespräch, oder eine emotionale Reaktion oder Haltung auf einen bestimmten Reiz, eine Vermeidungsreaktion oder sogar die geringfügige Veränderung des normalen Verhaltens. Ferner bedarf die Entwicklung eines Trancezustands als Teil der posthypnotischen Aktivität für ihr Auftreten weder Suggestion noch Instruktion. Der besondere Trancezustand tritt in gleicher Zuverlässigkeit bei der unerfahrenen wie bei der trainierten Versuchsperson ein. Wie wir zeigen werden, unterscheiden sich seine Manifestationen im wesentlichen überhaupt nicht von denen einer gewöhnlich induzierten Trance. Und er scheint eine Funktion des Prozesses zu sein, der in der unmittelbaren Situation eine Reaktion auf die in der vorhergehenden Trance gegebene posthypnotische Suggestion einleitet.

Der allgemeine Charakter der spontanen posthypnotischen Trance

Die spontane posthypnotische Trance tritt gewöhnlich einzeln in Erscheinung, entwickelt sich im Moment des Beginnens des posthypnotischen Aktes, und dauert gewöhnlich nur einen kurzen Augenblick. Daher wird sie leicht übersehen, trotz bestimmter bleibender Wirkungen auf das Allgemeinverhalten. Unter wechselnden Umständen und mit unterschiedlichen Versuchspersonen kann die Trance jedoch mehrfach in Erscheinung treten. Sie stellt dann tatsächlich eine Aufeinanderfolge kurzer spontaner Trancen dar, die sich auf Aspekte oder Phasen der posthypnotischen Handlung beziehen. Sie kann in verlängerter Form auftreten und während eines Großteils oder sogar für die gesamte Dauer der posthypnotischen Aktivität andauern. Oder es kann zu einer unregelmäßigen Aufeinanderfolge relativ kurzer und langer spontaner Trancen kommen, die offensichtlich mit den im Verlauf der Ausführung der posthypnotischen Handlung erlebten geistigen oder körperlichen Schwierigkeiten zusammenhängen. Im allgemeinen scheint also jede Variation in Form oder Zeit des Auftretens oder Wiederauftretens eine Funktion der individuellen Unterschiede der Patienten und der durch die allgemeine Situation oder die posthypnotische Handlung selbst hervorgerufenen Schwierigkeiten zu sein.

Spezifische Manifestationen der spontanen posthypnotischen Trance

Die spezifischen hypnotischen Manifestationen, die sich bezüglich der Ausführung posthypnotischer Handlungen entwickeln, bilden im wesentlichen ein konstantes Muster, wenn auch die Dauer der verschiedenen Verhaltensweisen je nach Zweck und individueller Versuchsperson sehr unterschiedlich ist. Sie sind direkt abhängig von dem Auslöser, der für die posthypnotische Handlung gegeben wurde, und treten in rascher Folge auf, wobei sie tendenziell die folgende Reihenfolge einnehmen: Die unmittelbare Aktivität der Versuchsperson wird leicht unterbrochen, sie zeigt einen durch Zerstreuung und Abwesenheit gekennzeichneten Gesichtsausdruck, die Augen sind merkwürdig glasig, die Pupillen erweitert und unfähig zu fokussieren; es folgt ein Zustand der Katalepsie, die Aufmerksamkeit ist begrenzt und konzentriert sich zielstrebig auf einen Punkt, der Kontakt zur allgemeinen Umgebung geht verloren, und die Versuchsperson verhält sich teilnahmslos gegenüber allen äußeren Reizen, bis die posthypnotische Handlung entweder im Gange oder beendet ist, je nachdem wie lange der eigentliche Trancezustand selbst und die Forderungen der posthypnotischen Aufgabe dauern. Selbst nachdem der Trancezustand beendet ist, wirken diese Manifestationen in etwas modifizierter und abgeschwächter Form auf die Versuchsperson und führen dazu, daß ihr Verhalten, ihr Absorptionszustand und ihre allgemeine Nichtreaktionsbereitschaft einen entschlossenen, rigiden und fast zwanghaften Grad annehmen, bis sie sich wieder auf die gegenwärtige Situation eingestellt hat.

Ähnlich ist das Verschwinden des Trancezustandes in geringerem Maße oder das Abschließen der posthypnotischen Ausführung in stärkerem Maße durch einen kurzen Zeitraum der Konfusion und Orientierungslosigkeit gekennzeichnet, von der sich die Versuchsperson rasch erholt, in dem ihre Aufmerksamkeit erneut und verstärkt auf die gegenwärtige Situation richtet. Konfusion und Orientierungslosigkeit werden besonders deutlich, wenn es im Absorptionszustand während der posthypnotischen Aktivität zu einer wesentlichen Veränderung der Allgemeinsituation kam. Zusätzlich läßt sich in der Regel sowohl für die posthypnotische Handlung als auch für die sich aus der unmittelbaren Situation ergebenden gleichzeitigen Ereignisse eine teilweise oder vollständige Amnesie nachweisen. In den Fällen, in denen sich die Versuchspersonen an den Ablauf der Ereignisse erinnern, enthüllt eine Befragung, daß ihre Erinnerungen verschwommen, fehlerhaft und eher Folgerungen als Erinnerungen sind, darauf basierend, wie sie die Situation, auf die sie sich neu orientiert haben, interpretieren und rationalisieren. Gelegentlich erinnert sich eine Versuchsperson jedoch, obwohl sie die Begleitumstände nur schlecht erinnert oder völlig vergessen hat, klar an die gesamte posthypnotische Aktivität, betrachtet sie jedoch lediglich als einen isolierten, unerklärlichen, begrenzten Impuls oder öfter noch als einen Zwang, der zur unmittelbaren oder allgemeinen Situation keinen Bezug hat.

Ein Beispiel, das viele dieser Punkte illustriert, ist der folgende Bericht, von einer Versuchsperson zögernd und unsicher vorgetragen, über die Beendigung einer posthypnotischen Handlung:

> Wir haben über etwas gesprochen, ich habe jetzt vergessen worüber, als ich plötzlich dieses Buch sah. Da mußte ich einfach hinübergehen, um es aufzuheben und anzuschauen –, ich weiß nicht weshalb, ich spürte einfach, daß ich es mußte – ich nehme an, aus einem plötzlichen Impuls. Dann kam ich zurück zu meinem Stuhl. Es ist einfach so geschehen. Allerdings müssen Sie mich gesehen

haben, da ich um Sie herumlaufen mußte, um es zu holen – ich sehe keine andere Möglichkeit, wie ich es sonst hätte holen können. Als ich es dann wieder hinlegte, muß ich diese anderen Bücher darauf gelegt haben. Zumindest glaube ich nicht, daß es jemand anders getan hat, da ich mich nicht erinnern kann, daß jemand anders auf dieser Seite des Zimmers war – allerdings habe ich wahrscheinlich nicht besonders darauf geachtet, da ich mich, obwohl ich das Buch sorgfältig angeschaut und auch geöffnet habe, nicht einmal an seinen Autor oder den Titel erinnern kann – es sieht so aus, als handle es sich um einen Roman. Jedenfalls habe ich da ja etwas Komisches gemacht – wahrscheinlich folgte ich einer plötzlichen Regung, die nichts bedeutet. Worüber haben wir uns unterhalten?

Die Demonstration und Untersuchung spontaner posthypnotischer Trancen

Obwohl die unterschiedlichen Formen hypnotischen Verhaltens, die die Versuchsperson hinsichtlich der posthypnotischen Handlung spontan zeigt, tatsächlich einen Trancezustand zum Ausdruck bringen, erfordern ihre Kürze und Selbstbeschränkung besondere Maßnahmen, um sie befriedigend zu erforschen und ihre Bedeutung einschätzen zu können. Das läßt sich sofort machen, ohne die hypnotische Situation wesentlich zu stören oder zu verändern, da der posthypnotische Auslöser oder das Signal dazu dient, den Rapport wiederherzustellen, der zu der Zeit bestand, als die posthypnotische Suggestion gegeben wurde. Wie die Erfahrung jedoch zeigt, erfordert eine solche Demonstration ein beträchtliches Maß an Geschick. In der Regel gelingt sie am leichtesten und effektivsten durch eine Interventionsform, die entweder in die posthypnotische Handlung selbst oder bei der Versuchsperson eingreift, nachdem die posthypnotische Reaktion ausgelöst, aber noch nicht beendet worden ist. Der Trancezustand kann auf zwei Arten demonstriert werden, je nachdem ob ein hypnotischer Rapport zwischen dem Hypnotiseur und der Versuchsperson zustande kommt oder nicht. Wenn ein Rapport besteht, läßt sich die Intervention entweder bei der Versuchsperson oder bei ihrer Aktivität durchführen. Dabei manifestiert sich die Trance als positiver Reaktionstypus, der charakteristisch ist für das Bestehen einer Beziehung zwischen Hypnotiseur und Proband. Kommt ein Rapport nicht zustande, richtet sich eine wirksame Intervention vor allem auf die Handlung selbst.

Die Trance manifestiert sich in diesem Fall als negativer Typus, bei dem keine Reaktion erfolgt, was charakteristisch ist für die Unempfänglichkeit und den Abstand der Versuchsperson gegenüber dem, was nicht in der hypnotischen Situation enthalten ist. In beiden Fällen entspricht jedoch das gezeigte allgemeine und spezifische Verhalten genau dem, welches von derselben Versuchsperson unter ähnlichen Umständen bei einer gewöhnlich induzierten Trance an den Tag gelegt worden wäre.

Zur Trancedemonstration ist die Intervention am geeignetsten, die vom Hypnotiseur oder einer Person gegeben wird, die zu der Versuchsperson einen Rapport hatte, als die posthypnotische Suggestion in der ursprünglichen Trance angeboten wurde. Sie erzielt ihre beste Wirkung genau in dem Moment, in dem die posthypnotische Reaktion ausgelöst wird. Sie besteht aus einer Maßnahme, die der ursprünglichen posthypnotischen Suggestion entgegenwirkt oder diese verändert oder den Probanden dazu zwingt, dem Hypnotiseur seine besondere Aufmerksamkeit zu widmen – indem beispielsweise der Gegenstand absichtlich entzogen wird, den der Proband aufgrund der Instruktion zu untersuchen hat; oder indem der Proband so behandelt wird, daß sich in einem oder beiden Armen eine Katalepsie entwikkelt, wodurch eine Untersuchung schwierig oder unmöglich wird; oder indem selbst bei unerfahrenen Versuchspersonen, die noch kein Training erhalten haben, vage verbale Suggestionen verwendet werden: *„Warten Sie einen Augenblick, nur einen Augenblick"*, *„Verändern Sie jetzt nichts"*, *„Bleiben Sie, wie Sie sind"*, *„Ich würde lieber jetzt mit Ihnen reden"*, oder *„Ich warte dann, bis Sie es getan haben"*, und ähnliche Bemerkungen, die implizieren, daß eine weitere Anweisung gegeben werden könnte.

Die Wirkung einer solchen Intervention besteht darin, daß die Reaktionen der Versuchsperson vollkommen zum Stillstand kommen, während sie offensichtlich auf weitere Instruktionen wartet. Dabei legen ihre Erscheinung und ihr Benehmen nahe, daß sie sich in einem Zustand befindet, der identisch ist mit der ursprünglich induzierten Trance, und es lassen sich bei ihr alle üblichen Phänomene einer tiefen hypnotischen Trance hervorrufen. Wenn ihr dann gestattet wird, zur Ausführung der posthypnotischen Aufgabe zurückzukehren, wacht die Versuchsperson nach einer bestimmten Zeit spontan auf. Dadurch läßt sich ein direkter Vergleich zwischen dem wachen und dem hypnotischen Verhalten ziehen, und es läßt sich eine Amnesie der posthypnotischen Handlung, der Intervention und der Ereignisse während des Trancezustands demonstrieren. Wenn jedoch von diesem durch die Intervention mit der Versuchsperson hergestellten besonderen Reaktionszustand kein Gebrauch gemacht wird, tendiert sie dazu, zum Problem der posthypnotischen Aufgabe zurückzukehren. Die Sequenz ihres Verhaltens ist danach im wesentlichen so, als ob keine Intervention stattgefunden habe. Es besteht jedoch die deutliche Tendenz, daß der spontane Trancezustand anhält, bis die posthypnotische Aufgabe beendet wurde. Das trifft insbesondere dann zu, wenn die Intervention die Aufgabe erschwert hat. Gelegentlich kommt es allerdings vor, daß eine Versuchsperson, anstatt ihr Verhalten zu unterbrechen, die posthypnotische Aufgabe kontinuierlich fortsetzt und nach ihrer Beendigung auf weitere Instruktionen zu warten scheint. Hier lassen sich die Phänomene einer tiefen Trance hervorrufen, allerdings ist es dann nötig, die Versuchsperson am Ende aufzuwecken.

Um das nur kurz zu illustrieren, da später weitere Beispiele gegeben werden: Einem Probanden wurde gesagt, daß kurz nach seinem Aufwachen ein bestimmtes Thema angesprochen würde, woraufhin er sofort von seinem Stuhl aufstehen, durchs Zimmer gehen und mit seiner linken Hand eine kleine Statue ergreifen und auf einen bestimmten Bücherschrank stellen solle. Als die Versuchsperson am Hypnotiseur vorbeiging, um das Zimmer zu durchqueren, wurde ihr linker Arm sanft über ihren Kopf gehoben, wo er in einem kataleptischen Zustand verharrte. Ohne zu zögern setzte der Proband seinen Weg fort; als er sich jedoch der Statue näherte, war er offensichtlich nicht in der Lage, den linken Arm zu senken, und wandte sich an den Hypnotiseur, als ob er weitere Instruktionen erwarte. Daraufhin wurden bei ihm eine ganze Reihe der üblichen Phänomene demonstriert, die bei einer gewöhnlich induzierten Trance auftreten. Nach Beendigung dieser Demonstration wurde er einfach instruiert: *„Gut, Sie können jetzt weitermachen.“* Auf diese vage Suggestion reagierte der Proband, indem er die unterbrochene posthypnotische Aufgabe wieder aufnahm, sie beendete, seinen ursprünglichen Platz wieder einnahm und spontan aufwachte, ohne sich an die zwischen Auslöser und Erwachen vorkommenden Ereignisse erinnern zu können und ohne sich überhaupt bewußt zu sein, daß er seine Position auf dem Stuhl verändert hatte.

Das gleiche Interventionsverfahren wurde bei einer anderen Versuchsperson mit im wesentlichen gleichen Resultaten wiederholt. Als der Hypnotiseur auf die Erwartungshaltung der Versuchsperson jedoch nicht reagierte, verschwand die Katalepsie sehr schnell, die Aufgabe wurde durchgeführt, die Versuchsperson kehrte zu seinem Stuhl zurück und wachte spontan auf, ohne sich an das Erlebnis erinnern zu können.

Spezielle Typen des spontanen posthypnotischen Tranceverhaltens

In den Fällen, in denen die Intervention nicht im richtigen Augenblick vorgenommen wird, hat sie zwar eine intensivierende und die Dauer der spontanen Trance stark verlängernde Wirkung, die Probanden reagieren darauf jedoch möglicherweise mit Verwirrung, führen die posthypnotische Handlung danach mühsam und zwanghaft aus und überwinden dann die Intervention. Es kann durchaus vorkommen, daß sie die Unterbrechung ihrer Aufgabe als ein zwar hinderliches, aber zufälliges und bedeutungsloses Geschehen interpretieren, das zu ignorieren ist; oder sie verhalten sich so, als sei tatsächlich nichts gewesen.

Dieses letzte Verhalten ist besonders bemerkenswert. Es steht in einem anderen Zusammenhang als die Situation, in der die Intervention zur unpassenden Zeit vorgenommen wird, und kann ein und denselben oder verschiedenen Versuchspersonen zu unterschiedlichen Zwecken dienen. Es kann demnach auftreten, wenn sich die Intervention auf das Ziel beschränkt, den Trancezustand zu demonstrieren, ohne die Durchführung der posthypnotischen Handlung zu beeinflussen. In diesem Fall ignoriert die Versuchsperson einfach die beharrlichsten Anstrengungen seitens des Hypnotiseurs, beendet ihre posthypnotische Aufgabe und wacht spontan mit einer völligen Amnesie auf. Das kommt häufig vor, wenn die Möglichkeit der posthypnotischen Handlung für null und nichtig erklärt wurde; und es tritt oft dann auf, wenn die posthypnotische Suggestion für den Probanden aufgrund der Intervention fragwürdig oder zu schwierig ist. Am interessantesten ist jedoch daß dieses Phänomen gerne dann auftrat, wenn nach Auslösung des posthypnotischen Verhaltens eine sich nicht mit der Versuchsperson in Rapport befindende Person durch eine Intervention, die sich primär auf die posthypnotische Handlung richtet, die Szene betritt.

Obwohl sich diese Situationen stark unterscheiden, ist das Verhaltensmuster bei allen Probanden im wesentlichen gleich. Im folgenden Bericht wird der allgemeine Reaktionsverlauf in allen Situationstypen ausreichend exemplifiziert: Beim vorher festgelegten posthypnotischen Auslöser schaute der Proband auf die andere Seite des Zimmers zu einem Buch, das gut sichtbar auf dem Tisch lag, und machte Anstalten, sich von seinem Stuhl zu erheben, um das Buch zu holen und es entsprechend den vorher gegebenen posthypnotischen Instruktionen in den Bücherschrank zu stellen. Als die Versuchsperson ihre Position auf dem Stuhl veränderte, um sich auf das Aufstehen vorzubereiten, entfernte ein Assistent, der sich mit der Versuchsperson nicht in Rapport befand, das Buch und versteckte es. Das wurde in einem Moment ausgeführt, als die Versuchsperson in eine andere Richtung blickte. Trotz dieser Intervention in die posthypnotische Handlung führte die Versuchsperson die Aufgabe ohne Zögern aus, indem sie das Buch offensichtlich halluzinierte, und sie gab keinen Hinweis darauf, daß sie etwas Ungewöhnliches bemerkt hatte. Das gleiche, mit anderen Probanden wiederholte Verfahren hat in mehr als einem Fall zu noch größeren halluzinatorischen und selbsttäuschenden Reaktionen geführt: Als das Verschwinden des Buches bemerkt worden war, starrten die Probanden mit einem verwirrten Ausdruck den Bücherschrank an und halluzinierten dann das Buch offensichtlich an den für ihn vorgesehenen Platz, wobei sie annahmen, daß sie die Aufgabe gerade erfüllt hätten. So erklärte eine Versuchsperson spontan:

> Es ist doch komisch, wie geistesabwesend man wird. Für einen Augenblick hatte ich vor, dieses Buch in den Bücherschrank zu stellen, dabei hatte ich das gerade getan. Wahrscheinlich deshalb, weil es mich geärgert hat, daß es einfach so herumliegt, daß mir vorschwebte, es zu tun, und ich es mir noch nicht bewußt gemacht hatte, daß ich es schon getan hatte.

Als sie dann wieder Platz nahm, wachte die Versuchsperson spontan auf und zeigte eine völlige Amnesie. Selbst an ihre Erläuterungen konnte sie sich nicht erinnern.

Die Wiederholung dieses Verfahrens mit diesen und anderen Probanden – wobei allerdings das Buch dann entfernt wurde, als der Blick des jeweiligen Probanden darauf gerichtet war – führte gelegentlich zu ähnlichen Resultaten: die Entfernung des Buches wurde nicht bemerkt. So wurde auf indirektem Wege der fehlende Kontakt des hypnotisierten Probanden mit der Umgebung aufgedeckt sowie die Tendenz, Erinnerungsbilder für Gegenstände aus der Wirklichkeit zu ersetzen, ein für den hypnotischen Zustand charakteristisches Verhalten. In anderen Fällen entdeckten die Probanden den neuen Standort des Buches und hielten den ursprünglichen Standort für eine Illusion. Auch wurden manchmal plausible Fehlannahmen mit dem neuen Standort oder der entdeckten Verlegung in Verbindung gebracht, wie beispielsweise: „*Wie, wer hat denn das Buch auf dem Stuhl liegen lassen? Ich erinnere mich deutlich daran, es auf dem Tisch gesehen zu haben*“, oder: „*Ich habe den ganzen Abend damit gerechnet, daß dieses Buch vom Stapel auf dem Tisch herunterrutscht. Und jetzt ist es schließlich geschehen. Haben Sie etwas dagegen, wenn ich es in den Bücherschrank stelle?"* Und je nach experimenteller Situation wurde das wirkliche oder ein halluziniertes Buch vom Stuhl oder vom Boden aufgehoben und die posthypnotische Handlung mit der üblichen Ereignissequenz durchgeführt.

Auf dieses allgemeine posthypnotische Verhalten folgt entweder eine vollständige Amnesie, die sowohl die posthypnotische Handlung als auch die Begleitumstände wie auch das von der Versuchsperson eingeschobene Verhalten umfaßt, oder, weniger häufig, eine seltsame Mischung aus Amnesie und fragmentarischen Erinnerungen. Diese bruchstückhaften Erinnerungen sind in der Regel bemerkenswert klar, lebhaft und von verworrenem Charakter, und sie können sich auf die reinen Fakten oder sogar auf die halluzinierten und selbsttäuschenden Punkte der posthypnotischen Trancezeit beziehen. Als die zuletzt zitierte Versuchsperson nach ihren Erinnerungen befragt wurde, erinnerte sie sich nur noch, daß der Hypnotiseur die Gewohnheit hatte, Bücher, Papiere, Aktenordner und Zeitschriften auf unordentlichen Stapeln aufzutürmen, sie war jedoch nicht in der Lage, ein Beispiel dafür zu geben. Eine andere Versuchsperson erinnerte sich in einer ähnlichen experimentellen Situation überaus lebhaft an minuziöse und völlig irrelevante Details über den Goldfisch im Aquarium, der nur am Rande für das Setting der posthypnotischen Handlung verwendet worden war, und sie bestand darauf, daß diese Erinnerungen einen vollständigen Bericht des gesamten Geschehens darstellten. Dennoch leugnete die Versuchsperson ein paar Wochen später, jemals solche Aussagen gemacht zu haben.

Die Auswirkungen der Zeit auf die Entwicklung einer spontanen posthypnotischen Trance

Das Vergehen der Zeit und ihre Auswirkungen hinsichtlich der Entwicklung einer spontanen Trance nach Auslösung des posthypnotischen Verhaltens ist ein Thema, zu dem weitere Überlegungen angestellt werden müssen. Den Probanden wurden in einer Vielzahl von Fällen spezifische Instruktionen in Form einer posthypnotischen Suggestion erteilt, die besagten, daß eine einfache, von Proband zu Proband variierende Handlung auszuführen sei. Diese Handlung war „unbedingt bei der nächsten Sitzung auszuführen". Unter den Probanden gab es einige, die wir nach einer solchen posthypnotischen Suggestion monatelang nicht sahen. Aus dieser Gruppe führten alle die posthypnotische

Handlung aus und entwickelten dabei eine spontane Trance. Mit zwei anderen Probanden wurde tatsächlich jeweils erst drei Jahre später wieder gearbeitet. In diesem Zeitraum gab es zwischen Hypnotiseur und Probanden keinerlei Kontakte. Dennoch kam es bei dem zufälligen Treffen mit ihnen zur Ausführung der posthypnotischen Handlung und der Entwicklung eines spontanen Trancezustands.

Ausnahmen von der Regel spontaner posthypnotischer Trancen

Bevor wir jedoch mit einer Diskussion der unterschiedlichen Bedeutungen der spontanen posthypnotischen Trancezustände fortfahren, sollten wir vielleicht die schon erwähnten absoluten Ausnahmen zu erklären versuchen, bei denen sich offensichtlich bei der Ausführung der posthypnotischen Suggestionen keine spontane Trance entwickelt.

Diese Ausnahmen, bei denen es zur posthypnotischen Ausführung der in der Trance suggerierten Handlung kommt, ohne daß sich eine Trance entwickelt, entstehen in der Regel unter bestimmten Bedingungen, die sich wie folgt aufführen und illustrieren lassen:

1. Wenn für die posthypnotischen Suggestionen keine Amnesie eintritt: In diesen Fällen kann man wohl tatsächlich nicht von einer posthypnotischen Aktivität sprechen, da die Probanden von Anfang an die zugrundeliegenden Motive und Gründe für das Verhalten verstehen und deshalb auf einer bewußten Ebene handeln. Folglich nimmt die Aktivität einen ähnlichen Charakter an wie diejenige, die man einer Person im wachen Zustand suggeriert, und sie ist nur in bezug auf die Zeit posthypnotisch.

In solchen Fällen nimmt die Handlung im wesentlichen einen freiwilligen Charakter an, obgleich häufig ein anderes Element auftauchen kann – nämlich ein Gefühl, zur Ausführung der genannten Aufgabe gezwungen zu werden, obwohl die Probanden die Situation offensichtlich vollkommen verstehen. Folglich können die Probanden sich an ihre Instruktionen erinnern und sich völlig klar darüber sein, was sie tun sollen und weshalb, und fühlen sich dennoch unter einem überwältigenden Zwang, der sie veranlaßt, die Handlung auszuführen, wobei sie buchstäblich keine Wahl haben. Gelegentlich entwikkeln Probanden, die auf diesen Zwang reagieren und die posthypnotischen Instruktionen ausführen, eine spontane Trance, während sie die Aufgabe ausführen. Die Trance bewirkt häufig, daß für die Instruktionen, für die Wartezeit mit dem Gefühl, unter Zwang zu stehen, und für die Handlung selbst eine mehr oder weniger vollständige Amnesie eintritt. Ihrem Charakter nach ähnelt die Trance der sich in der üblichen posthypnotischen Situation entwickelnden Trance, allerdings scheint die gegebenenfalls verursachte Amnesie begrenzter zu sein. So können sich die Probanden vielleicht an die posthypnotischen Suggestionen, die Wartezeit und die Gefühle, einem Zwang ausgesetzt zu sein, erinnern, haben jedoch hinsichtlich ihrer tatsächlichen Durchführung eine vollständige Amnesie. Oder sie entwickeln eine Amnesie in bezug auf die posthypnotischen Instruktionen, erinnern sich jedoch daran, einen Zwang empfunden zu haben, eine offensichtlich irrationale Handlung auszuführen. In manchen Fällen dient die Trance eher als Abwehrmechanismus gegen die Gefühle, unter Zwang zu stehen, denn als wesentlicher oder integraler Teil der atypischen posthypnotischen Aktivität. Schließlich stellt die Entwicklung von Gefühlen, einem Zwang ausgesetzt zu sein, eine deutliche Veränderung des eigentlichen Wesens des gesamten Verhaltensmusters dar.

2. Wenn den Probanden nicht vermittelt werden kann, daß die gegebenen Instruktionen die Handlung selbst betreffen und nicht den Vorbereitungsprozeß für die Handlung: In solchen Fällen gehen Probanden, die instruiert wurden, eine bestimmte Aufgabe posthypnotisch auszuführen, nach dem Erwachen durch einen geistigen Prozeß, in dem sie manchmal vage, manchmal klar erkennen, daß eine bestimmte Handlung auszuführen ist, und sie halten sich dann einfach für die Handlung bereit. Folglich kommt es nach Ausführung der Aufgabe nicht zu einer spontanen Trance. Das bedeutet jedoch nicht die Negation der Aussage, daß eine posthypnotische Aktivität immer von einer spontanen Trance begleitet wird. Die genaue Beobachtung der Probanden in dieser Situation deckt auf, daß dieser Prozeß des Vorbereitens auf die Handlung zwangsläufig von einer spontanen Trance begleitet ist, vorausgesetzt, sie verstehen ihre Aufgabe erst dann definitiv, nachdem sie aus der Trance erwacht sind, in der die Suggestion gegeben wurde, und nicht während sie durch den langsamen Prozeß des Aufwachens gehen. Im letzteren Fall wäre eine Situation gegeben, die der der nicht entwickelten Amnesie ähnelt.

3. Die Probanden sind nicht bereit, die posthypnotische Handlung durchzuführen, es sei denn als eine selbstgewählte, bewußte Handlung: In einem solchen Fall haben die Probanden vielleicht aus einem bestimmten Grund oder aus einer Laune heraus etwas gegen den rein reaktiven Charakter einer posthypnotischen Aktivität und zeigen das,

indem sie mit willentlicher Absicht darauf reagieren. Wie im vorigen Beispiel kommt es in einer solchen Situation nach dem Aufwachen zum gleichen Vorbereitungsprozeß auf die suggerierte Aufgabe, und in der Folge wird auf das entsprechende Signal hin die posthypnotische Aufgabe ausgeführt, ohne daß sich eine spontane Trance entwickelt. Allerdings ist der Prozeß des Vorbereitens auf die Handlung wiederum von einer spontanen Trance begleitet.

4. Wenn sich bezüglich der Erlebnisse in Trance keine Amnesie entwickelt: Dieses ist die häufigste Ausnahme. Sie besteht im wesentlichen darin, daß sich die Probanden wieder spontan an die Ereignisse und Erlebnisse während des Trancezustands erinnern. So beginnen beispielsweise Probanden, die instruiert worden waren, zu einer bestimmten Zeit nach dem Erwachen eine posthypnotische Handlung auszuführen, sich mehr oder weniger schnell vor der angegebenen Zeit an ihre verschiedenen Tranceerlebnisse zu erinnern, unter anderem auch an ihre posthypnotischen Instruktionen. Dieser Erinnerungsprozeß bereitet keineswegs auf die posthypnotische Aktivität vor, denn er ist lediglich eine Auffrischung der Erinnerungen, wird in der Regel motiviert durch Neugier und ist für die tatsächlich suggerierte posthypnotische Aufgabe ohne Bedeutung. Es ist geradezu ein Durchbruch von Erinnerungen aufgrund unzulänglicher Amnesiebarrieren. Durch das Wiedererinnern der posthypnotischen Suggestion entsteht eine ähnliche Situation wie im Falle der oben beschriebenen fehlenden Amnesie in bezug auf posthypnotische Suggestionen. Generell läßt sich sagen, daß dieses Verhalten zwar am häufigsten auftritt, aber sehr schwer ganz zu verstehen ist, da es erst zu einer Amnesie kommt und dann die posthypnotischen Instruktionen erinnert werden. So vollständig die Erinnerungen letztlich auch sind, werden sie doch nur fragmentarisch wieder wach.

Der scheinbare oder vollkommene Mißerfolg bei der spontanen Tranceentwicklung nach Einleitung einer als posthypnotische Ausführung suggerierten Handlung bedeutet also nicht notwendigerweise, daß unsere Beobachtungen widersprüchlich sind. Vielmehr impliziert er, daß es wohl zu bestimmten Veränderungen der psychologischen Situation des Probanden gekommen ist. Diese können wiederum dazu dienen, den Charakter der posthypnotischen Handlung selbst zu verändern oder zu transformieren, wodurch sie zu einer Handlung wird, der sich der Proband vorher bewußt ist und deren Gründe er versteht. Sie wird also in eine Handlung verwandelt, bei der lediglich der zeitliche Bezug posthypnotisch ist.

Die Bedeutungen der spontanen posthypnotischen Trance

Der spontane Trancezustand als integraler Bestandteil posthypnotischer Suggestionsausführungen hat vielfältige Bedeutungen, die mit vielen wichtigen hypnotischen Fragen zusammenhängen, insbesondere mit Problemen wie der Erstellung objektiver Kriterien für Trancezustände, dem Training der Probanden, um tiefere Trancen zu entwickeln, und dem direkten Auslösen verschiedener hypnotischer Phänomene ohne vorherige tranceinduzierende Suggestionsprozesse. Ferner hat die posthypnotische Trance Auswirkungen auf das allgemeine Problem der Dissoziation, die zahlreichen Probleme individueller hypnotischer Phänomene, wie etwa Rapport, Amnesie, selektives Erinnern, Katalepsie und dissoziative Zustände, sowie auf die allgemeinen experimentellen und therapeutischen Implikationen posthypnotischer Phänomene. Wir werden einige dieser Überlegungen im Zusammenhang mit unseren Untersuchungen diskutieren, der Leser wird jedoch feststellen, daß die experimentellen Entdeckungen auch dazu dienen, viele nicht direkt erwähnte Punkte zu illustrieren.

Die spontane posthypnotische Trance als ein Kriterium der induzierten hypnotischen Trance

Bezüglich der Kriterien für Trancezustände besteht unsere Erfahrung darin, daß die spontane posthypnotische Trance einen verläßlichen Indikator für die Validität der ursprünglichen Trance darstellt, und wir sind in dieser Meinung durch die Erfahrungen anderer bestätigt worden. Offensichtlich ist die posthypnotische Trance ein sequentielles Phänomen; sie basiert auf der ursprünglichen Trance und stellt tatsächlich eine Auffrischung der hypnotischen Elemente dieser Trance dar. Diese Schlußfolgerung scheint insbesondere deshalb gerechtfertigt zu sein, weil die sorgfältige Beobachtung ergibt, daß die zum ursprünglichen Trancezustand gehörenden Verhaltensmuster in der spontanen posthypnotischen Trance voll und ganz fortgesetzt werden. Das läßt sich durch die folgenden experimentellen Entdeckungen illustrieren, auf die wir ursprünglich zufällig stießen, und die seitdem bei anderen Probanden wiederholt wurden: Während einer einzigen hypnotischen Trance gab der Hypnotiseur eine große Zahl von posthypnotischen Suggestionen, die nicht miteinander in Beziehung standen, von denen jede später als separate Aufgabe und in Reaktion auf separate Auslöser durchgeführt werden sollte. Außerdem wurde der Rapportzustand des Probanden mit zwei Beobachtern im Verlauf dieser Trance von Zeit zu Zeit durch Suggestionen verändert, die unabhängig von den posthypnotischen Suggestionen waren. Nach Ausführung der posthypnotischen Suggestionen zeigten später die sich spontan entwickelnden Trancezustände bemerkenswerte Unterschiede, insofern der Proband zwar mit dem Hypnotiseur ständig in Rapport stand, der Rapport zu den beiden Beobachtern sich jedoch ständig veränderte. Entweder er stand mit dem einen oder dem anderen oder mit beiden oder mit keinem in Rapport. Während das damals niemand verstand, zeigte das spätere Durchgehen der Unterlagen, daß der sich in jedem spontanen posthypnotischen Trancezustand manifestierende Rapportzustand ein genaues Spiegelbild des Rapportzustandes darstellte, der zu der Zeit existierte, als die bestimmte posthypnotische Suggestion gegeben worden war. Neben der Frage der Kontinuität von Verhaltensmustern wird die Relevanz dieser Entdeckung für die Frage des Rapports sofort offensichtlich.

Seitdem haben unsere Forschungsarbeiten ergeben, daß die richtige Formulierung posthypnotischer Suggestionen in der spontanen Trance entweder ein Fortbestehen oder ein Verschwinden der allgemeinen Verhaltensmuster bewirkt, die zu dem Trancezustand gehören, in dem die posthypnotische Suggestion gegeben wurde. So können posthypnotische Suggestionen, die durch ihre Formulierung einen Wandel oder eine Veränderung der Situation implizieren, der Evokation des ursprünglichen Tranceverhaltens entgegenwirken. Doch wird die gleiche Suggestion, wenn ihre Formulierung dies sowohl direkt als auch indirekt impliziert, in der Regel eine Fortsetzung des ursprünglichen Tranceverhaltens bewirken. Um das zu illustrieren: Während der experimentellen Arbeit zu diesem Problem stellten wir fest, daß die Formulierung einer posthypnotischen Suggestion von der Art, *„Wenn ich mit meinen Schlüsseln rassle, werden sie unweigerlich …“* häufig eine Fortsetzung der zum ursprünglichen Trancezustand gehörenden Verhaltensmuster in der spontanen posthypnotischen Trance bewirkte. Mit der Formulierung *„Morgen oder wann immer ich mit meinen Schlüsseln rassle, werden sie unweigerlich …“* dagegen, gelang es beim selben Probanden nicht, die Verhaltensmuster der ursprünglichen Trance hervorzurufen, da diese Formulierung mögliche Veränderungen der Situation implizierte. Allerdings haben umfassende Arbeiten gezeigt, daß das Verhalten der Probanden bei der Übertragung der zur ursprünglichen Trance gehörenden Reaktionsmuster starke individuelle Unterschiede aufweist. Manche tun es fast unweigerlich, andere selten oder nie, manche fast vollständig, andere nur in ausgesuchten Beziehungen, und die Ergebnisse jeder experimentellen Arbeit sind höchst unvorhersehbar. Sie hängen offensichtlich sowohl von der Individualität der Probanden ab als auch von ihrem unmittelbaren Verständnis. Folglich ist die sorgfältige Formulierung der Suggestionen sehr wichtig, und man sollte niemals annehmen, daß ein Proband eine Instruktion genauso versteht wie der Hypnotiseur. Auch sollte man nicht annehmen, daß eine identische Formulierung verschiedenen Probanden notwendigerweise eine identische Bedeutung vermittelt.

Mit anderen Worten: Die bei Hull (1933) beschriebene „standardisierte Technik", die verschiedenen Probanden identische Suggestionen gibt, ist keine kontrollierte Methode, wie er zu glauben scheint, um denselben Reaktionsgrad oder -typ hervorzurufen, sondern lediglich eine Maßnahme, um die allgemeinen Beschränkungen einer solchen Technik zu demonstrieren.

Ein anderes Beweismittel bezüglich der Gültigkeit der ursprünglichen Trance besteht darin, daß es Probanden, die lediglich aus Höflichkeit kooperierten oder sich übereifrig in einer Trance wähnten oder aus unterschiedlichen Gründen eine Hypnose simulierten, bei der Ausführung einer posthypnotischen Suggestion nicht gelingt, eine spontane Trance zu entwickeln. In direktem Gegensatz zu diesen Probanden stehen die relativ seltenen Personen, die tatsächlich in eine tiefe hypnotische Trance fallen, die jedoch aufgrund individueller Eigenheiten die Tatsache nicht zu erkennen scheinen oder es sich selbst nicht eingestehen können und sich deshalb weigern zu glauben, daß sie jemals hypnotisiert wurden. Dennoch entwickeln die zuletzt genannten Probanden nach Ausführung der posthypnotischen Suggestion unweigerlich eine spontane Trance, ein Ereignis, das häufig in sich selbst eine wirksame Maßnahme darstellt, um ihre geistigen Haltungen zu korrigieren und Mißverständnisse auszuräumen.

Ferner haben Studien, die die Aufdeckung von Trancesimulation zum Inhalt hatten, ergeben, daß Simulationen enthüllt werden, wenn es nach Ausführung von posthypnotischen Suggestionen nicht zu einem Trancezustand kommt. Wenn trainierte Probanden absichtlich im unklaren gelassen wurden, daß es sich bei der von ihnen beobachteten Aktivität um eine bewußte Vortäuschung handelt, bezeichneten sie die Ausführung einer posthypnotischen Handlung als *„nicht richtig"*, bemerkten: *„Irgendetwas stimmt nicht"*, oder meinten: *„So wie er das gemacht hat, gibt mir das nicht das richtige Gefühl"*, ohne jedoch ihre Gründe angeben zu können, da ihre eigenen posthypnotischen Amnesien ein bewußtes Verständnis ausschloß.

Kurz gesagt fanden wir bei zahllosen Gelegenheiten und unter wechselnden Umständen, daß die spontane posthypnotische Trance durch die individuellen Phänomene des ursprünglichen Trancezustands charakterisiert wird, in dem die posthypnotische Suggestion gegeben worden war, und daß sie ein ausgezeichnetes Maß ist, um zwischen echten und simulierten Trancen zu differenzieren, insbesondere dann, wenn übereifrige Probanden sich selbst betrügen. Ebenso hat sie sich als eine effektive Maßnahme herausgestellt, um empfänglichen Probanden zu helfen, die aus Gründen ihrer Persönlichkeit die Tatsache der Hypnotisierung nicht akzeptieren können. Spontane posthypnotische Trance läßt sich auch anwenden, um die Individualität und Vielfalt der Reaktionsweisen zu demonstrieren, die sich unter anscheinend kontrollierten Bedingungen hervorrufen lassen.

Die Anwendung der spontanen posthypnotischen Trance als eine spezielle hypnotische Technik

Die Anwendung der spontanen posthypnotischen Trance als eine spezielle experimentelle und therapeutische Technik ist von besonderer Bedeutung. Ihr Nutzen ist recht unterschiedlich und hängt eng mit den Problemen zusammen, was zu tun sei, um aus Wachverhalten resultierende Schwierigkeiten zu vermeiden, neue Trancezustände hervorzurufen, Probanden zu trainieren, damit sie tiefere Trancen entwickeln, und spezifische hypnotische Phänomene hervorzurufen, ohne diesbezüglich direkte oder indirekte Suggestionen zu geben.

Ihre Anwendung wird in dem folgenden experimentellen Bericht illustriert: Ein fünfjähriges Mädchen, das noch nie eine hypnotische Trance erlebt hatte, wurde vom Hypnotiseur allein behandelt. Sie wurde in einen Sessel gesetzt und wiederholt angewiesen, zu *„schlafen“*, *„sehr tief zu schlafen“*, während sie ihre Lieblingspuppe festhielt. Es wurden ihr keine anderen Suggestionen gegeben, bis sie offensichtlich eine Weile fest geschlafen hatte. Dann wurde ihr als posthypnotische Suggestion gesagt, daß der Hypnotiseur sie an einem anderen Tag nach ihrer Puppe fragen würde, woraufhin sie diese (a) in einen Sessel setzen, (b) sich in der Nähe hinsetzen und (c) darauf warten solle, bis die Puppe einschlafe. Nachdem diese Instruktionen einige Male wiederholt worden waren, wurde das Mädchen aufgefordert, aufzuwachen und weiterzuspielen. Diese dreifache Form der posthypnotischen Suggestion wurde eingesetzt, da ihre Befolgung für die Versuchsperson immer mehr auf eine im wesentlichen statische Situation hinführen würde. Insbesondere erforderte der letzte Punkt des Verhaltens eine unbegrenzt lange und passive Reaktionsform, die am besten durch eine Fortsetzung der spontanen posthypnotischen Trance erreicht werden konnte.

Einige Tage später sah der Hypnotiseur das Mädchen beim Spielen und fragte beiläufig nach ihrer Puppe. Sie holte die Puppe aus ihrer Wiege, zeigte sie stolz her und erklärte dann, daß die Puppe müde sei und schlafen wolle, wobei sie sie in den entsprechenden Sessel setzte und sich ruhig danebensetzte, um zuzuschauen. Es sah bald so aus, als sei sie in einen Trancezustand versetzt, obwohl ihre Augen immer noch offen waren. Als sie gefragt wurde, was sie mache, antwortete sie: *„Warten“*, und nickte zustimmend, als sie dringend aufgefordert wurde: *„Bleib, wo du bist, und warte weiter!“* Die systematische Untersuchung, bei der jede Maßnahme vermieden wurde, die eine rein reaktionsmäßige Manifestation auf eine spezifische, aber nicht beabsichtigte hypnotische Suggestion verursachen könnte, führte zur Entdeckung einer Vielzahl der Phänomene, die für eine gewöhnlich induzierte Trance typisch sind. In den folgenden Abschnitten werden wir eine Reihe davon detailliert anführen, um sowohl das angewandte Verfahren als auch die erhaltenen Ergebnisse zu illustrieren.

Katalepsie und wortwörtliches Verhalten

Die Versuchsperson wurde gefragt, ob sie ein neues Spielzeug sehen wolle, das der Hypnotiseur für sie dabei hatte. Im Gegensatz zu ihrem gewöhnlichen Verhalten, bei dem sie in einer solchen Situation freudig erregt reagierte, nickte sie jetzt einfach mit dem Kopf und wartete passiv, während der Hypnotiseur das neue Spielzeug (eine große Puppe) aus einem Versteck holte. Sie lächelte glücklich, als man es in ihr Blickfeld hielt, machte jedoch keine Anstalten, danach zu greifen. Als man sie fragte, ob sie die Puppe halten wolle, nickte sie zustimmend, machte jedoch immer noch keine Anstalten, sie zu nehmen. Die Puppe wurde in ihren Schoß gelegt, und der Hypnotiseur half ihr dabei, sie auf ihren rechten Arm zu nehmen, jedoch auf eine solche Art und Weise, daß der Arm in einer völlig unbequemen Position war. Sie machte keine Anstalten, ihre Armposition zu verändern, sondern schaute einfach weiter glücklich auf die Puppe.

Während sie damit beschäftigt war, erwähnte der Hypnotiseur, daß ihre Schnürsenkel offen seien, und fragte, ob er sie für sie binden dürfe. Wieder nickte das Mädchen, und der Hypnotiseur lüpfte ihren Fuß ein wenig an den Schnürsenkeln, um die Aufgabe leichter ausführen zu können. Als er den Fuß losließ, blieb er in der Position, in die er hochgehoben worden war.

Danach wurde sie gefragt, ob sie die Puppe gerne in ihre Wiege legen wolle. Ihre einzige Reaktion war ein bejahendes Nicken. Nach einigen Augenblicken wurde sie gefragt, ob sie das nicht sofort machen wolle. Wieder nickte sie, wartete jedoch immer noch auf spezifische Instruktionen. Daraufhin sagte ihr der Hypnotiseur: *„Mach mal"*, und ergriff ein Buch, als ob er lesen wolle. Die Versuchsperson reagierte mit vergeblichen Versuchen, sich aus dem Sessel zu erheben, die bestehende Katalepsie, die sich in der unbequemen Position manifestierte, in der sie die Puppe und ihren gehobenen Fuß hielt, hinderte sie jedoch daran, ihre Position so zu verändern, daß sie aufstehen konnte. Sie wurde gefragt, weshalb sie die Puppe nicht in die Wiege lege, worauf sie antwortete: *„Kann nicht."* Als sie gefragt wurde, ob sie Hilfe brauche, nickte sie, worauf der Hypnotiseur sich so vorbeugte, daß er ihren Fuß nach unten drückte. Er nahm sie an der linken Hand und zog sie mit ausgestrecktem Arm zum Stehen hoch. Ihr Arm blieb nach dem Loslassen ausgestreckt. Sofort ging sie hinüber zur Wiege, blieb dort jedoch hilflos stehen, da sie offensichtlich keinen Arm bewegen konnte. Man mußte sie anweisen, die Puppe in die Wiege zu legen. Mit dieser spezifischen Instruktion verschwand die Katalepsie aus ihren Armen, und sie war in der Lage, die Anweisung zu befolgen.

Rapport und halluzinatorisches Verhalten

Die Versuchsperson wurde dann gebeten, zu ihrem ursprünglichen Platz zurückzukehren, wo sie passiv fortfuhr, die erste Puppe in ihrem Sessel anzustarren. Einer der Assistenten des Hypnotiseurs betrat das Zimmer, ging hinüber, hob die Puppe auf und setzte sie in einen anderen Sessel. Obwohl die Versuchsperson ihren Blick voll auf die Puppe gerichtet hatte, reagierte sie weder auf diesen Schachzug, noch machte sie den Eindruck, überhaupt etwas von einer veränderten Situation bemerkt zu haben. Nach einigen Augenblicken fragte sie der Hypnotiseur, was sie mache. Sie antwortete: *„Ich schaue meine Puppe an."* Als sie gefragt wurde, was ihre Puppe mache, antwortete sie einfach: *„Sie schläft."* An dieser Stelle sprach der Assistent die Versuchsperson mit ihrem Namen an und fragte, wie lange die Puppe geschlafen habe, erhielt jedoch keine Antwort. Die Frage wurde ergebnislos wiederholt, woraufhin der Assistent den Arm der Versuchsperson leicht anstieß. Die Versuchsperson schaute sofort kurz ihren Arm an, kratzte ihn eher beiläufig, reagierte jedoch sonst nicht.

Daraufhin nahm der Assistent die beiden Puppen und ließ sie in den Schoß des Hypnotiseurs fallen. Die Versuchsperson wurde dann gefragt, ob sie meine, daß beide Puppen gerne schliefen, wodurch sie veranlaßt wurde, ihren Blick vom leeren Sessel auf den Hypnotiseur zu richten. Ganz offensichtlich sah sie die Puppen in der neuen Position nicht, als sie jedoch aufgehoben und vom Hypnotiseur direkt angeschaut wurden, wurde sie sich ihrer sofort bewußt, blickte zögernd auf den Sessel und dann auf die Wiege und bemerkte: *„Jetzt hast du sie“*, wobei sie sehr verwirrt zu sein schien. Als jedoch der Assistent dem Hypnotiseur die Puppen ruhig aus den Händen nahm und auf die andere Seite des Zimmers ging, sah die Versuchsperson die Puppen ganz offensichtlich weiterhin, als ob sie vom Hypnotiseur gehalten würden. Ein Versuch seitens des Assistenten, die Aufmerksamkeit der Versuchsperson auf die Puppen zu lenken, rief bei ihr keinerlei Reaktion hervor.

Die Mutter der Versuchsperson betrat dann das Zimmer und versuchte ihre Aufmerksamkeit auf sich zu ziehen, jedoch ohne Erfolg. Dennoch konnte die Versuchsperson herumlaufen, mit dem Hypnotiseur sprechen und die bestimmten Gegenstände oder Personen sehen, auf die der Hypnotiseur ihre Aufmerksamkeit lenkte. Sie war jedoch offensichtlich nicht in der Lage, auf etwas zu reagieren, das nicht strikt zur hypnotischen Situation gehörte.

Amnesie

Die anderen wurden aus dem Zimmer geschickt, die Puppen wieder in die Wiege gelegt beziehungsweise in den Sessel gesetzt und die Versuchsperson auf ihren Platz, woraufhin sie angewiesen wurde aufzuwachen. Sobald sie wach aussah, bemerkte die Versuchsperson, indem sie zur Ausgangssituation zurückkehrte, auf ihre gewöhnliche Art und Weise: *„Ich glaube nicht, daß die Puppe schlafen wird. Sie ist wach.“* Es wurden ihr verschiedene beiläufige Fragen über die Puppe gestellt, woraufhin der Hypnotiseur bemerkte, daß die Puppe vielleicht nicht gerne in einem Sessel einschlafen wolle. Sofort sprang die Versuchsperson auf und erklärte ihre Absicht, die Puppe in ihre Wiege legen zu wollen. Als sie das jedoch versuchte, zeigte sie sich angesichts der Anwesenheit einer neuen Puppe in der Wiege deutlich verwirrt. Weder erkannte sie sie, noch wurde ihr bewußt, daß sie die Puppe jemals zuvor gesehen hatte, und sie wußte auch nicht, daß sie ihr geschenkt worden war. Sie legte die typische kindliche Aufgeregtheit angesichts des neuen Spielzeugs an den Tag, fragte, wem sie gehöre und ob sie sie haben könne. Der Assistent kehrte dann ins Zimmer zurück und nahm die Puppe, woraufhin die Versuchsperson ihn ansprach. Während er ihr antwortete, ging er hinüber zum Sessel und hob die erste Puppe auf. Die Versuchsperson reagierte völlig angemessen darauf, zeigte wieder vollständigen Kontakt mit ihrer Umwelt und eine völlige Amnesie für das gesamte Geschehen während der Trance.

Eine Wiederholung des Verfahrens unter veränderten Umständen führte bei der Versuchsperson zu ähnlichen Resultaten. Ähnliche Verfahrensweisen mit vergleichbaren Resultaten wurden auch bei anderen unerfahrenen und trainierten Probanden unterschiedlichen Alters angewandt.

Wir fanden diese Technik sowohl experimentell als auch therapeutisch besonders nützlich, da sie die Schwierigkeiten, auf die man beim gewöhnlichen Tranceinduktionsprozeß stößt, nämlich wache Verhaltensmuster unterdrücken und beseitigen zu müssen, weitgehend vermeidet. Wenn die anfängliche Trance induziert und strikt auf das passive Schlafverhalten begrenzt ist und zusätzlich lediglich eine akzeptable posthypnotische Suggestion gegeben wird, und zwar auf eine solche Weise, daß ihre Ausführung in den natürlichen Verlauf der Ereignisse im Wachzustand paßt, dann besteht die Gelegenheit, die posthypnotische Aktivität mit dem sie begleitenden Trancezustand hervorzurufen. Eine geeignete Intervention, die wegen der Art der posthypnotischen Aktivität nicht unbedingt in dem oben zitierten Moment geschehen muß, kann dann dazu dienen, den Probanden in dem Trancezustand zu halten.

Es muß jedoch erwähnt werden, daß die Gesamtsituation auf diesen Zweck hinführen muß, um die Versuchsperson in einem spontanen Trancezustand zu fixieren und zu halten, da jegliche Unwilligkeit auf seiten der Versuchsperson eine fehlende Reaktionsbereitschaft und Aufwachen verursachen wird. Unter günstigen Umständen unterwerfen sich die Probanden jedoch auf eine passive, bereitwillige Art und Weise voll und ganz der neuen hypnotischen Situation. Die wiederholte gründliche Nachfrage bei Probanden, die sich in solchen langanhaltenden Trancezuständen befanden, hat ergeben, daß sie weder verstehen, wie die Trance Bestand hatte, noch intellektuell besonders daran interessiert waren, das zu erfahren, und daß sie in der Regel nicht oder kaum bemerkten, daß sie sich in Trance befinden. Vielmehr scheinen sie ihren Trancezustand nur passiv zu akzeptieren, was durch ihr automatisches reaktives Verhalten zum Ausdruck kommt, das für die übliche induzierte tiefe Trance charakteristisch ist.

Durch diese allgemeine Maßnahme lassen sich neue Trancezustände erhalten, die frei sind von den mit unterschiedlichen Faktoren zusammenhängenden Beschränkungen, wie etwa die geistige Verfassung des Probanden, bewußte Absichten hinsichtlich des Tranceverhaltens, Fehlannahmen und das Fortwirken von Wachverhaltensmustern. Unter gewöhnlichen Umständen reagieren hypnotisierte Probanden, die einem posthypnotischen Befehl gehorchen, auf eine Suggestion, die sie auf einer bewußten Ebene nicht erkennen und die einer anderen Situation angehört, die sie gleichermaßen nicht erkennen. Ferner sind sie so vertieft in ihr Handeln, und ihr Tun ist so automatisch und ihre Reaktion auf die Umgebung so begrenzt, daß es wenig Möglichkeiten und auch kein unmittelbares Bedürfnis gibt, bewußte Haltungen oder Verhaltensmuster beizubehalten oder fortzusetzen. Statt dessen wird eine Dissoziation von den unmittelbaren Umständen bewirkt, die treffender und vollständiger ist, als sie sich durch eine Suggestion im üblichen Prozeß der Tranceinduktion bewirken läßt. Folglich nehmen die Aktivitäten einen völlig restriktiven Charakter an, geschehen auf einer von dem gewöhnlichen wachen Bewußtsein klar getrennten Bewußtseinsebene, und entstammen einer Situation aus der Vergangenheit. Kurz gesagt bilden sie ein Sequenzphänomen, basieren auf der Wiederbelebung hypnotischer Elemente aus einer anderen Situation und sind demnach auf hypnotisches Verhalten beschränkt.

Die Relevanz der obigen Diskussion bezüglich des Trainings der Probanden zur Entwicklung tieferer Trancen liegt auf der Hand. Auch wird der Wert wiederholter Tranceinduktionen für die Erhaltung tieferer hypnotischer Zustände allgemein anerkannt, und dieses Ziel läßt sich durch die Nutzbarmachung der posthypnotischen Aktivität und der sie begleitenden Trance befriedigender, prompter und leichter erreichen. Das ist insbesondere deshalb so, weil die posthypnotische Aktivität die Gelegenheit bietet, einen Trancezustand rasch und unerwartet zu erhalten, ohne den Probanden die Gelegenheit zu geben, sich vorzubereiten oder ihr Verhalten unnötigerweise speziell anzupassen. Statt dessen finden sich die Probanden plötzlich im Zustand der Hypnose und auf Reaktions- und Verhaltensmuster beschränkt, die nur zu diesem Zustand gehören. Folglich kann man das Training durchführen, ohne den mühsamen Prozeß durchzumachen, mit Suggestionen eine Trennung von wachen Verhaltensmustern zu bewirken, immer natürlich vorausgesetzt, daß der Proband überhaupt willens ist, sich der vorausgehenden passiven Teilnahme zu unterziehen, was ein Teil des üblichen Trainingsprozesses ist.

Das direkte Evozieren spezifischer hypnotischer Phänomene ohne Anwendung von Suggestionen ist in dem obigen experimentellen Bericht illustriert worden. Obwohl sich das auch bei der gewöhnlich induzierten Trance machen läßt, ist das doch häufig und auch begründet dahingegen kritisiert worden, daß das hervorgerufene hypnotische Verhalten in vielen Fällen eine direkte Reaktion auf absichtliche oder unabsichtliche Suggestionen war, die während der Tranceinduktion gegeben wurden, oder auf unerwartete Konstruktionen, die von Versuchsperson aus den Suggestionen abgeleitet wurden. Das so hervorgerufene Verhalten drückt lediglich die hypnotische Tendenz zu automatischem Gehorchen aus, ist jedoch kein direkter Ausdruck des hypnotischen Zustands selbst. Wie in dem obigen Bericht gezeigt wurde, können durch die Nutzbarmachung der spontanen posthypnotischen Trance spezifische Phänomene direkt evoziert werden, wodurch sich die fraglichen Wirkungen einer langen Reihe von Suggestionen, die im Verlauf des Induktionsprozesses gegeben wurden, vermeiden lassen.

In der therapeutischen Situation hat die Nutzbarmachung der spontanen posthypnotischen Trance einen besonderen Wert für die hypnotische Psychotherapie, da sie die Entwicklung von Widerständen ausschließt und den Probanden ganz besonders für therapeutische Suggestionen sensibilisiert. Die auf diese spontane Trance folgende Amnesie wird auch weniger leicht vom Wunsch des Probanden durchbrochen, sich daran erinnern zu wollen, welche Suggestionen gegeben wurden, wie es bei induzierten Trancen so häufig der Fall ist. Folglich ist es weniger wahrscheinlich, daß sich der Proband der Psychotherapie widersetzt. Darüber hinaus erlaubt die spontane posthypnotische Trance eine Therapiekombination von Wachzustand und Hypnose, was häufig eine Voraussetzung ist, um Erfolge zu erzielen. Allerdings ist das Problem der Psychotherapiekombination aus Wach- und Hypnosezuständen, oder allgemeiner gesprochen: die Integration hypnotischen und posthypnotischen Verhaltens mit bewußtem Verhalten, nicht Gegenstand dieses Artikels.

Die spontane posthypnotische Trance und Dissoziationsphänomene

Über die Bedeutung der spontanen Trance sowohl in bezug auf die ursprüngliche Trance als auch auf die posthypnotische Aktivität als Dissoziationsphänomen läßt sich wenig Definitives sagen, denn es bedarf noch ausführlicher experimenteller Arbeiten, um diesen Punkt, wie auch das Konzept selbst, zu etablieren. Allerdings haben sorgfältige Beobachtungen ohne Ausnahme gezeigt, daß posthypnotisches Verhalten in den bewußten Aktivitätenablauf einbricht, jedoch außer als nachträgliche Beifügung nicht zu einem wesentlichen Bestandteil dieser Aktivität wird. Die beste Illustration des dissoziierten Charakters der Trance und der posthypnotischen Handlung findet sich wohl in den folgenden Beispielen: Der Proband wurde im entspannten Gespräch mit anderen Personen durch einen vorher festgelegten Auslöser mitten im Satz unterbrochen, um eine posthypnotische Handlung auszuführen, die seine kurze Abwesenheit vom Zimmer erforderte. Sobald er den Auslöser wahrgenommen hatte, unterbrach der Proband die Bemerkung, die er gerade machen wollte, zeigte ein typisches posthypnotisches Tranceverhalten, führte die Handlung aus, kehrte zu seinem Stuhl zurück, nahm seine ursprüngliche Position wieder ein, schien einen Prozeß des Aufwachens durchzumachen, nahm die Unterhaltung wieder auf und setzte seine Bemerkung genau an dem Punkt fort, an dem er sie unterbrochen hatte. Ein anderer Proband, der instruiert worden war, sofort auf einen hohen Ton zu reagieren, der als Auslöser für die posthypnotische Handlung diente, wurde während des beiläufigen Gesprächs mit anderen Anwesenden beim Aussprechen eines langen Wortes unterbrochen. Die Ausführung seiner posthypnotischen Handlung wurde dann unterbrochen, und er wurde für einen Zeitraum von 15 bis 20 Minuten eingesetzt, um den anwesenden Beobachtern verschiedene hypnotische Phänomene zu demonstrieren. Danach wurde ihm gesagt, er solle *„weitermachen"*. Der Proband befolgte diese vage Suggestion, indem er fortfuhr, die posthypnotische Handlung auszuführen, zu seiner ursprünglichen Position zurückkehrte, sich zurechtsetzte, aufwachte und das angefangene Wort zu Ende sprach und das Gespräch fortsetzte, wobei er sich offensichtlich überhaupt nicht bewußt war, daß es eine längere Unterbrechung gegeben hatte.

Ein in ähnlicher Weise beim Schreibmaschineschreiben unterbrochener Proband, mit dem dann verschiedene Phänomene demonstriert wurden, wachte nach seiner Rückkehr zu seiner ursprünglichen Position an der Schreibmaschine auf und nahm ohne Zögern seine Tipparbeit wieder auf, ohne sich visuell neu orientieren zu müssen. Er hatte offensichtlich seine Orientierung auf die Aufgabe in der Schwebe gehalten, um sie sofort wieder aufnehmen zu können. Dieses Verfahren wurde mit zahlreichen Kontrollmaßnahmen viele Male mit ähnlichen Ergebnissen wiederholt.

Die Probanden kehren jedoch nach einer posthypnotischen Aktivität nicht immer mit einer solchen Präzision zum ursprünglichen Gedankengang zurück. Manchmal wird er im natürlichen Verlauf der Entwicklung etwas später wieder aufgegriffen, wie es sich bei der Unterbrechung eines Probanden durch eine posthypnotische Handlung zeigte, der gerade den ersten Teil eines Gedichtes vortrug. Nach dem Aufwachen setzte er den Vortrag mit dem letzten Teil fort und war sichtlich der festen Überzeugung, daß er die dazwischenliegenden Verse ebenfalls rezitiert hatte. Manche Probanden zeigen sich jedoch völlig verwirrt, wie beispielsweise der Proband, der erklärte: *„Ich habe vergessen, worüber ich gerade gesprochen habe."* Man mußte ihm helfen, seine Bemerkungen zu wiederholen, er war jedoch der Meinung, mehr über das Thema gesagt zu haben, als er tatsächlich gesagt hatte. Bei wieder anderen Gelegenheiten manifestierten die Probanden ein verschwommenes Wissen über die posthypnotische Handlung und machten ein paar kurze, abschweifende Bemerkungen über ungewöhnliche Umstände, auf die sie offensichtlich gerade aufmerksam wurden, so als ob sie eine Erklärung für die seltsame Veränderung der Situation suchten, die ihnen gerade eben aufgefallen war. Wenn Probanden die Gelegenheit erhalten, ihr Verhalten nach einer eingeschobenen posthypnotischen Aktivität ohne eine wie auch immer geartete Intervention der Beobachter anzupassen, tendieren sie im großen und ganzen zu einer vollständigen Amnesie bezüglich der Trance und ihrer Ereignisse und kehren zur allgemeinen Situation zurück, ohne sich der Veränderungen gewahr zu sein.

Aus diesen typischen Beispielen, die wir immer wieder erlebten, läßt sich die Aussage ableiten, daß die posthypnotische Handlung und ihre spontan entwickelte posthypnotische Trance Formen von Dissoziationsphänomenen darstellen und daß sie folglich die Gelegenheit bieten, experimentell das Problem der Dissoziation zu untersuchen. Ähnlich suggestiv ist die offensichtliche Fortdauer und Unabhängigkeit von wachen Gedankengängen während des Trancezustands, trotz anderer eingeschobener Verhaltensweisen, wie es sich in obigen Beispielen zeigte.

Bevor wir die direkten experimentellen Implikationen diskutieren, möchten wir noch etwas über die allgemeinen Umstände, unter denen diese Beobachtungen gemacht wurden, anmerken: Der äußere Rahmen war nämlich der einer allgemeinen gesellschaftlichen Veranstaltung, bei der das Thema der Hypnose diskutiert wurde und die Möglichkeit zu Demonstrationen bestand. Das geschah so, daß die Probanden die spezifischen experimentellen Absichten der Autoren und ihrer Assistenten nicht erkannten. Das Gespräch wurde so gelenkt, daß die Probanden in seinem Verlauf ein Gedicht oder bekannte Zitate aufsagten oder daß es zu einem Ratespiel führte, was, trotz Unterbrechungen durch mögliche posthypnotische Handlungen, eine Demonstration der Fortsetzung der ursprünglichen wachen Gedankengänge erlaubte. Unser allgemeines Ziel bei diesen informellen Settings bestand darin, die Einschränkungen der Reaktionsmuster zu vermeiden, die dann entstehen, wenn die Probanden gewahr werden, daß ihr Verhalten einer strengen Beobachtung unterzogen wird. Nach unserer Erfahrung kann man nicht genug die Notwendigkeit betonen, bei hypnotischen Arbeiten offenkundige Studien zu vermeiden. Natürliche Verhaltensabläufe erweisen sich in der Regel als weitaus informativer als die begrenzten formalisierten Muster, die man in einem strikten Laborsetting erwarten kann.

Anwendungen der spontanen posthypnotischen Trance in der experimentellen Arbeit über Dissoziation

Die Dissoziation und die Unabhängigkeit des posthypnotischen Verhaltens vom bewußten Handlungsablauf und das Scheitern der Integration von hypnotisch motiviertem Verhalten und gewöhnlichem Verhalten sind wichtige Erwägungen, die jede experimentelle Arbeit, die sich mit wachem und posthypnotischem Verhalten befaßt, ausreichend berücksichtigen muß. Deshalb muß in Studien, die die Fähigkeit untersuchen, gleichzeitig unterschiedliche Aufgaben auszuführen, wie etwa lautes Lesen im Wachzustand und Kopfrechnen als posthypnotische Aufgabe, darauf geachtet werden, daß die Aufgaben völlig unabhängig voneinander gehalten sind. Während sich für die posthypnotische Handlung leicht vorsorgliche Maßnahmen ergreifen lassen, muß man große Sorgfalt walten lassen, um sicherzustellen, daß das Verhalten im Wachzustand auch völlig aus einer Situation entsteht, die ganz zum Wachzustand gehört, und daß sich die Entwicklung einer spontanen posthypnotischen Trance nicht entscheidend auf das wache Verhalten auswirkt. In dem oben erwähnten Experiment Messerschmidts wurden keine dieser Maßnahmen ergriffen, was ihre unbefriedigenden und nicht stichhaltigen Ergebnisse erklärt.

Man muß einen Probanden in einer solchen experimentellen Situation, wie Messerschmidt es entwickelte, nur kritisch beobachten, um die ständige rasche Fluktuation von einem Bewußtseinszustand in den anderen, begrenzteren Zustand zu bemerken. Die unter solchen Bedingungen erhaltenen unbefriedigenden Ergebnisse verweisen nicht auf mangelnde Fähigkeiten seitens der Probanden, sondern sind vielmehr ein Hinweis auf die störenden Wirkungen der posthypnotischen Tranceentwicklungen und der engen wechselseitigen Verbundenheit der zwei Aufgaben. Dementsprechend besteht bei der experimentellen Herangehensweise an das Konzept der Dissoziation das Problem eigentlich darin, eine Technik zu entwickeln, durch die die Unabhängigkeit der Aufgaben trotz Gleichzeitigkeit der Ausführung erhalten wird.

Kurz gesagt sollte eine adäquate Technik die posthypnotische Handlung auf einen Aspekt einer Gesamtaufgabe begrenzen, bei der die posthypnotische Aktivität nur die Einleitung oder Kulmination der unbewußt durchgeführten Handlung darstellt, während die bewußt durchgeführte Aufgabe gänzlich aus dem gewöhnlichen Ereignisablauf hervorgeht, der voll und ganz der wachen Situation angehört.

Um diese Art von Technik zu illustrieren, sei das folgende Beispiel zitiert: Der Proband, ein Bauernjunge, wurde im Trancezustand instruiert, eine Woche lang nach dem Befüllen eines bestimmten, außer Sicht- und Hörweite der Pumpe liegenden Wassertrogs zu diesem Trog zu laufen. Er wußte, daß er 250 Bewegungen mit dem Pumpenschwengel benötigte, um den Trog zu füllen. Auf diese Weise war die posthypnotische Handlung ein extrem begrenzter Bestandteil einer größeren, implizierten Aufgabe, und posthypnotische Trancemanifestationen wären notwendigerweise auf die angegebene posthypnotische Handlung beschränkt.

Einige Tage später wurde im gewöhnlichen Wachzustand eine Vereinbarung getroffen, daß der Proband von einer bestimmten lästigen und ungeliebten Aufgabe befreit werden würde, wenn er in der Lage wäre, die ihm vom Hypnotiseur gegebenen Wörter richtig zu buchstabieren, wobei die Wörter aus seinem eigenen Schulbuch ausgewählt werden sollten. Dem stimmte der Proband bereitwillig zu, und als der Test begann, erschien, wie heimlich vereinbart, der Vater des Jungen und verlangte, daß der Wassertrog sofort gefüllt werden müsse. Der Buchstabiertest wurde daraufhin an der Pumpe durchgeführt, wobei dem Probanden die Wörter beim Pumpen vorgesagt wurden, so schnell er sie buchstabieren konnte. Plötzlich unterbrach der Proband das Buchstabieren, hörte auf zu pumpen, drehte sich um und ging zum Trog; er legte dabei ein Verhalten an den Tag, das typisch war für einen posthypnotischen Trancezustand. Der Trog war tatsächlich voll. Wiederholungen des Experiments führten zum gleichen Ergebnis. Auch ergab das unabhängige Zählen der Bewegungen des Pumpenschwengels, daß der Proband trotz der Aufgabe des Buchstabierens richtig zählte. Wiederholungen des Experiments, bei denen der Proband instruiert wurde, die Bewegungen als posthypnotische Aufgabe leise für sich zu zählen, während er als bewußte Aufgabe laut buchstabierte, führten zu unbefriedigenden Ergebnissen – insbesondere verwechselte er das Buchstabieren mit dem Zählen. Diese Vermischung bei der Ausführung verwirrte ihn sehr, da er aufgrund seiner Amnesie für die posthypnotischen Suggestionen nicht verstehen konnte, weshalb er beim Buchstabieren ständig eine Zahl an die Stelle eines Buchstabens setzte.

Als versucht wurde, ihn im Wachzustand gleichzeitig buchstabieren und zählen zu lassen, stellte sich heraus, daß ihm das völlig unmöglich war, außer wenn er bewußte, zielgerichtete Pausen einlegte und die Aufgaben klar abwechselnd ausführte. Nach großen Anstrengungen schlug der Proband spontan vor: *„Ich kann besser schätzen, wie oft ich pumpe, als zu versuchen, beim Buchstabieren zu zählen.“* Bei einem Versuch stellte sich heraus, daß der Proband in der Lage war, richtig zu „schätzen“. Als er später in hypnotischer Trance jedoch gefragt wurde, erklärte er, daß es sich bei der „Schätzung“ nur um ein bewußtes „Glauben“ oder ein bewußtes Verständnis seinerseits handelte und daß er die Bewegungen tatsächlich auf dieselbe Art und Weise wie in den ursprünglichen experimentellen Versuchen gezählt hatte.

In einem ähnlichen Experiment wurde eine Stenographin im Trancezustand angewiesen, nächste Woche bei der Diktataufnahme beim 320., 550. und 725. Wort den Bleistift zu wechseln. Diese Instruktionen begrenzten die posthypnotische Handlung auf einen sehr kleinen Aspekt der Gesamthandlung. In dieser Zeit nahm sie bei drei Psychiatern das Diktat auf, von denen die Ausdrücke aufgeschrieben wurden, bei denen sie die Bleistifte wechselte. Obwohl die Diktierenden viele zusammengesetzte Wörter verwendeten, entdeckte man später beim Zählen, daß die Probandin der richtigen Zahl sehr nahe kam, sich niemals um mehr als zehn Wörter und im Schnitt um drei Wörter irrte.

Ein anderer wichtiger Punkt ist die Tatsache, daß die Versuchsperson jedesmal, wenn sie bei der vorgegebenen Zahl der Wörter die Bleistifte wechselte, verwirrt wurde, kurz die Zeichen einer spontanen posthypnotischen Trance zeigte, und daß ihr einige Teile des Diktats wiederholt werden mußten. Sie konnte aber vor anderen als den angegebenen Wörtern die Bleistifte wechseln, ohne ihr Schreiben zu unterbrechen. Außer den oben beschriebenen, kurzfristigen Störungen verriet ihr Allgemeinverhalten den drei Psychiatern nichts Außergewöhnliches. Diese waren instruiert worden, ohne daß sie die experimentelle Situation kannten, das Verhalten der Versuchsperson sorgfältig zu beobachten und in ihrem üblichen Tempo von 100 bis 120 Wörtern pro Minute zu diktieren. Auch der Hypnositeur konnte, als er der Probandin selbst in normalem Tempo diktierte, außer den kurzfristigen Störungen bei den angegebenen Wörtern kein ungewöhnliches Verhalten beobachten.

Als ihr als posthypnotische Aufgabe aufgetragen wurde, die Wörter beim Diktieren zu zählen, konnte dieselbe Versuchsperson weder zählen noch schreiben. Das hätte man eigentlich vorhersehen können, wenn man neben den Einflüssen der posthypnotischen Trancemanifestationen Gewöhnungs- und Lernprozesse sowie Aufmerksamkeitsfaktoren gründlich erwogen hätte.

Es wurde der Versuch unternommen, die Probandin beide Aufgaben als eine einzige Aufgabe im Wachzustand durchführen zu lassen. Sie war jedoch nicht in der Lage, ihre Aufmerksamkeit sowohl ausreichend auf das richtige Zählen als auch auf das Diktat zu richten. Als man ihr dann vorschlug, sich ganz auf das Diktat zu konzentrieren und lediglich zu „schätzen", wenn sie die angegebene Zahl der Wörter erreicht hatte, stellte sich heraus, daß sie der richtigen Zahl nahekam. In einer folgenden hypnotischen Trance erklärte sie, daß die Erlaubnis zu „schätzen" es ihr ermöglichte, das Zählen aus ihrem „Bewußtsein" zu verdrängen, so daß sie „es unbewußt tun" könnte.

Als Kontrollmaßnahme für die obigen Experimente wurden nichthypnotisierte Versuchspersonen und hypnotisierte Probanden, die bei dieser Art von Experiment nicht eingesetzt worden waren, gebeten, in ähnlichen experimentellen Situationen zu „schätzen". Ihre Antworten besagten in allen Fällen, daß sie Berechnungen angestellt hatten, anstatt tatsächlich zu zählen, ungenaue Näherungen, basierend auf verschiedenen allgemeinen Überlegungen wie etwa der vergangenen Zeit oder der erledigten Anzahl von Seiten.

Ein etwas anderer Ansatz zum Problem simultaner Aufgabenstellungen auf unterschiedlichen Bewußtseinsebenen ist die Nutzbarmachung posthypnotischer Suggestionen, um einfach eine Verhaltensform hervorzurufen, die dann als automatische Aktivität fortgesetzt wird, ohne sich auf das Bewußtsein des Probanden auszuwirken.

Zur Illustration: Eine andere Stenographin wurde in tiefer Trance angewiesen, daß das Erscheinen des Hypnotiseurs in ihrem Büro für ihre linke Hand ein Auslöser sei, um mit automatischem Schreiben zu beginnen, ohne daß sie sich dessen gewahr sei, und daß sie mit dem

Schreiben aufhören sollte, sobald er gegangen sei. Es wurden ihr also posthypnotische Suggestionen gegeben, die direkt dazu dienten, eine bestimmte Verhaltensweise hervorzurufen und zu beenden. Wann immer der Hypnotiseur danach ihr Büro betrat, fiel sie für kurze Zeit in einen posthypnotischen Trancezustand mit einer eindeutigen Unterbrechung ihrer Aktivitäten, insbesondere dann, wenn sie beim Schreibmaschineschreiben war. Die posthypnotische Trance blieb unter diesen Umständen bestehen, bis man sie von der einen oder der anderen der beiden Aufgaben entbunden hatte. Der Hypnotiseur achtete jedoch darauf, häufig dann ihr Büro zu betreten, wenn sie an einem Tisch saß, um nach Diktat eines seiner Kollegen zu schreiben. In dieser Situation manifestierte die Versuchsperson eine kurze spontane posthypnotische Trance, die ihre unmittelbare Aktivität unterbrach. Darauf nahm sie ihr normales Verhalten beim Diktat wieder auf, das begleitet wurde von einem fortgesetzten automatischen Schreiben mit ihrer linken Hand. Die Schreibbewegung wurde auf der Tischoberfläche, dem Löschpapier oder einem gerade erreichbaren Stück Papier ausgeführt. Wenn kein Bleistift zur Verfügung stand, machte ihre Hand dennoch Schreibbewegungen. Nachdem der Hypnotiseur das Büro verlassen hatte, kam es wiederum zu einer kurzen spontanen posthypnotischen Trance, die zur Unterbrechung ihres normalen Diktatverhaltens und zur Einstellung des automatischen Schreibens führte.

Mehr als einmal reagierte einer der diktierenden Psychiater, der die Gewohnheit hatte mit dem Rücken zur Stenographin zu sitzen, auf die durch die spontane Trance ausgelöste Unterbrechung und ihre folgende Bitte um Wiederholung, als ob dies durch einen unbekannten medizinischen Ausdruck oder durch seine unklare Aussprache verursacht worden wäre, und er erkannte die zusätzliche posthypnotische Handlung nicht. Das automatische Schreiben schien keinen Einfluß auf die Aktivität im Wachzustand zu haben, wenngleich es häufig sowohl Ausdrücke aus dem Diktat beinhaltete, als auch Sätze und Ausdrücke, die sich auf andere Dinge bezogen.

Es kam auch vor, daß der Hypnotiseur der Versuchsperson im normalen Tagesablauf diktierte. Die spontane posthypnotische Trance, die sich entwickelte, wenn er ihr Büro zu diesem Zweck betrat, war dann allerdings gewöhnlich länger, als wenn sein Eintritt lediglich das Diktat der anderen Psychiater unterbrach.

Als jedoch versucht wurde, die Versuchsperson das Diktat aufnehmen zu lassen, nachdem man sie hatte bewußt gewahr werden lassen, daß ihre linke Hand automatisch schrieb, zeigte sich, daß sie weder das Diktat aufnehmen, noch automatisch schreiben konnte, es sei denn, sie führte die Aufgaben abwechselnd aus. Als man ihr bewiesen hatte, daß sie solche Aufgaben in der Vergangenheit gleichzeitig ausgeführt hatte, erklärte sie, daß sie es vermutlich könnte, wenn man nicht von ihr verlange, an das automatische Schreiben zu denken, während sie das Diktat aufnahm, daß sie also das Diktat angemessen aufnehmen könne, wenn man ihr erlaube, „das automatische Schreiben zu vergessen".

In diesen drei Beispielen war die spontane posthypnotische Trance auf einen kleineren Aspekt der größeren, implizierten posthypnotischen Aufgabe beschränkt, folglich war ihre Interferenz mit der gleichzeitigen bewußten Handlung ausgesprochen kurz. Auch hing in beiden Fällen keine der beiden gleichzeitig ausgeführten Aufgaben von der anderen ab. Die Aufgabe im Wachzustand entstammte ausschließlich dem gewöhnlichen Alltagsablauf, der keinen Bezug zum Trancezustand hatte, in dem die posthypnotischen Suggestionen gegeben wurden. In allen Fällen hatten die Probanden die Freiheit, sich gleichzeitig mit zwei völlig unabhängigen Aktivitäten zu beschäftigen, ohne die Last einer dritten Aufgabe, die beiden zu koordinieren.

Die entscheidende technische Überlegung bei der gleichzeitigen Durchführung von zwei klar und deutlich abgegrenzten Aufgaben, die an unterschiedliche Bewußtseinszustände gekoppelt sind, besteht demnach in der Entwicklung einer Motivation, die ausreicht, eine gelernte Handlung in Gang zu setzen, die wiederum auf einer Bewußtseinsebene unendlich fortgesetzt wird, obwohl auf einer anderen Bewußtseinsebene eine andere Aktivität ausgelöst oder fortgesetzt wurde.

Schlußfolgerungen

1. Eine Durchsicht der Literatur ergibt, daß zwar die Tatsache allgemein anerkannt ist, daß posthypnotische Suggestionen beim hypnotisierten Probanden zur Entwicklung eines besonderen mentalen Zustandes führen, jedoch noch keine direkten Untersuchungen dieses speziellen Geisteszustands durchgeführt worden sind. Auch wurden seine Existenz und seine möglicherweise bedeutenden Einflüsse auf die aus posthypnotischen Suggestionen erhaltenen Resultate nicht berücksichtigt.

2. Ausführliche Beobachtungen und Experimente haben gezeigt, daß die in direktem Zusammenhang mit der Durchführung einer posthypnotischen Handlung erfolgende wesentliche Veränderung des Gei-

steszustands des Probanden bedeutet, daß er eine spontane, sich selbst begrenzende posthypnotische Trance entwickelt, die einen integralen Bestandteil des Reaktionsprozesses auf posthypnotische Befehle und deren Ausführung darstellt.

3. Bei der spontanen posthypnotischen Trance kann es sich um eine einfache oder multiple, kurze oder längere Trance handeln, im allgemeinen tritt sie jedoch nur für einen Augenblick bei der Auslösung der posthypnotischen Aktivität auf und wird folglich leicht übersehen. Ihre spezifischen Manifestationen und andauernden Wirkungen bilden ein im wesentlichen konstantes Muster, trotz der Unterschiede in der Dauer der verschiedenen Verhaltensweisen, die durch unterschiedliche Ziele und Individualität der Probanden bedingt sind.

4. Die spontane posthypnotische Trance läßt sich in der Regel am besten in dem Augenblick des Beginns demonstrieren und testen, und zwar entweder durch eine Störung des Probanden oder der suggerierten Aufgabe. Bei richtiger Anwendung führt eine solche Intervention gewöhnlich zu einem sofortigen Fixieren des jeweiligen Verhaltens des Probanden und zu einer Verlängerung der spontanen posthypnotischen Trance, wodurch das direkte Evozieren hypnotischer Phänomene erlaubt wird, die typisch für eine gewöhnlich induzierte hypnotische Trance sind. Gelegentlich lassen sich jedoch durch eine unpassende Intervention spezielle hypnotische Verhaltensweisen hervorrufen, oder es kann dadurch zu einer bedeutenden Änderung in der posthypnotischen Aktivität kommen.

5. Das Verstreichen eines unbestimmten Zeitraums zwischen dem Zeitpunkt, in dem eine posthypnotische Suggestion gegeben wurde, und dem Zeitpunkt, in dem sie ausgeführt werden kann, hat keine Auswirkungen auf die Entwicklung einer spontanen posthypnotischen Trance als integraler Bestandteil der posthypnotischen Aktivität.

6. Es wurde festgestellt, daß offensichtliche Ausnahmen von der spontanen posthypnotischen Trance als integraler Bestandteil der posthypnotischen Aktivität aus wichtigen Veränderungen in der beabsichtigten posthypnotischen Situation herrühren, die ihr einen anderen Charakter verleihen.

7. Die spontane posthypnotische Trance ist im wesentlichen ein sequenzielles Phänomen, da sie eine Wiederbelebung der hypnotischen Elemente der Trancesituation darstellt, in der die spezifische posthypnotische Suggestion gegeben wurde. Folglich ist ihre Entwicklung ein Kriterium für die Validität der früheren Trance.

8. Die spontane posthypnotische Trance kann vorteilhaft als eine spezielle experimentelle und therapeutische Technik eingesetzt wer-

den, da sie zahlreiche Schwierigkeiten umgeht, die die gewöhnlichen Methoden der Tranceinduktion mit sich bringen.

9. Die posthypnotische Aktivität und die mit ihr verbundene spontane Trance stellen Dissoziationsphänomene dar, da sie den gewöhnlichen bewußten Handlungsverlauf als Interpolationen unterbrechen und nicht in den gewöhnlichen Verlauf der bewußten Aktivitäten integriert werden.

10. Posthypnotische Suggestionen können effektiv nutzbar gemacht werden, um zu studieren, inwiefern zwei getrennte und klar verschiedene Aufgaben, jede auf einer anderen Bewußtseinsebene, gleichzeitig ausgeführt werden können, wenn für das Wesen und den Charakter des posthypnotischen Verhaltens ausreichend Vorsorge getroffen wird.

2. Varianten der Doppelbindung[1]

Milton H. Erickson und Ernest L. Rossi

In meiner Kindheit auf unserem Bauernhof fragte mich mein Vater häufig: „Willst du zuerst die Hühner füttern oder die Schweine, und willst du dann zuerst den Holzkasten auffüllen oder erst das Wasser für die Kühe pumpen?"

Ich begriff damals, daß mein Vater mir die Wahl ließ; als Mensch hatte ich das Privileg, zu entscheiden, welche Aufgabe ich zuerst erfüllen würde. Damals begriff ich nicht, daß dieses Privileg ausschließlich darauf beruhte, daß ich alle erwähnten Aufgaben übernahm. Dadurch, daß mir das Privileg zuerkannt wurde, die Reihenfolge der zu erledigenden Aufgaben zu bestimmen, wurde ich völlig unbewußt darauf festgelegt, sie auszuführen. Ich erkannte nicht, daß ich damit eine Doppelbindung akzeptiert hatte. Die Aufgaben mußten erledigt werden; es führte kein Weg daran vorbei, daß im Küchenherd, auf dem mein Frühstück gekocht wurde, Holz brennen mußte, oder daß die Kühe Wasser zum Trinken brauchten. Das waren Tatsachen, gegen die ich nicht rebellieren konnte. Aber ich als Individuum hatte das äußerst wichtige Privileg, zu entscheiden, in welcher Reihenfolge ich sie erledigen wollte. Ich hatte keine Ahnung vom Konzept der Doppelbindung, wenn ich mich auch häufig fragte, warum ich offensichtlich bereit war, Kartoffelkäfer „abzulesen" oder Kartoffeln zu hacken, anstatt zu spielen.

Ich erinnere mich noch gut, wie ich in meiner frühen Kindheit zum ersten Mal eine Doppelbindung bewußt einsetzte. An einem Wintertag mit Temperaturen unter Null führte mein Vater ein Kalb aus dem Stall zum Wassertrog. Nachdem das Kalb seinen Durst gestillt hatte, ging mein Vater mit ihm zum Stall zurück, aber am Tor stemmte sich das Kalb hartnäckig dagegen, und obwohl mein Vater verzweifelt am Halfter zog, konnte er das Tier nicht vorwärts bewegen. Ich spielte gerade draußen im Schnee, und als ich die festgefahrene Situation bemerkte, fing ich an herzlich zu lachen. Mein Vater forderte mich auf, das Kalb in den Stall hineinzuziehen. Da ich erkannte, daß das Kalb einen unsinnigen, hartnäckigen Widerstand leistete, beschloß ich, ihm Gelegenheit zu geben, sich voll zu widersetzen, da es das offensicht-

---

1 Zuerst erschienen in: *The American Journal of Clinical Hypnosis* 17, Jan. 1975, 143–157

lich wollte. Folglich brachte ich das Kalb in eine Doppelbindungssituation, indem ich seinen Schwanz ergriff und es vom Stall wegzog, während mein Vater es gleichzeitig in den Stall hineinzog. Das Kalb beschloß sofort, sich der schwächeren der beiden Kräfte zu widersetzen und zog mich in den Stall hinein.

Als ich älter wurde, benutzte ich den Doppelbindungsansatz meines Vaters bei meinen nichtsahnenden Geschwistern, um ihre Hilfe bei der Erledigung der Hofarbeit zu sichern. In der Highschool wandte ich dieselbe Methode an, indem ich die Reihenfolge, in der ich die Hausaufgaben erledigte, sorgfältig festlegte. Ich brachte mich selbst in eine Doppelbindung, indem ich zuerst Buchführung machte (die ich nicht mochte) und dann Geometrie (die ich mochte) als Belohnung. Ich belohnte mich selbst, die Doppelbindung allerdings sorgte dafür, daß alle Hausaufgaben erledigt wurden.

Auf dem College interessierte ich mich immer mehr für die Doppelbindung als Antriebskraft für das eigene Selbst und für andere. Ich fing an zu experimentieren, indem ich Klassenkameraden die Ausführung zweier Aufgaben vorschlug, von denen ich wußte, daß sie beide ablehnen würden, wenn sie einzeln gestellt wurden. Sie würden allerdings die eine oder die andere ausführen, wenn die Ablehnung der einen von der Annahme der anderen abhing.

Ich fing dann an, ausführlich Autobiographien zu lesen, und entdeckte, daß diese Methode der Verhaltensbeeinflussung uralt ist. Sie ist ein Bestandteil des psychologischen Wissens, das eigentlich in den öffentlichen Bereich gehört und das kein einzelner für sich beanspruchen kann. Zusammen mit der Entwicklung meines Interesses an Hypnose erkannte ich, daß man die Doppelbindung auf vielfältige Weise verwenden kann. Bei der Hypnose kann die Doppelbindung direkt, indirekt, offensichtlich, verdeckt oder sogar überhaupt nicht erkennbar sein. Ich erkannte, daß es sich bei der Doppelbindung um eine außergewöhnliche, allerdings gefährlich zweischneidige Kraft handelt. In negativen Situationen, Zwangssituationen und in Konkurrenzsituationen führt Doppelbindung zu unglücklichen Ergebnissen. Als Kind kannte ich beispielsweise alle guten Beerenplätze. Ich bot meinen Freunden an, sie ihnen zu zeigen, wenn ich alles behalten durfte, was ich pflückte, und obendrein die Hälfte von dem, was sie pflückten. Sie nahmen die Abmachung eifrig an, doch als sie dann sahen, wieviel ich bekam, nahmen sie mir das sehr übel. Auf dem College interessierte ich mich für Debattierwettbewerbe, wenn ich aber versuchte, die Doppelbindung anzuwenden, verlor ich immer. Nach der Debatte suchte mich die Jury immer auf, um mir zu sagen, daß ich eigentlich gewonnen hätte, daß ich sie aber dermaßen gegen mich aufgebracht hätte, daß sie nicht hätten umhin können, gegen mich zu stimmen. Das Ergebnis war, daß ich trotz häufiger Nominierung nie in das Debattierteam des Colleges aufgenommen wurde. In diesen Debattierwettbewerben merkte ich, daß doppelbindende Argumente ungünstige Reaktionen hervorriefen, wenn sie zu meinen Gunsten gegen einen Gegner eingesetzt wurden. Ich lernte, daß ein kompetenter Debattierer doppelbindende Argumente zugunsten seines Gegners einführt, um dann den Vorteil, den er seinem Gegner gegeben hat, zunichte zu machen. *Es dauerte sehr lange, bis ich erkannte, daß die Anwendung einer Doppelbindung zum Zwecke des eigenen Vorteils zu schlechten Ergebnissen führt.* Wenn die Doppelbindung allerdings zum Vorteil eines anderen angewandt wurde, ließen sich dauerhafte Vorteile erzielen. Also benutzte ich sie häufig zugunsten meiner Zimmergenossen, Klassenkameraden und Professoren in der Kenntnis, daß ich sie schließlich anwenden würde, um Patienten zu helfen.

Als ich in die Psychiatrie ging und auf klinischer Ebene mit Hypnose zu experimentieren begann (die experimentelle Ebene hatte ich vorher ausführlich untersucht), wurde die Doppelbindung für mich eine äußerst interessante Methode, um hypnotische Phänomene und therapeutische Reaktionen hervorzulocken.

Im wesentlichen gibt die Doppelbindung eine illusorische Freiheit der Wahl zwischen zwei Möglichkeiten, von denen keine vom Patienten wirklich gewünscht wird, von denen aber beide für sein Wohl tatsächlich nötig sind. Das einfachste Beispiel ist wohl das Sträuben von Kindern, ins Bett zu gehen. Wenn man ihnen sagt, sie müssen um acht Uhr ins Bett gehen, haben sie das Gefühl, gezwungen zu werden. Wenn man allerdings dieselben Kinder fragt: „Möchtest du um viertel vor acht oder um acht Uhr ins Bett gehen?", reagieren die allermeisten damit, „freiwillig" letzteres zu wählen (nämlich die eigentlich beabsichtigte Zeit). Gleichgültig welche der angegebenen Zeiten die Kinder wählen, sie legen sich auf die Aufgabe, ins Bett zu gehen, fest. Die Kinder können natürlich antworten, daß sie überhaupt nicht ins Bett gehen wollen, woraufhin eine weitere Doppelbindung eingesetzt werden kann: „Möchtest du vor dem Schlafengehen baden, oder willst du lieber den Schlafanzug im Badezimmer anziehen?" Das letzte Beispiel illustriert die Verwendung einer unlogischen Folgerung in einer Doppelbindung. Das kleinere von zwei Übeln wird in der Regel akzeptiert. Allerdings bestätigt jede Wahl die Tatsache des Schlafengehens, die, wie die Kinder aus langer Erfahrung wissen, unumgänglich ist. Sie haben das Gefühl, frei wählen zu dürfen, ihr Verhalten ist jedoch vorprogrammiert.

Psychiatrische Patienten sind oft widerständig und halten wichtige Informationen unendlich lange zurück. Wenn ich das beobachte, warne ich sie ausdrücklich davor, entsprechende Informationen in dieser Woche preiszugeben – ich bestehe in der Tat darauf, daß sie sie bis Ende nächster Woche zurückhalten. Ihr subjektiver Wunsch, Widerstand zu leisten, ist so stark, daß sie nicht in der Lage sind, meine Warnung adäquat einzuschätzen, sie erkennen sie nicht als *Doppelbindung, die erfordert, daß sie sowohl Widerstand leisten als auch nachgeben.* Wenn die Intensität ihres subjektiven Widerstands groß genug ist, nutzen sie die Doppelbindung eventuell aus, um die zurückgehaltenen Informationen ohne weitere Verzögerung zu enthüllen. So erreichen sie sowohl ihr Ziel der Kommunikation als auch das des Widerstands. Patienten erkennen eine bei ihnen angewandte Doppelbindung nur selten, allerdings äußern sie sich oft darüber, wie leicht sie kommunizieren und mit ihren widerständigen Gefühlen zurechtkommen können. In den folgenden Fallbeispielen wird der kritische Leser vermutlich die Effektivität von Doppelbindungen in Frage stellen, weil er sich eigentlich auf einer sekundären Ebene befindet, wenn er *darüber* liest. Doch die Patienten, die mit vielen emotionalen Bedürfnissen zur Therapie kommen, befinden sich auf einer primären Ebene, wenn sie der Doppelbindung ausgesetzt werden; sie sind gewöhnlich nicht in der Lage, sie intellektuell zu analysieren, und deshalb wird ihr Verhalten von der Doppelbindung strukturiert. Die Anwendung der Doppelbindung wird durch Hypnose sehr erleichtert, und Hypnose vergrößert die vielfältigen Möglichkeiten ihrer Anwendung.

Fallbeispiel eins

Auf nachdrückliches Verlangen des Vaters kam ein 26jähriger Magister der Psychologie zögernd zum Autor wegen Hypnotherapie. Sein Problem war Nägelkauen, eine Gewohnheit, die er im Alter von vier Jahren angenommen hatte, um vier Stunden täglichen Klavierübens zu entgehen. Er hatte seine Fingernägel bis zum Fleisch abgekaut, bis sie bluteten, doch ließen die Blutspuren auf den Tasten die Mutter nicht erweichen. Er spielte weiter Klavier und kaute seine Fingernägel, bis dies zu einer unkontrollierbaren Gewohnheit geworden war. Es war ihm nicht recht, zur Hypnotherapie geschickt zu werden, und er äußerte dies auch.

Ich begann mit der Versicherung, daß sein Ärger gerechtfertigt sei, bemerkte jedoch auch, daß es mich belustige, wie er es 22 Jahre lang ausgehalten hatte, sich selbst zu frustrieren. Er sah mich fragend an, also erklärte ich: „Um nicht Klavier spielen zu müssen, kauten Sie Ihre Fingernägel bis zum Fleisch ab, bis es zu einer Gewohnheit wurde, die Sie nicht ablegen können, trotz der Tatsache, daß Sie lange Fingernägel haben wollen. Mit anderen Worten haben Sie sich buchstäblich 22 Jahre lang das Privileg vorenthalten, ein ordentliches Stück Fingernagel abzukauen, eines, in das Sie mit Befriedigung hätten hineinbeißen können."

Der junge Mann lachte und sagte: „Ich sehe genau, was Sie mit mir machen. Sie versetzen mich in die Lage, Fingernägel wachsen zu lassen, die lang genug sind, um mir beim Abkauen ein echt befriedigendes Gefühl zu verschaffen, und machen das sinnlose Kauen an den Fingernägeln noch frustrierender." Nach weiterer halbhumorvoller Diskussion gab er zu, daß er sich nicht sicher sei, ob er sich einer formellen Hypnose unterziehen wolle. Ich akzeptierte das, indem ich mich hartnäckig weigerte, etwas Formales zu unternehmen. Das bildete eine umgekehrt eingesetzte Doppelbindung: Er bat um etwas, war aber nicht sicher, ob er es wirklich wollte. Es wurde verweigert. Also mußte er es zwangsläufig wollen, denn nun war es ja gefahrlos.

Im folgenden Gespräch *war er jedoch sehr interessiert und überaus aufmerksam*, als ihm ernst und eindringlich gesagt wurde, daß er einen langen Fingernagel wachsen lassen könne. Er könne seinen ganzen Stolz daransetzen, ihn so lange wachsen zu lassen, daß sich das Kauen auch lohne. Gleichzeitig könne er sich gründlich frustrieren, indem er auf den winzigen Nagelstücken der restlichen neun Finger sinnlos herumkaue. Obwohl keine formelle Trance induziert wurde, zeigte seine starke Aufmerksamkeit, daß er sich in einer sogenannten „gewöhnlichen Alltagstrance" befand, die durch jede fesselnde Tätigkeit oder jedes fesselnde Gespräch hervorgerufen wird.

Diese leichte Trancesuggestion wurde verstärkt, indem er mit beiläufig irrelevanten Bemerkungen geweckt und die Anweisungen wiederholt wurden. Was bezweckt diese Maßnahme? Wenn man Suggestionen im Wachzustand beiläufig wiederholt, nachdem sie in Trance gehört worden sind, *sagen sich die Patienten:* „Oh ja, das weiß ich schon, es ist in Ordnung." Indem sich die Patienten so etwas sagen, machen sie tatsächlich den ersten wichtigen Schritt zur Verinnerlichung und Verstärkung der Suggestion. Sie machen sie zu einem Aspekt ihrer eigenen inneren Welten. Es ist diese Verinnerlichung der Suggestion, die sie zu einer wirkungsvollen Kraft der Verhaltensänderung macht.

Nach vielen Monaten kam der Patient mit normalen Fingernägeln an jeder Hand wieder. Seine wenn auch unsichere und tastende Erklärung beschreibt die Wirkung der Doppelbindung adäquat. Er erklärte: „Zuerst fand ich das Ganze ungeheuer lustig, obwohl Sie in Ihrer Haltung ernst waren. Dann fühlte ich mich in zwei Richtungen gezogen. Ich wollte zehn lange Fingernägel. Sie sagten, ich könne bloß einen haben, und den müsse ich zum Schluß abkauen, indem ich einen ordentlichen Bissen nähme. Das gefiel mir nicht, aber ich fühlte mich dazu gezwungen und auch dazu, die anderen Fingernägel weiter abzunagen. Das war furchtbar frustrierend. Als der eine Fingernagel allmählich länger wurde, war ich froh und glücklich. Der Gedanke daran, ihn abkauen zu müssen, paßte mir immer weniger, ich wußte aber, daß ich mit der Anweisung einverstanden gewesen war. Ich umging das schließlich, indem ich einen zweiten Nagel wachsen ließ – es gab immer noch acht Finger, an denen ich herumnagen konnte, und den zweiten langen Nagel müßte ich nicht abkauen. Ich will Sie nicht mit den Einzelheiten langweilen. Alles wurde immer verworrener und frustrierender. Ich ließ immer mehr Nägel wachsen und kaute auf immer weniger herum, bis ich mir sagte: „Zum Teufel damit!" Dieser Zwang, Nägel wachsen zu lassen und Nägel zu kauen und dabei immer frustrierter zu werden, war unerträglich. Wie haben Sie mich eigentlich dazu motiviert, und wie hat es funktioniert?"

Inzwischen, nach mehr als acht Jahren, hat er es in seinem Beruf weit gebracht. Er ist gut angepaßt, ein persönlicher Freund von mir, und er hat normale Fingernägel. Er ist davon überzeugt, daß der Autor bis zu einem bestimmten Grad Hypnose bei ihm angewendet hat, weil er sich immer noch an ein „merkwürdiges Gefühl" erinnert, „als ob ich mich nicht bewegen konnte, während Sie mit mir sprachen".

Fallbeispiel zwei

Ein Vater und eine Mutter brachten mir ihren zwölfjährigen Sohn und sagten: „Dieses Kind hat seit es klein war jede Nacht ins Bett gemacht. Wir haben ihn mit dem Gesicht hineingetunkt; er mußte seine Sachen waschen; wir haben ihn geschlagen; wir haben ihm nichts zu essen und zu trinken gegeben; wir haben jede Strafe ausprobiert, und er macht immer noch ins Bett." Ich sagte ihnen: „Jetzt ist er mein Patient. Ich will nicht, daß Sie sich in eine Therapie einmischen, die ich mit Ihrem Sohn mache. Sie lassen Ihren Sohn in Ruhe und lassen mich das alles mit Ihrem Sohn selber ausmachen. Halten Sie den Mund und seien Sie höflich zu meinem Patienten." Die Eltern waren völlig verzweifelt, also stimmten sie zu. Ich erzählte Joe, wie ich seine Eltern instruiert hatte, und er freute sich sehr darüber. Dann sagte ich: „Weißt du, Joe, dein Vater ist 1 Meter 80 groß, er ist ein sehr großer, starker und kräftiger Mann. Du bist nur ein zwölfjähriger Junge. Wieviel wiegt dein Vater? Hundert Kilo, und er ist kein bißchen dick. Wieviel wiegst du? Zweiundvierzig." Joe verstand nicht ganz, worauf ich hinauswollte. Ich sagte: „Meinst du nicht, daß es verdammt viel Energie und Kraft braucht, um dieses schöne, große Fahrgestell auf einem zwölfjährigen Kind aufzubauen? Überleg mal, was du für Muskeln hast. Überleg mal, wie groß du bist, wie stark du bist. Du hast eine ganze Menge Energie darauf verwendet, all das in zwölf kurzen Jahren aufzubauen. Was meinst du, wie groß du bist, wenn du so alt bist wie dein Vater? Mickrige 1 Meter 85 und gerade mal 100 Kilo, oder glaubst du, du wirst größer und schwerer als dein Vater?" Man konnte genau beobachten, wie das Räderwerk in Joes Gehirn zu rotieren begann, während er sich als Mann vorstellte. Dann sagte ich: „Was das Bettnässen betrifft, du hast diese Gewohnheit jetzt schon eine ganze Weile gehabt, und heute ist Montag. Meinst du, du kannst aufhören, ins Bett zu machen, und immer ein trockenes Bett haben bis morgen abend? Ich glaube es nicht, und du glaubst es nicht, und keiner mit auch nur ein wenig Verstand wird so etwas glauben. Glaubst du, du kannst bis Mittwoch immer ein trockenes Bett haben? Ich nicht. Du nicht. Keiner glaubt das. Ich erwarte eigentlich nicht, daß du diese Woche überhaupt ein trockenes Bett haben wirst. Warum solltest du? Du hast diese Gewohnheit ein Leben lang gehabt, und ich erwarte einfach nicht, daß du diese Woche ein trockenes Bett hast. Ich glaube, es wird diese Woche jede Nacht naß sein, und du glaubst das auch. Wir sind einer Meinung. Ich erwarte aber auch, daß es nächsten Montag naß sein wird, aber weißt du, es gibt eine Sache, die mich wirklich vor ein Rätsel stellt, ich stehe absolut vor einem Rätsel – *wirst du zufällig am Mittwoch ein trockenes Bett haben, oder wird es am Donnerstag sein, und du wirst bis Freitag morgen warten müssen, um es herauszufinden*?" Joe hatte mir zugehört, und er schaute nicht auf die Wände, den Teppich, oder die Decke oder auf die Lampe auf meinem Schreibtisch oder sonst wohin. Er befand sich in der gewöhnlichen Alltagstrance, als er all diesen neuen Ideen lauschte, Dinge, an die er vorher nie gedacht hatte. Joe wußte nicht, daß ich ihn einer Doppelbindung aussetzte, denn die Frage lautete nicht: „Werde ich ein trockenes Bett haben?" Die eigentliche Frage lautete: „*In welcher Nacht?*" Er war darauf eingestellt, herauszufinden, *in welcher Nacht* er ein trockenes Bett haben würde. Ich fuhr fort: „Komm nächsten Freitag nachmittag her und erzähl mir, ob es am Mittwoch oder am Donnerstag war, denn *ich weiß es nicht; du weißt es nicht. Dein Unbewußtes weiß es nicht. Dein Hinterkopf weiß es nicht, deine Stirn weiß es nicht. Keiner weiß es. Wir müssen bis Freitag nachmittag warten.*" Also warteten „wir" bis Freitag nachmittag, und Joe kam strahlend rein und erzählte mir etwas Wunderbares: „Herr Doktor, Sie hatten nicht recht, es war nicht am Mittwoch oder am Donnerstag, es war sowohl am Mittwoch als auch am Donnerstag." Ich sagte: „Bloß zweimal ein trockenes Bett nacheinander heißt noch lange nicht, daß du immer ein trockenes Bett haben wirst. Nächste Woche ist die Hälfte des Monats Januar um, und in der letzten Hälfte kannst du bestimmt nicht lernen, immer ein trockenes Bett zu haben, und der Februar ist ein sehr kurzer Monat." (Stören Sie sich nicht an der Fadenscheinigkeit dieser Argumentation, denn der Februar ist ein kurzer Monat.) *„Ich weiß nicht, ob du ab dem 17. März, dem St.-Patricks-Tag, immer ein trockenes Bett haben wirst oder ab dem 1. April. Ich weiß es nicht. Du weißt es auch nicht, aber es gibt etwas, das du wissen solltest, nämlich: wenn es losgeht, geht es mich nichts an. Nie, niemals wird es mich etwas angehen."*

Warum sollte es mich auch etwas angehen, wann er anfängt, immer ein trockenes Bett zu haben? Das war tatsächlich eine posthypnotische Suggestion, die ihn für den Rest seines Lebens begleiten würde. Das ist genau das, was wir eine Doppelbindung nennen. Der kleine Joe konnte nicht verstehen, was eine Doppelbindung ist. *Man benutzt Doppel- und Dreifachbindungen immer als einen Teil der Strategie der Psychotherapie. Man stellt neue Ideen und neue Meinungen vor und bezieht sie auf eine unanfechtbare Art und Weise auf die ferne Zukunft.* Es ist wichtig, therapeutische Ideen und posthypnotische Suggestionen so vorzubringen, daß sie von etwas abhängen, das in der Zukunft passieren wird. Joe würde älter und größer werden. Er würde die Highschool und dann das College besuchen. Ich erwähnte die Highschool nie. Ich erwähnte das College, die ferne Zukunft und die Idee, Footballspieler zu werden. Ich wollte verhindern, daß er an ein nasses Bett dachte. Ich wollte, daß er an die ferne Zukunft dachte und an die Dinge, die er tun könnte, anstatt daran zu denken: Was werde ich heute abend machen? Ins Bett machen.

Fallbeispiel drei

Der etwa acht Jahre alte Lal hatte sich offensichtlich einige Gedanken über die ernste Frage gemacht, woraus Macht und Dominanz und Kraft und Wirklichkeit und Sicherheit bestehen. Jedenfalls trat er kurz vor dem Abendessen vor seinen Vater und bemerkte fragend: „Lehrer sagen den kleinen Kindern immer, was sie tun müssen?“ Er erhielt als Antwort ein fragendes „Ja“. Lal fuhr fort: „Und Mamas und Papas sagen ihren kleinen Kindern immer, immer, was sie tun müssen?“ Als Antwort erhielt er wieder eine fragende Bejahung. Lal fuhr fort und sagte: „Und sie zwingen ihre kleinen Kinder, das zu tun, was sie sagen?“ Er erhielt eine fragende Zustimmung.

Lal stellte sich breitbeinig hin und erklärte mit fest zusammengebissenen Zähnen: „Also, du kannst mich zu nichts zwingen, und um dir das zu beweisen, werde ich nichts zu Abend essen, und du kannst mich nicht dazu zwingen.“

Die Antwort lautete, daß dieser Vorschlag durchaus geeignet scheine, um das zu klären, daß es sich jedoch mit einer Methode herausfinden ließe, die genauso angemessen wäre, wenn er nämlich erklären würde, daß man ihn nicht zwingen könne, ein weiteres Glas Milch zu trinken. Durch diese Probe, wurde erklärt, könne Lal sein Abendessen genießen, er müsse nicht hungern und könne mit Sicherheit beweisen, ob man ihn dazu zwingen könne, seine Milch zu trinken oder nicht.

Nachdem Lal darüber nachgedacht hatte, stimmte er zu, erklärte aber nochmals, daß er bereit sei, bei seiner ersten Aussage zu bleiben, falls sein Vater an der Entschlossenheit seiner Erklärung zweifle. Man versicherte ihm nebenbei, daß es eine angemessene Probe sei, wenn nur das Glas Milch groß genug sei.

Ein großes Glas Milch wurde mitten auf den Tisch gestellt, so daß es alle gut sehen konnten, dann wurde gemütlich zu Abend gegessen, während der Vater den beabsichtigten Machtkampf zweier Willen skizzierte.

Diese Darlegung erfolgte sehr sorgfältig, und der Junge wurde aufgefordert, jeder Aussage zuzustimmen oder sie abzulehnen, um mögliche Mißverständnisse zu vermeiden. Schließlich vereinbarte man, daß das Glas Milch die Frage entscheiden würde und daß er, Lal, bestätigte, daß sein Vater ihn nicht zwingen könne, die Milch zu trinken, *daß er nichts tun müsse, was sein Vater ihm bezüglich der Milch sage*. Der Vater seinerseits sagte, er könne Lal zwingen, alles mit der Milch zu tun, was er wolle, und daß *es einiges gäbe, wozu er Lal mehrere Male zwingen könne.*

Nachdem volle Übereinstimmung herrschte und alle einverstanden waren, daß die Probe beginnen könne, befahl der Vater: „Lal, trink deine Milch!“ Ruhig und entschlossen kam die Antwort: „Ich muß nicht, und du kannst mich nicht zwingen!“

Dieses Wechselspiel wiederholte sich einige Male. Dann sagte der Vater einfach: „Lal, schütte die Milch aus!"

Der Junge schaute bestürzt, und nachdem er daran erinnert wurde, daß er alles, was ihm bezüglich seiner Milch gesagt wurde, tun müsse, schüttelte er den Kopf und erklärte: „Das muß ich nicht." Dieses Wechselspiel wiederholte sich auch einige Male und wurde jedes Mal fest verneint.

Dann wurde Lal aufgefordert, das Glas Milch auf den Boden fallen zu lassen und damit das Glas zu zerbrechen und die Milch auszuschütten. Er weigerte sich verbissen.

Nochmals erinnerte man ihn daran, daß er alles mit der Milch tun müsse, was ihm befohlen werde, und dann folgte die strenge Ermahnung: „Nimm dein Glas Milch nicht in die Hand!" Lal überlegte einen Augenblick und hob trotzig das Glas. Sofort folgte der Befehl: „Stell dein Glas nicht hin!" Diese beiden Befehle wurden einige Male wiederholt und riefen durchweg trotzige Handlungen hervor.

Der Vater trat zur Wandtafel und schrieb: „Nimm deine Milch!", und auf der anderen Seite schrieb er: „Stell deine Milch hin!" Dann erklärte er, er würde jedes Mal Buch führen, wenn Lal das tat, was ihm befohlen worden war. Lal wurde daran erinnert, daß er schon wiederholt aufgefordert worden war, diese beiden Dinge zu tun, daß jetzt aber Buch geführt würde, indem jedes Mal, wenn er von den beiden Dingen, die ihm befohlen worden waren, eines tat, ein Kreidestrich gemacht werde.

Lal hörte mit verzweifelter Aufmerksamkeit zu.

Der Vater fuhr fort: „Lal, nimm Dein Glas nicht!" und machte einen Strich unter „Nimm deine Milch!", als Lal dies aus Trotz tat. Dann: „Stell deine Milch nicht hin!", und ein Strich erschien unter „Stell deine Milch hin!", als dies geschah. Nachdem dies einige Male wiederholt worden war und Lal die wachsende Zahl der Kreidestriche für jede Aufgabe beobachtete, schrieb sein Vater an die Tafel: „Trink deine Milch!" und „Trink deine Milch nicht!" und erklärte, daß für diese Aufgaben eine neue Strichliste geführt würde.

Lal hörte aufmerksam zu, allerdings mit einem Ausdruck beginnender Hoffnungslosigkeit.

Er wurde sanft aufgefordert: „Trink deine Milch jetzt nicht!" Langsam hob er das Glas an die Lippen, aber bevor er einen Schluck nehmen konnte, wurde ihm befohlen: „Trink deine Milch!" Erleichtert stellte er das Glas hin. Zwei Kreidestriche wurden gemacht, einer unter „Stell dein Glas hin!" und einer unter „Trink deine Milch nicht!"

Nach einigen Runden wurde Lal aufgefordert, sein Glas nicht über den Kopf zu halten, sondern es auf den Boden zu leeren. Langsam, vorsichtig hielt er es mit ausgestrecktem Arm über seinen Kopf. Prompt wurde er ermahnt, es nicht dort zu halten. Dann ging der Vater ins andere Zimmer, kam wieder mit einem Buch und noch einem Glas Milch und bemerkte: „Das ist alles ziemlich doof. Stell deine Milch nicht hin!"

Mit einem Seufzer der Erleichterung stellte Lal sein Glas auf den Tisch, schaute sich die Strichlisten auf der Tafel an, seufzte wieder und sagte: „Hören wir auf, Papa."

„Sicher, Lal, es ist ein doofes Spiel und macht keinen richtigen Spaß, und wenn wir das nächste Mal streiten, laß uns über etwas wirklich Wichtiges streiten, worüber wir beide nachdenken und vernünftig reden können."

Lal nickte zustimmend.

Der Vater nahm sein Buch und trank das zweite Glas Milch aus, bevor er das Zimmer verließ. Lal sah ihm zu, nahm ruhig sein Glas und trank es aus.

Wirklichkeit, Sicherheit, die Definition von Grenzen und Einschränkungen sind wichtige Bestandteile in der Entwicklung des kindlichen Verständnisses. Es gibt ein verzweifeltes Bedürfnis, die eigenen Möglichkeiten zu erfahren und sich selbst und andere zu definieren. Lal forderte mit dem berechtigten Respekt für sich als intelligenten Menschen einen Gegner heraus, den er für absolut würdig hielt und der, zu Lals Vorteil, kein angstvolles Gefühl der Unsicherheit angesichts der Herausforderung zeigte.

Es ging bei dem Kampf um die Verteidigung eines Prinzips, das für den einen der Gegner einen großen Wert hatte, und seine Meinung wurde vom anderen Gegner streng respektiert, allerdings für fehlerhaft gehalten. Es war kein kleinlicher Streit um Dominanz zwischen zwei kleinlichen Menschen. Es ging darum festzustellen, was ein Prinzip wert ist. Grenzen wurden gezogen, Übereinstimmungen erreicht, und Kräfte im Kampf gemessen, um eine Frage zu klären, die schließlich von den Kontrahenten als fehlerhaft und belanglos erkannt wurde.

Mehr als 20 Jahre sind inzwischen vergangen, und Lal hat eigene Kinder. Er erinnert sich gerne und mit einem Schmunzeln an diese Erfahrung und auch mit großer persönlicher Befriedigung. Er definiert es als „eine Zeit, als ich das Gefühl hatte, eine ganze Menge zu lernen. Es gefiel mir nicht, was ich lernte, aber ich war sehr froh, daß ich es lernte. Ich fühlte mich dabei innen drin so richtig gut, so wie ein kleines Kind sich gerne fühlt. Ich will es sogar wie ein kleines Kind ausdrücken."

Fallbeispiel vier

Eines Tages sah eines meiner Kinder den Spinat auf dem Mittagstisch an und sagte: „Ich esse nichts von dem Zeug da!" Ich stimmte vollkommen mit ihm überein: „Natürlich nicht. Du bist noch nicht alt genug, du bist noch nicht groß genug, du bist noch nicht stark genug." Diese Doppelbindung machte seine Position weniger haltbar und den Spinat wünschenswerter. Seine Mutter stellte sich auf seine Seite und behauptete, der Junge sei sehr wohl groß genug, und dann wurde die Frage zu einem Streit zwischen seiner Mutter und mir. Der Junge war natürlich auf ihrer Seite. Schließlich bot ich ihnen den Kompromiß an, daß er einen halben Teelöffel davon haben dürfe. Sie waren der Meinung, daß dieses Angebot unbefriedigend sei, so mußte ich ihm erlauben, einen halben Teller voll zu bekommen. Er aß alles auf, so schnell es nur ging, und verlangte lauthals nach mehr. Ich zögerte, aber seine Mutter stimmte ihm zu. Ich gab dann widerwillig zu: „Du bist größer und stärker, als ich dachte." Damit erhielt er in seinen eigenen Augen einen neuen Status. Ich forderte ihn nicht direkt auf, sein Selbstbild zu revidieren, es geschah *indirekt*, indem er (a) die Gelegenheit erhielt, eine Bühne (seine Mutter und ich waren geteilter Meinung), auf der er anschauen und sorgfältig überdenken konnte, wie *sein eigenes Verhalten revidiert wurde,* und (b) die Implikationen dieser Verhaltensänderung, die er aus meinem widerwilligen Eingeständnis seines Wachstums *selbst zog*. Das Wesen dieser indirekten Herangehensweise besteht darin, Bedingungen zu schaffen, die erlauben, daß Menschen eine ihnen gemäße Wahl treffen.

Ericksons klinischer Doppelbindunganansatz

Eine Durchsicht von Ericksons bezaubernder Darstellung seines Doppelbindungsansatzes läßt folgende Merkmale sichtbar werden.

1. Die Fragen, in die der Patient verstrickt ist, sind in der Regel unmittelbare und sehr verwickelte persönliche Anliegen. Der Patient ist *hoch motiviert*, und Erickson bringt diese starke Motivation in die Form einer Doppelbindung, die sich für Verhaltensänderungen verwenden läßt. Dies zeigt sich in allen Beispielen, in der Episode mit dem Kalb aus seiner Kindheit genauso wie im Problem des Umgangs mit widerständigen Patienten.

2. Erickson *akzeptiert* immer die unmittelbare Realität und den unmittelbaren Bezugsrahmen des Patienten. Er stellt eine *starke Bin-*

dung zu *vielen unterschiedlichen Seiten und Ebenen* im Inneren des Patienten her.

3. Der Patient hat ein Problem, weil verschiedene Reaktionstendenzen derart im Widerspruch stehen, daß eine Verhaltensänderung unmöglich geworden ist. Erickson *ermöglicht den Ausdruck aller Reaktionstendenzen auf so eine Art und Weise, daß die Pattsituation aufgebrochen wird.* Dies zeigt sich besonders im Fall des klavierspielenden Nägelkauers, der verschiedene Dinge wollte, nämlich (a) seine Eltern ärgern, jedoch auch (b) die Gewohnheit des Nägelkauens aufgeben, (c) lange Fingernägel haben, jedoch auch (d) den Genuß erfahren, einen langen Fingernagel abbeißen zu können. Er wollte sich (e) der Forderung seines Vaters nach Hypnose verweigern, die Hypnose jedoch (f) auf seine Art und für seine Zwecke erfahren.

4. Erickson bringt immer etwas Neues in die Situation ein, das so die zentralen Motivationen des Patienten anspricht, daß dieser fasziniert ist. Neugierig öffnet sich der Patient der neuen, von Erickson eingebrachten Sichtweise; er *entwickelt einen schöpferischen Augenblick* (Rossi 1972) *oder eine akzeptierende Haltung gegenüber allen folgenden Suggestionen.* Der Patient hört so aufmerksam zu, daß eine formelle Tranceinduktion oft unnötig wird. Er hört mit einer gespannten, reaktionsbereiten Aufmerksamkeit zu, die Erickson als die *gewöhnliche Alltagstrance bezeichnet.*

5. Die eigentliche Doppelbindung wird durch Implikationen eingeführt, die die entscheidenden Wahlmöglichkeiten innerhalb der eigenen assoziativen Matrix des Patienten strukturieren. Das zeigt sich besonders in der Art und Weise, wie der Vater den Trotz seines Sohnes Lal in einer geeigneten Frage strukturierte, bei der im Sohn eine umgekehrte Doppelbindung arbeiten konnte. Dann „trainierte" der Vater die umgekehrte Einstellung, um sich zu vergewissern, daß sie „angeschlagen" hatte, bevor er die entscheidende Suggestion anbrachte. Die Wichtigkeit der Strukturierung und Nutzung der eigenen inneren Reaktionen des Patienten zur Ermöglichung von Suggestionen wurde beim klavierspielenden Nägelkauer betont, als Erickson *beiläufig* wichtige Suggestionen wiederholte, so daß der Patient ganz natürlich bestätigen würde, daß er sie schon gehabt hatte.

6. *Erickson bietet normalerweise eine Folge von Doppel- oder Dreifachbindungen an.* Die Doppelbindung funktioniert nicht durch Zauberei. Sie funktioniert nur dann, wenn sie zu einem entsprechenden Bedürfnis oder Bezugsrahmen des Patienten paßt. Der einfache Fall, bei dem eine Doppelbindung so ausgezeichnet paßt, um von sich aus eine präzi-

se und voraussehbare Verhaltensänderung zu bewirken, wie bei Lal, ist wahrscheinlich selten. Erickson weiß nicht immer im voraus, welche Doppelbindung oder Suggestion wirken wird. Er verwendet normalerweise eine Schrotflintentechnik und bietet viele Suggestionen an, allerdings auf eine so harmlose Art und Weise (durch Implikationen, Beiläufigkeit etc.), daß der Patient sie nicht erkennt. Als er zuschaute, wie Erickson eine Folge von Doppelbindungen und Suggestionen *anbietet*, hatte Rossi häufig den Eindruck, Erickson sei eine Art von geistigem Schlosser, der erst diesen und dann jenen Schlüssel sanft ausprobiert. Er beobachtet den Patienten eingehend und *erwartungsvoll*, immer auf der Suche nach den feinen Änderungen in Gesichtsausdruck und Körperhaltung, die andeuten, daß die Schaltungen im Hirn des Patienten klicken – zu seiner gemeinsamen Freude mit dem Patienten hat er einen Schlüssel gefunden, der funktioniert.

7. Erickson versucht, die Doppelbindung und die posthypnotischen Suggestionen einer Verhaltensänderung an vernünftige künftige Möglichkeiten zu binden. *Die Suggestion wird mit einer Zwangsläufigkeit verbunden.* So benutzt Erickson sowohl die Zeit als auch *das eigene zwangsläufige Verhalten des Patienten als Vehikel für die Suggestionen.* Wieder merken wir, daß die Effektivität von Ericksons Methode darin liegt, wie er seine Suggestionen an Prozesse bindet, die im Inneren des Patienten natürlich ablaufen. Die wirkungsvolle Suggestion ist eine, die genau auf die eigene assoziative Matrix des Patienten zugeschnitten ist. Erickson ist immer damit beschäftigt, zu beobachten und die beste Paßform herauszutüfteln.

Varianten der Doppelbindung und Russells Theorie logischer Typen

Die Episode, als Erickson zum ersten Mal ohne es zu erkennen Doppelbindungen ausgesetzt wurde, die ihn an die alltäglichen Verrichtungen auf dem Bauernhof banden, enthüllt eine grundlegende Eigenschaft aller Doppelbindungen: Man hat die freie Wahl auf einer *primären oder Objektebene*, die von dem Subjekt erkannt wird, aber das Verhalten wird auf einer *sekundären oder Metaebene* so stark strukturiert, daß es häufig unerkannt bleibt. Andere Forscher (Bateson 1972; Haley 1963; Watzlawick, Beavin a. Jackson 1967; Watzlawick, Weakland a. Fisch 1974) haben diese grundlegende Eigenschaft der Doppelbindung zu Russells logischer Typenlehre in *Principia Mathematica*

(Whitehead a. Russell 1910) in Beziehung gesetzt, die entwickelt wurde, um viele klassische und moderne Probleme des Paradoxons in der Logik und der Mathematik zu lösen. Aus dieser Sicht kann die Doppelbindung als eine Art Paradox verstanden werden, welches die Betreffenden nicht leicht auflösen können, also „befolgen sie sie" und lassen zu, daß ihr Verhalten festgelegt wird. In diesem Sinne kann die Doppelbindung als eine grundlegende Determinante des Verhaltens angesehen werden, vergleichbar mit anderen Grundfaktoren wie den Reflexen, der Konditionierung und dem Wissen.

Die freie Wahl auf der primären Entscheidungsebene, ob die Hühner oder die Schweine zuerst gefüttert werden, war somit in einem breiteren Rahmen enthalten, der sekundären oder Metaebene der „Aufgaben, die erledigt werden mußten". Der kleine Erickson konnte das, was er zuerst tun wollte, auf der primären Ebene in Frage stellen und stolz sein, auf dieser Ebene die Wahl treffen zu dürfen. Was der junge Erickson nicht in Frage stellen konnte, war die Metaebene der „Aufgaben, die erledigt werden mußten". Die Metaebene konnte keiner in Frage stellen, wahrscheinlich nicht einmal sein Vater, da sie einen geistigen Rahmen darstellte, der auf der Meta- oder unbewußten Ebene als Grundannahme ihrer Lebensweise eingebaut war. Diese ersten Beispiele der Doppelbindung können also als *freie Wahl zwischen vergleichbaren Alternativen* auf einer primären Ebene beschrieben werden, während die Annahme einer der Alternativen auf einer Metaebene bestimmt wird.

Die freie Wahl vergleichbarer Alternativen

Für didaktische Zwecke können wir nun auflisten, wie eine Folge von Doppelbindungen dieser Art benutzt werden kann, um Hypnose und Therapie zu ermöglichen. Die positive Metaebene legt fest, daß eine der freien Wahlmöglichkeiten zwischen vergleichbaren Alternativen in der therapeutischen Situation selbst *akzeptiert wird*. Da wir aus freien Stücken zur Therapie kommen, zu unserem eigenen Nutzen, werden wir zumindest einige der angebotenen therapeutischen Wahlmöglichkeiten *akzeptieren*. „Übertragung" und „Rapport" sind auch bindende Kräfte, die normalerweise auf einer unbewußten oder Metaebene funktionieren. In der Hypnose können wir annehmen, daß die Trancesituation selbst die Metaebene ist, die bestimmt, daß eine Wahlmöglichkeit zwischen den vergleichbaren Alternativen, die der Hypnotherapeut auf der primären Ebene anbietet, akzeptiert wird. In den folgenden Beispielen wird die freie Wahl auf der primären Ebene des „Wann“ oder „Wie“ der Trance angeboten, jedoch wird auf einer Metaebene bestimmt, daß *eine Trance erlebt wird.*

„Möchten Sie jetzt oder später in Trance versetzt werden?“

„Möchten Sie stehend oder sitzend in Trance versetzt werden?“

„Möchten Sie lieber eine leichte, mittlere oder tiefe Trance erleben?“

„Wer aus dieser Gruppe möchte als erstes eine Trance erleben?“

„Wollen Sie die Trance mit offenen oder geschlossenen Augen erleben?“

Hieraus erkennt man leicht, daß es eine unzählige Folge solcher Doppelbindungen gibt, die in Form einer einfachen Frage konstruiert werden können. Sie bietet eine freie Wahl zwischen vergleichbaren Alternativen an, von denen eine gewählt werden wird. Das Geschick des Therapeuten liegt darin, zu erkennen, welche möglichen Alternativen für den Patienten besonders attraktiv sind und als Verstärker wirken werden.

Die Doppelbindungsfrage eignet sich ohnegleichen für Ericksons empirischen Ansatz bei Trancephänomenen.

„Sagen Sie mir, ob Sie die Taubheit mehr im rechten oder im linken Bein spüren?“

„Wird Ihre rechte Hand sich zuerst heben oder nach unten drükken oder zur Seite bewegen? Oder wird es die linke sein? Warten wir mal ab, welche es sein wird.“

„Werden Ihre Augenlider schwer werden und zufallen, oder bleiben sie ganz entspannt und locker offen?“

„Wollen Sie, daß die Hypnose alle Schmerzen beseitigt, oder möchten Sie ein bißchen Schmerz behalten, als wichtiges Zeichen Ihres körperlichen Zustands?“

„Die Zeit kann von unterschiedlicher Intensität sein. Wird sie verdichtet sein? Ausgedehnt?“

„Welcher Teil Ihres Körpers wird am schwersten sein? Am wärmsten? Am leichtesten?“ Und so weiter.

Die Doppelbindung in Beziehung zum Bewußtsein und zum Unbewußten

Für den Tiefenpsychologen sind wahrscheinlich die Doppelbindungen am faszinierendsten, die etwas mit der Interaktion zwischen Bewußtsein und dem Unbewußten zu tun haben (Erickson 1964). Viele davon sind tranceinduzierend, wie beispielsweise die folgenden:

„Wenn Ihr Unbewußtes will, daß Sie in Trance fallen, wird sich Ihre rechte Hand heben. Sonst wird sich Ihre linke Hand heben."

Gleichgültig ob man eine positive (rechte Hand) oder negative Reaktion (linke Hand) auf diese Aufforderung erhält, hat man tatsächlich damit begonnen, eine Trance zu induzieren, da jede wirklich autonome Reaktion (das Heben einer der Hände) einen Trancezustand erfordert. Diese Situation ist besonders merkwürdig, da in diesem Fall die doppelbindende Aufforderung auf der primären, bewußten Ebene anscheinend eine Veränderung auf der unbewußten oder Metaebene bewirkt. Gerade wegen dieser Möglichkeit werden Menschen zu Opfern von Paradoxa. Paradoxa verursachen natürlich Probleme, sie können aber auch benutzt werden, um die ersten Phasen des Therapieprozesses zu erleichtern, bei dem es manchmal notwendig ist, die alten, inadäquaten Bezugsrahmen (die Metaebenen) aufzubrechen und neue, adäquatere Bezugsrahmen zu erschaffen (Erickson 1954; Rossi 1972, 1973; Watzlawick, Weakland a. Fisch 1974).

Doppelbindungen können auch eingesetzt werden, um eine kreative Interaktion zwischen dem Bewußtsein und dem Unbewußten zu ermöglichen. Wenn ein Patient auf der bewußten Ebene blockiert oder eingeengt ist, kann der Therapeut einfach darauf hinweisen, daß die Blockierung nur auf der bewußten Ebene besteht, und er kann das Unbewußte etwa wie folgt stärken:

> Es ist völlig gleichgültig, was Ihr Bewußtsein macht, denn Ihr Unbewußtes wird nun neue Möglichkeiten finden, denen sich Ihr Bewußtsein nicht mehr gewahr ist oder die es vielleicht vergessen hat. Sie wissen also nicht, worin diese neuen Möglichkeiten bestehen, oder? Es ist nun so, daß Ihr Unbewußtes ganz alleine daran arbeiten kann. Wie aber werden diese Möglichkeiten Ihrem Bewußtsein übermittelt? Werden sie sich in einem Traum oder in einem ruhigen Augenblick der Reflexion offenbaren? Werden Sie sie auf einer bewußten Ebene leicht erkennen, oder werden Sie überrascht sein? Werden Sie gerade essen, einkaufen oder Auto fahren? Sie wissen es nicht, aber Sie werden glücklich sein, diese neuen Möglichkeiten anzunehmen, wenn sie kommen.

Durch diese Doppelbindungen wird das Bewußtsein durch das *Nichtwissen* außer Kraft gesetzt, und das Unbewußte wird gestärkt, indem man Gemeinplätze verbreitet über die Autonomie des Unbewußten und seine vielen Möglichkeiten, mit dem Bewußtsein zu kommunizieren. Das Individuum befindet sich in einer Doppelbindung mit einer positiven Metaebene, die voller hoffnungsfroher Erwartung auf konstruktive Arbeit ist. Da jedoch das Bewußtsein nicht direkt mit dem Unbewußten verhandeln kann, werden die Blockierungen der bewußten Ebene in Schach gehalten, bis das Unbewußte durch originelle Problemlösungsmethoden eine Lösung finden kann.

Weitzenhoffer (1960) hat die Ansicht überzeugend dargestellt, daß der Begriff „das Unbewußte" in solchen Kontexten, wie wir sie hier benutzt haben, nicht mit Freuds „Unterbewußtsein" übereinstimmt. Wir verwenden den Begriff „das Unbewußte" eher so, wie er bei Fingerzeichen und dem Chevreulschen Pendel (Cheek a. LeCron 1968) verwendet wird. Princes (1929) Definition des *Unbewußten* oder *sekundären Bewußtseins* als Prozeß, „dessen sich das Individuum nicht bewußt ist", der aber „bei der Bestimmung bewußter und körperlicher Phänomene eine Rolle spielt", ist hier treffender. Um Doppelbindung und hypnotische Phänomene im allgemeinen adäquat zu konzeptualisieren, kann es sehr wohl sein, daß in Zukunft der Begriff „Metaebene" Bezeichnungen wie „das Unbewußte" oder „sekundäres Bewußtsein" sinnvoll ersetzen kann, da Metaebenen genauer definiert werden können und es uns deshalb ermöglichen, das Instrumentarium der symbolischen Logik, der Mathematik und der systemischen Theorie auf menschliche Probleme anzuwenden.

Die zeitliche Doppelbindung

Erickson benutzt häufig die Zeit als Doppelbindung, um einen psychotherapeutischen Prozeß zu ermöglichen. Typische Beispiele sind folgende:

„Wollen Sie diese Gewohnheit diese Woche oder erst nächste Woche ablegen? Das erscheint Ihnen vielleicht zu schnell. Vielleicht brauchen Sie einen längeren Zeitraum dafür, zum Beispiel drei oder vier Wochen."

„Vor dem Ende des heutigen Interviews wird Ihr Unbewußtes einen sicheren und konstruktiven Weg finden, Ihrem Bewußtsein etwas Wichtiges mitzuteilen. Und Sie wissen wirklich nicht, wann oder wie Sie es ihm sagen werden. Jetzt oder später."

Für Erickson sind diese therapeutischen Doppelbindungen Ansätze, die es dem Patienten ermöglichen, mit dem Therapeuten zusammenzuarbeiten. Da er nicht weiß, wie er ein Symptom überwinden oder traumatisches Material aufdecken soll, ist der Patient einer großen Unsicherheit, Angst und inneren Pein ausgesetzt. Die therapeutische Doppelbindung verleiht dem Unbewußten des Patienten die Entscheidungsgewalt und gibt dem Bewußtsein die Möglichkeit der Kooperation.

Die Gegenhaltungs-Doppelbindung

Erickson hat eine Reihe von Beispielen der Gegenhaltungen herausfordernden Doppelbindung dargestellt: (a) das Kalb wurde durch Ziehen am Schwanz dazu gebracht, die andere Richtung einzuschlagen, (b) durch eindringliches Verbot wird es dem Patienten möglich, Material aufzudecken, (c) Lals Gegenhaltung wird dazu benutzt, ihn zum Milchtrinken zu zwingen. Wir analysieren Lals Beispiel, um darzustellen, wie die logische Typenlehre die Gegenhaltungs-Doppelbindung behandeln könnte.

1. Der Vater erkennt Lals Trotz sofort an seinem Verhalten und an der verbalen Herausforderung, nicht zu Abend essen zu wollen.

2. Als dem Vater klar wird, daß es eine Frage des Prinzips ist, besteht sein erster Schritt darin, den Kampf vom Kampf um eine ganze Mahlzeit auf den um ein Glas Milch zu verschieben.

3. Der Vater definiert dann die Spielregeln so, daß der Trotz verbal die feste Form einer Gegenhaltung annimmt: Lal „mußte nichts tun, was sein Vater ihm bezüglich der Milch befahl". Der Vater erkennt die Gegenhaltung, der Sohn allerdings nicht. Der Sohn glaubt, daß die Kontroverse um das Milchtrinken geht. Er befindet sich in diesem Glauben auf der primären oder Objektebene. Der Sohn erkennt die Gegenhaltung nicht, die auf der Metaebene in ihm arbeitet.

4. Dann gibt der Vater dem Sohn die Gelegenheit, die Gegenhaltung einzuüben, so daß ihr Funktionieren fest in ihm verankert wird. Der Vater gibt jetzt seinem Sohn Befehle auf der primären Ebene, während er den Sohn gleichzeitig auf der Metaebene auf seine umgekehrte Einstellung festlegt.

5. Der Vater beginnt, Buch zu führen, um seinem Sohn eindeutig klarzumachen, daß es *„Dinge gibt, zu denen er Lal einige Male zwingen würde"*. Als ihm dies wiederholt vorgeführt wird, beginnt Lal, die „Hoffnungslosigkeit" der Situation zu spüren – er weiß, daß er irgendwie verliert, aber er weiß nicht warum oder wie, da die Gegenhaltung Einstellung auf einer Metaebene funktioniert, die unbewußt ist.

6. Schließlich gibt der Vater den entscheidenden Befehl: „Trink deine Milch nicht!", der die Doppelbindung vervollständigt. Lal hebt

sein Glas, um zu trinken, doch der Vater schreitet gerade im richtigen Augenblick ein, um Lals Selbstachtung zu retten, indem er ihm befiehlt, „zu trinken", also muß er es nicht tun.

7. Letztendlich trinkt Lal die Milch doch, aber erst dann, als das Spiel einen anderen Namen bekommt, nämlich: *Laß uns zusammen Milch trinken.* Lals ursprünglicher Trotz ist umgewandelt worden; der Konflikt zwischen Vater und Sohn wird schließlich gelöst, indem sie gemeinsam Milch trinken.

Die Doppelbindung als unlogische Folgerung

Die Unlogik hat bei Erickson weiterhin ihren großen Tag, wenn er alle möglichen *unlogischen Folgerungen* und *absurden Reduzierungen* beiläufig in Form von Doppelbindungen einfließen läßt. Wie in Ericksons Beispielen der „Schlafenszeit" bei Kindern gezeigt wird, setzt er häufig eine Folge von Doppelbindungen ein, wenn eine nicht ausreicht. Je mehr er davon einsetzt, um so absurder werden sie oft, doch das Bewußtsein erkennt ihre Absurdität nicht und wird schließlich durch sie strukturiert. In der Doppelbindung der unlogischen Folgerung besteht zwischen den angebotenen Alternativen inhaltlich eine Ähnlichkeit, wenn auch *keine logische* Verbindung. Erickson sagt also: „Möchtest du zuerst *baden*, bevor du ins Bett gehst, oder willst du den Schlafanzug lieber im *Badezimmer* anziehen?" Beim Versuch, den Sinn oder die Unlogik eines solchen Vorschlags zu begreifen, kann es einem durchaus schwindlig werden. Man kann es nicht begreifen, man kann es nicht widerlegen, also neigt man dazu, es einfach zu akzeptieren.

Die schizogene Doppelbindung

Ein Vergleich von Ericksons Verwendung der Doppelbindung mit den Arbeiten von Bateson et al. (1956) über Doppelbindung bei der Entstehung der Schizophrenie zeigt interessante Ähnlichkeiten bzw. Gegensätze (siehe Tabelle 1).

Zusammenfassend kann man sagen, daß die schizogene Doppelbindung *negative Anordnungen* beinhaltet, die auf der Metaebene oder der abstrakten Ebene durchgeführt werden, das heißt außerhalb der auf der primären Ebene liegenden Kontrolle des Opfers. Ericksons therapeutische Doppelbindungen betonen dagegen immer die *positive Zustimmung auf der Metaebene und bieten Alternativen an, die auf der pri-*

TABELLE 1

Batesons schizogene Doppelbindung	Ericksons therapeutische Doppelbindung
1. *Zwei oder mehr Personen* Das kindliche „Opfer" wird in der Regel von der Mutter oder einer Kombination aus Eltern und Geschwistern umgarnt.	1. *Zwei oder mehr Personen* In der Regel sind Patient und Therapeut in einer positiven Beziehung eingebunden.
2. *Wiederholte Erfahrungen* Doppelbindung tritt wiederholt auf und weniger als ein einziges traumatisches Ereignis.	2. *Eine einzige oder eine Folge von Erfahrungen* Wenn eine nicht ausreicht, wird eine Reihe von Doppelbindungen *angeboten*, bis eine funktioniert.
3. *Eine primär negative Aufforderung* „Tu das nicht, sonst bestrafe ich dich!"	3. *Eine primär positive Aufforderung* „Ich bin damit einverstanden, daß du fortfährst, das zu tun."
4. *Eine sekundäre Aufforderung*, die der ersten auf einer abstrakteren (Meta-) Ebene widerspricht und die wie diese durch Bestrafung oder Signale, die das Überleben bedrohen, durchgesetzt wird.	4. *Eine sekundäre, positive Suggestion auf der Metaebene*, die eine kreative Interaktion zwischen der *primären (bewußten) Ebene und der (unbewußten) Metaebene* ermöglicht. Reaktionen auf beiden Ebenen sind erlaubt, um in eine Sackgasse geratene Konflikte zu lösen.
5. *Eine tertiäre, negative Aufforderung*, die das Opfer daran hindert, zu entkommen.	5. *Ein tertiäres, positives Verständnis* (Rapport, Übertragung), das den Patienten an seine therapeutische Aufgabe bindet, ihm allerdings die Freiheit läßt, nach Wunsch zu gehen.
6. Schließlich sind die verschiedenen Aufforderungen nicht mehr notwendig, wenn das Opfer gelernt hat, seine Welt in Doppelbindungsmustern wahrzunehmen.	6. Der Patient hört mit der Therapie auf, wenn ihn seine Verhaltensänderung von der Übertragung und den hervorgerufenen Doppelbindungen befreit.

mären Ebene abgelehnt werden können. Erickson führt aus: „Während ich die Patienten in eine Doppelbindung versetze, spüren sie auch unbewußt, daß ich sie nie darin festhalten würde. Sie wissen, daß ich jederzeit bereit bin nachzugeben. Ich setze sie dann in einer anderen Situation einer anderen Doppelbindung aus, um zu sehen, ob sie diese besser konstruktiv nutzen können, weil sie ihren Bedürfnissen besser entspricht." Für Erickson ist die Doppelbindung also ein nützliches Instrument, das einem Patienten Möglichkeiten konstruktiver Veränderung *anbietet*. Wenn eine Doppelbindung nicht paßt, versucht er es mit einer anderen, und zwar so lange, bis er den passenden Schlüssel gefunden hat.

Ethische Überlegungen und Einschränkungen bei der Anwendung der Doppelbindung

Wie Erickson in seiner frühen Untersuchung der Doppelbindung andeutete, gibt es bei ihrer Anwendung wichtige Einschränkungen. Wenn die Doppelbindung in einem therapeutischen Setting angewandt wird, entsteht ein positives, mit der therapeutischen Metaebene verbundenes Gefühl, das bestimmt, daß eine Wahl getroffen wird. Aufgrund dieses grundsätzlich positiven Kontextes oder dieser Metaebene werden Patienten eine Alternative annehmen, auch wenn keine ihnen zusagt. Sie akzeptieren eine bittere Medizin, wenn sie ihnen guttut.

Wenn eine freie Wahl zwischen vergleichbaren Alternativen angeboten wird, ohne daß eine positive Metaebene die Situation strukturiert, steht es den Probanden frei, alle Wahlmöglichkeiten abzulehnen. Wenn wir vor einen Fremden treten und fragen: „Geben Sie mir ein Paar Pfennige oder eine Mark?", werden wir in der Regel abgewiesen, weil der Fremde sich durch keine Metaebene verpflichtet fühlt, eine der angebotenen Alternativen anzunehmen. Wenn der Fremde zufällig großzügig ist, kann diese Eigenschaft der Großzügigkeit allerdings als positive Metaebene fungieren, die dafür sorgt, daß wir zumindest ein Paar Pfennige bekommen.

Wenn die Beziehung oder Metaebene jedoch *vom Konkurrenzdenken geprägt* oder *negativ* ist, müssen wir immer mit einer Ablehnung aller Doppelbindungsalternativen rechnen, die auf der primären Ebene angeboten werden. Die Konkurrenzsituation einer Debatte führt zu negativen Ergebnissen, wie Erickson herausfand, es sei denn, die Alternativen favorisieren die Gegenseite. In der absolut negativen Situation eines Krieges oder einer Unrechtssituation – „Willst du eins auf die Nase oder aufs Maul?" – müssen wir mit einer allgemeinen Ablehnung der Alternativen rechnen. Die therapeutische Nützlichkeit der Doppelbindung ist also auf Situationen beschränkt, die durch eine positive Metaebene strukturiert sind. Das strukturierende Vorhandensein einer positiven Metaebene zusammen mit einer freien Wahl auf der primären Ebene definiert auch die ethische Anwendung der Doppelbindung.

Untersuchungen über die Doppelbindung

Eine erfolgreiche Anwendung der Doppelbindung auf klinischer Ebene hängt sehr vom Rapport und der Anerkennung der einzigartigen Individualität des Patienten ab. Aus diesem Grund müssen wir mit Schwierigkeiten rechnen, positive Ergebnisse bei der experimentellen Arbeit zu erhalten, wenn bei einer großen Zahl von Personen ein Standardansatz angewandt wird, da wir in diesem Fall wenig oder nichts über ihre individuellen Unterschiede wissen. Demnach kann man statistische Befunde über den Erfolg einer einzelnen Doppelbindung in der normalen Laborsituation kaum auf eine klinische Situation übertragen. Allerdings hätte eine standardisierte Testsituation, bei der *eine Folge von Doppelbindungen* angewandt wird, die alle darauf abzielen, ein Verhalten oder wenige eng miteinander verbundene Verhaltensweisen zu ermöglichen, bessere Chancen, einen statistisch signifikanten Effekt zu erzielen, als eine einzige Doppelbindung. Die zweite Hauptschwierigkeit solcher Untersuchungen besteht im Problem, zu definieren und zu erkennen, was denn nun eine Doppelbindung für ein bestimmtes Individuum ist. Bateson (1974) hat bemerkt, daß „eine ganze Menge ziemlich unsinniger Untersuchungen von Menschen durchgeführt worden sind, die meinen, sie könnten die Doppelbindungen in einem Gespräch zählen. Das ist genausowenig möglich wie der Versuch, Witze zu zählen."

Um die Doppelbindungen oder mögliche Witze in einem Gespräch zählen zu können, müßte man theoretisch Zugang zu der gesamten assoziativen Struktur eines Menschen haben. Sogar mit Computern wäre das nicht praktikabel. Es könnte jedoch möglich sein, Computerprogramme für Doppelbindungen zu schreiben, die auf der begrenzten, in das Computerprogramm eingebauten assoziativen Struktur funktionieren könnten. Andererseits könnten wir uns vorstellen, daß es faszinierend wäre, die Parameter zu erforschen, welche, wie im Fallbeispiel ‚Lal', die einfachen Gegenhaltungs-Doppelbindungen beeinflussen. Bateson (1972) stellte einen Bezug zwischen Doppelbindung und Deutero-Lernen her. Ergänzend hierzu legt auch die experimentelle Forschung zum Umkehrlernen bei Mensch und Tier andere Forschungsparadigmen nahe, welche die Doppelbindung auf elementare Lernprobleme beziehen. Die grundsätzliche Bedeutung der Doppelbindung für die Strukturierung aller Formen menschlichen Verhaltens weist darauf hin, daß solche Untersuchungen Vorrang haben sollten.

3. Kommunikation auf zwei Ebenen und die Mikrodynamik von Trance und Suggestion[1]

Milton H. Erickson und Ernest L. Rossi

Eine Frau in guter beruflicher Position, Dr. Erickson und eine Reihe anderer Psychiater und Psychologen diskutieren das Wesen der Hypnose, der Doppelbindung, Suggestionen auf zwei Ebenen usw. Sie erwähnt, daß sie es persönlich noch nie geschafft habe, automatisch zu schreiben. Erickson übernimmt es, ihr mit dem auf der linken Hälfte der folgenden Seiten aufgelisteten Dialog und der hypnotischen Induktion zu helfen. Im rechten Teil kommentieren Erickson und Rossi die vielfältigen indirekten Suggestionen und die Kommunikation auf zwei Ebenen.

Induktion	Kommentar

Wechselnde Bezugsrahmen: Das Verschieben von Zweifel, Widerstand und Mißerfolg

Versuchsperson: Ich versuche jetzt schon seit zwei Jahren, etwas automatisch zu schreiben und kriege es einfach nicht hin. Wie soll ich das anstellen?	*Erickson:* Sie sagt mir: „Ich versuche es seit zwei Jahren." Die Betonung liegt ausschließlich auf „versuche".
Erickson: Wollen Sie es hinkriegen?	*E:* Mit dieser Frage verschiebe ich den Fokus. Ich betone: „Wollen Sie es?" Die Verschiebung von ihrer Sorge um den Mißerfolg auf die Frage ihrer Motivation ist nicht zu erkennen.

1 Zuerst erschienen in: *The American Journal of Clinical Hypnosis 18,* Jan. 1976, 153–171

Rossi: Sie betonen das Wollen anstatt das Versuchen und den Mißerfolg. Sie lenken sie sofort von ihrem negativen, mit Mißerfolg besetzten Bezugsrahmen ab und orientieren sie auf ihre positive Motivation.

E: Ja, und sie merkt es nicht einmal.

VP: Ja! Ich hätte es nicht so lange versucht, wenn ich es nicht wollte.

R: In diesem Satz reagiert sie sofort auf Ihre Differenzierung: Sie spricht vom „Versuchen“ und „Wollen“ als von verschiedenen Dingen.

Schock und Überraschung, um alte Bezugsrahmen aufzubrechen

E: Haben Sie schon mal versucht, mit der linken Hand zu schreiben?

VP: Ich glaube nicht.

E: Sie will automatisch schreiben, und seit zwei Jahren hat sie bewiesen, daß sie es nicht kann. Indem ich sie frage, ob sie schon mal versucht hat, mit der linken Hand zu schreiben, worauf sie mit „nein“ antwortet, impliziere ich, daß es eine *andere* Art zu schreiben gibt.

R: Sie eröffnen eine neue Möglichkeit, die nicht mit Mißerfolg assoziiert worden ist. Sie entfernen sie erneut von ihrem Bezugsrahmen des Mißerfolgs.

E: Die räumliche Verschiebung zur linken Hand ist so unrealistisch, daß ihr Unbewußtes aktiviert wird.

R: Durch Ihre unrealistische Einführung der linken Hand werden viele Assoziationen und Suchprogramme aktiviert. Es ist eine Überraschung oder ein Schock, der sie von der Mißerfolgshaltung abbringen und dadurch auf der unbewußten Ebene die Suche nach etwas Neuem aktivieren soll (Rossi 1972, 1973).

E: Haben Sie schon mal versucht, mit der linken Hand rückwärts zu schreiben?

E: Hier eröffne ich ihr noch eine weitere Möglichkeit. Immer wenn man etwas Unerwartetes tut, bringt man den Betreffenden von seiner Haltung ab.

VP: Ich glaube nicht, daß ich das könnte.

E: Das könnten Sie wahrscheinlich nicht. (Pause)

E: „Das könnten Sie wahrscheinlich nicht." Da liegt ihr Mißerfolg!

R: Oh ja! Zuerst bringen Sie sie von ihrem vergangenen Mißerfolg beim automatischen Schreiben ab, und dann verschieben Sie ihren Mißerfolg auf ihre wahrscheinliche Unfähigkeit, mit der linken Hand rückwärts zu schreiben. Sie verdinglichen ihren Mißerfolg, Sie verschieben ihn von der vorliegenden Aufgabe auf etwas Irrelevantes. Das ist ein sauberes Paradigma Ihres allgemeinen Ansatzes, Zweifel, Widerstand oder Mißerfolg zu verschieben. Sie behandeln den Widerstand als etwas Konkretes, das die Versuchsperson erst ausdrücken muß, um es loszuwerden. Dann verlegen Sie Mißerfolg und Widerstand an eine Stelle, an der sie die konstruktive Arbeit mit dem vorliegenden Problem nicht behindern.

Ablenkung bei der Dynamik einer Kommunikation auf zwei Ebenen

E: Wollen Sie (Pause)

E: Hier gibt es wieder eine Verschiebung vom Wollen zur Frage der bewuß-

das herausfinden? (weich gesprochen mit leiser werdender Stimme)

ten Motivation: „*Wollen Sie*" spricht die bewußte Ebene an; „**das herausfinden**"[2] spricht die unbewußte Ebene an, denn ich habe mit „*Wollen Sie*" die bewußte Aufmerksamkeit angesprochen. Indem ich „**das herausfinden**" hinzufüge, impliziere ich auch, daß es etwas gibt, was man herausfinden kann. (Mitteilungen an die bewußte Ebene sind kursiv gedruckt, während Mitteilungen an die unbewußte Ebene fettgedruckt sind.)

VP: Ja.

E: Wirklich?!

R: Eine Pause und die Dynamik der Stimme trennen beide Ebenen. In dem entscheidenden Satz: „*Wollen Sie* **das herausfinden**" fesselt Ihre Betonung auf „*wollen*" das Bewußtsein. Das leiser gesprochene „**das herausfinden**" ...

E: ... fesselt jedoch das Unbewußte.

R: Warum? Weil ihre bewußte Aufmerksamkeit auf „*wollen*" gerichtet war?

E: Ja. Sie hat zwei Jahre lang Mißerfolg gehabt, trotzdem stellte ich ihren Willen in Frage. Der Willen, zwei Jahre lang Mißerfolg zu haben, und der Wille zu schreiben, sind zwei verschiedene Dinge. Ich differenziere zwischen ihnen.

R: Sie erkennen, daß sie seit zwei Jahren in einer Sackgasse steckte zwischen (a) ihrem Willen, automatisch zu schreiben und (b) ihrem Willen, daran zu

---

2 Anmerkung des Herausgebers: In der englischen Form: "Are you willing to **find that out?**" wird leichter als im Deutschen durch die stimmlich abgesetzte Betonung der zweite Teil des Satzes zum eingebetteten Imperativ: Finde das heraus?

scheitern (Erickson 1965). Indem Sie ihren Willen, automatisch zu schreiben, in Frage stellen, fordern Sie eigentlich die Aufmerksamkeit ihres Bewußtseins heraus und fixieren sie somit. Da ihr Bewußtsein auf die erste Hälfte des Satzes (*Wollen Sie*) fixiert ist, ist es von der zweiten Hälfte (**finden Sie es heraus**) abgelenkt. Das ist die wesentliche Dynamik der Kommunikation auf zwei Ebenen: Sie aktivieren die Aufmerksamkeit, ziehen sie an und fixieren sie mit einer Sache, und fügen dann eine andere hinzu, die angenommen, jedoch nicht bemerkt wird. Das ist eigentlich mit der klassischen Idee der Hypnose als Fixierung und Ablenkung von Aufmerksamkeit verbunden.

VP: Rückwärts mit der linken Hand zu schreiben?

E: Nein, **es herausfinden**. (Pause)
Es herausfinden (sehr leise).

E: Ihre Frage befindet sich auf der bewußten Ebene, also ist der erste Teil meiner Antwort „*Nein*" auch auf der bewußten Ebene. Aber der letzte Teil, „**es herausfinden**" ist eigentlich widersprüchlich und ergibt in diesem Kontext wenig Sinn. Darum richtet er sich als Suggestion an das Unbewußte und impliziert: **finden Sie es mit der rechten Hand heraus**.

VP: Ich glaube, ich will es.

E: Meinen Sie, Sie *wollen* **es herausfinden?** (leise)

R: Mit dieser Aussage über ihren *Willen* reagiert sie wieder auf der bewußten Ebene, aber Sie erwidern ihr mit der Wiederholung ihrer Frage auf zwei Ebenen

VP: Wie soll ich das machen? Wie stelle ich es an?

R: Mit sehr rationalen Fragen, wie sie das automatische Schreiben anstellen soll, betont sie ihre bewußte Orientierung. Ihre Erwiderung, daß sie nichts

E: Sie stellen es nicht an. Sie brauchen nichts anzustellen.

anzustellen braucht, ist ein unmittelbarer Versuch, diese ratiionalen Orientierung abzuschwächen.

Finden Sie es einfach heraus.

(Pause)

E: Ich breche ihre bewußte Einstellung auf. Sie stellt Fragen auf der bewußten Ebene, aber die Antworten machen eine Suche auf der unbewußten Ebene erforderlich.

Tranceinduktion durch Kommunikation auf zwei Ebenen

Finden Sie es einfach heraus.

R: Mit dem leise gesprochenen Satz „**Finden Sie es einfach heraus**" betonen Sie wieder die unbewußte Ebene.

E: Sie erkennt nicht, daß ich sie auffordere, in Trance zu gehen. Sie glaubt, ich sagte: „*Finden Sie es einfach heraus*". Ich sagte jedoch „**Finden Sie es einfach heraus**" zu ihrem Unbewußten, und dadurch, daß ihr Unbewußtes angesprochen worden ist, muß das Unbewußte aktiv werden.

R: Die Aktivierung des Unbewußten definiert die Trancesituation. Sie induzieren häufig eine Trance, indem Sie eine Frage oder eine Aufgabe stellen, die im gegenwärtigen Bezugsrahmen des Patienten nicht erledigt werden kann. Das setzt bewußte Einstellungen für den Augenblick außer Kraft, und die Versuchsperson zieht sich auf der Suche nach einer angemessenen Antwort auf eine unbewußte Ebene zurück.

Haben Sie was dagegen, wenn J. Ihre Zigarette nimmt?

R: Diese Frage, ob J. ihre Zigarette nehmen darf, ist der erste direkte Hinweis

Finden Sie es einfach heraus.

darauf, daß Sie eine Trancesituation herstellen.

E: Alles, was vorhergegangen ist, war eine Tranceinduktion durch die zwei Sprachebenen.

(Die Augenlider der Versuchsperson beginnen zu blinzeln.)

R: Sie sprach auf der bewußten Ebene, aber ihr Unbewußtes nahm Ihre Suggestionen auf einer anderen Ebene auf. Um Ihren Suggestionen auf der unbewußten Ebene Rechnung zu tragen …

E: … mußte es (ihr Unbewußtes) das Bewußtsein auslöschen.

Genau, **schließen Sie Ihre Augen**.

E: „Genau" sagt ihrem Bewußtsein, daß ihr Unbewußtes etwas macht.

(Pause)
Schließen Sie einfach Ihre Augen und schlafen Sie, immer tiefer.
(Pause)

R: Sie wiederholen dem Unbewußten die Suggestion, „**finden Sie es heraus**", so oft, daß es schließlich das Bewußtsein außer Kraft setzt, so daß sie leicht in Trance gehen kann.

E: Ich beobachtete, sah ich, wie das Blinzeln ihrer Augenlider langsamer wurde, als ich das sagte. Ich mußte die Zigarette loswerden, weil man nicht rauchend in Trance gehen kann, denn das ist eine bewußte Handlung. Ich entfernte die letzte Spur ihres Bedürfnisses nach bewußtem Denken.

„Wundern" als Suggestion auf zwei Ebenen

Und jetzt möchte ich, daß Sie sich über dieses Schreiben **wundern**.

R: Sie betonen „**wundern**", um eine Neugierhaltung einzuführen?

E: Wenn Menschen sich **wundern**, deutet das darauf hin, daß sie es nicht wissen.

R: „Sich wundern" setzt auf der einen Ebene bewußte Einstellungen außer Kraft, während es auf der unbewußten Ebene Suchbemühungen stimuliert. Es ist von sich aus eine Suggestion auf zwei Ebenen. Viele andere Wörter wie „versuchen, erkunden, vorstellen, fühlen, spüren" dienen dazu, Kommunikation auf zwei Ebenen hervorzubringen. Mit solchen Wörtern konfrontiert neigen Menschen dazu, diesen ins Leere gerichteten Blick zu bekommen, der für die gewöhnliche Alltagstrance charakteristisch ist (Erickson a. Rossi 1975). Diese Wörter orientieren einen Menschen auf eine Art und Weise auf sich selbst, die der Trance förderlich ist.

Die Dynamik der Dissoziation und das Bedürfnis, beim Hervorrufen des automatischen Schreibens etwas zu Ende zu bringen

Ich möchte, daß Sie das **Gefühl** haben,

daß Sie es **geschrieben** haben.

E: In der Vergangenheit hat sie oft das Gefühl gehabt, mit der rechten Hand zu schreiben. Ich isoliere dieses Gefühl und übertrage es auf die linke Hand, wo es nicht hingehört. Aber jeder will Dinge zusammenfügen, die zusammengehören.

Aber nur das **Gefühl**, daß Sie es **geschrieben** haben, nur das **Gefühl**.

R: Indem Sie das Gefühl hervorrufen, sie hätte mit der linken Hand geschrieben, erwecken Sie Spannung. Die natürliche Neigung wird sein, dieses Gefühl in die rechte Hand zu bringen, wo es hingehört. Die einzige Möglichkeit,

Fühlen Sie es in der **linken Hand.**
(Pause)
Fühlen Sie es in der **linken Hand.**
(Pause)

dieses Gefühl zu bekommen, besteht darin, automatisch zu schreiben. Sie stellen eine Erwartung oder ein Bedürfnis nach Abgeschlossenheit in der rechten Hand her, das nur durch das automatische Schreiben erfüllt werden kann.

E: Ja.

Und jetzt möchte ich, daß Sie auf eine andere Art und Weise in der *rechten Hand* das *Wissen* erhalten, wie man *schreibt.*

In der *rechten Hand* das *Wissen*, wie man *schreibt.*

R: Die Suggestion, *in der rechten Hand das Wissen zu erhalten, wie man schreibt,* ist eine Art Gemeinplatz, der viele bekannte Assoziationen hervorruft und als solcher die Suggestion verstärkt, **in der linken Hand das Gefühl zu bekommen, geschrieben zu haben.** Das verstärkt wiederum das Bedürfnis nach Abgeschlossenheit, indem automatisch geschrieben wird, damit das Gefühl, geschrieben zu haben, zur rechten Hand zurückkehren kann, wo es hingehört.

Diese Dynamik spielt sich allerdings auf einer unbewußten Ebene ab, so daß das Bewußtsein weiter abgeschwächt und der Automatismus ermöglicht wird.

Kognitives Überladen, um bewußte Einstellungen außer Kraft zu setzen und hypnotische Reaktionen zu erleichtern

Aber das **Gefühl** in der **linken Hand**, daß Sie es **geschrieben haben.**

Und während Sie diese beiden, getrennten Empfindungen genießen,

R: Es kommt auch zu einer kognitiven Überladung und Verwirrung, wenn Sie fast gleichzeitig Assoziationen hervorrufen und sie wie folgt sorgfältig unter verschiedenen Größen aufteilen:

Linke Hand *Rechte Hand*

interessiert Sie vielleicht eine dritte Erkenntnis.

Gefühl *Wissen*

Vergangenheit *Gegenwart*

Der Leser kann beobachten, wie Sie in manchen Sätzen **linke Hand, Gefühl** und **Vergangenheit** assoziiert haben und in anderen *rechte Hand, Wissen* und *Gegenwart*. Ihr Bewußtsein kann die Bedeutung dieser Dissoziation nicht begreifen, darum wird die Kontrolle und richtungweisende Funktion ihres Ichs so weit abgeschwächt, bis Automatismus einsetzt.

E: Ja. Man überlädt das Bewußtsein, bringt es aus dem Gleichgewicht. Es muß der angespannten Situation entfliehen. Ich habe das Unbewußte angesprochen, und es fühlt sich wohl, weil ich das ganze Unwohlsein in das Bewußtsein verlagere.

Eine dritte Lernerfahrung.

R: Mit der Einführung einer „dritten Erfahrung" überladen Sie noch mehr. (Erickson stellt nun in einigen Beispielen dar, wie das Bewußtsein überladen, erschreckt oder vor ein Rätsel gestellt werden kann, um die Aufmerksamkeit zu fixieren, während der Therapeut unauffällig weitere Suggestionen hinzufügt, die automatisch ins Unbewußte dringen, weil das Bewußtsein während der Fixierung nicht mit ihnen umgehen kann.)

Sie sagen, daß Sie eine **bestimmte** Menge schreiben wollen.

E: Sie hat nicht gesagt, daß sie eine **bestimmte** Menge schreiben wolle. Ich habe ihr Bewußtsein damit überbeansprucht. Sie muß ihr Gehirn durchsuchen: „Wieso meinen Sie, es handelt sich um eine **bestimmte** Menge?"

Sie wissen nur nicht *genau was.*

Aber Sie sagen, Sie wollen es,

und Sie wollen es wirklich.

R: Hier spielen mehrere Bedeutungen des Wortes **bestimmt** eine Rolle: **bestimmt** kann eine positive Beteuerung oder auch eine Einschränkung der Menge sein. Es kann auch eine bestimmte Sache von besonderem Interesse bedeuten. Es könnte ein **bestimmtes** Thema geben, das sie mittels automatischen Schreibens behandeln möchte.

E: Wir wissen nicht, auf welche Bedeutungen ihr Unbewußtes ansprechen wird. Aber wir wissen, daß das Wort **bestimmt** ein äußerst spezifisches Unspezifikum ist.

Stimmendynamik bei der Kommunikation auf zwei Ebenen

Zumindest glaube ich es Ihnen.

Ich weiß nicht, ob Sie sich glauben.

Aber ich glaube es Ihnen. (leise)

E: Ich sage ihr, daß sie ihren bewußten *falschen Glauben*, daß sie nicht automatisch schreiben kann, behalten kann, daß **ich allerdings glaube, daß sie es schafft**. Ich spreche wieder ihr Unbewußtes an.

R: Ihr anfänglicher Satz „*Ich weiß nicht, ob Sie sich glauben*" wirkt als Herausforderung, der ihre bewußte Aufmerksamkeit auf sich zieht. Während sie dem Beachtung schenkt, sagen Sie leise: „**Aber ich glaube es Ihnen**", was als Suggestion fungiert, die in ihr Unbewußtes dringt, da ihr Bewußtsein zu beschäftigt war, es in dem Augenblick zu beachten. Sie benutzen häufig solche zusammengesetzten Ausdrücke, in denen Sie mit der ersten Hälfte die bewußte Aufmerksamkeit fixieren, damit Sie mit der zweiten Hälfte unauffällig eine Suggestion ins Unbewußte dringen lassen können.

E: Ja, der Satz an das Unbewußte wird leise gesprochen. Ich benutze einen Tonfall, um das Bewußtsein anzusprechen, und einen anderen, um das Unbewußte anzusprechen. Wenn man einen Tonfall in Verbindung mit dem Bewußtsein benutzt und einen anderen Tonfall, um andere Ideen auszudrücken, die für das Unbewußte gedacht sind, stellt man eine Dualität her.

Die Doppelbindung

Und die einzige Frage ist,

wann werden Sie es tun?

R: Sie setzen dann sofort nach mit dem Satz: „Die einzige Frage ist, wann", der sie weg von der Frage des Erfolgs oder Mißerfolgs des Schreibens hin zu der bloßen Frage des *Wann* verschiebt.

E: Das ist eine Doppelbindung.

Werden Sie es erwartet oder unerwartet tun?

Sie interessieren sich für Experimente.

Sie selbst können das Experiment im Geiste vorbereiten.

R: „Werden Sie es erwartet oder unerwartet tun?" ist eine weitere Doppelbindung. Es ist keine Frage, die sie anfechten kann, und deshalb wird die eigentliche Suggestion des Schreibens sehr tief verankert. Die Strukturierung solcher Formen von sich ausschließenden Reaktionen (erwartet oder unerwartet) ist eigentlich eine andere Form der Doppelbindung: Auf einer Ebene ist ihr Unbewußtes frei, seine eigene Reaktionsform zu wählen; allerdings haben Sie die Alternativen so strukturiert, daß Sie auf einer anderen Ebene (der Metaebene) die Auswahl der Reaktionsmöglichkeiten bestimmen.

Alle Reaktionsmöglichkeiten abgedecken: Vielfältige Formen der Doppelbindung

Sie können so schreiben wie Mary.

Hier ein Wort, da ein Wort.

Hier eine Silbe, da eine Silbe.

Hier ein Buchstabe, da ein Buchstabe.

Ein Wort, dem eine Silbe folgt, einen Buchstaben.

Sie können ein Wort falsch schreiben.

Sie können das falsche Wort schreiben.

R: Hier skizzieren Sie eine ganze Reihe von Suggestionen, die alle Reaktionsmöglichkeiten abdecken, so daß unbewußte Prozesse ermöglicht werden können. Gleichgültig welche Reaktion sie tatsächlich zeigt, sie kann als richtiger Schritt akzeptiert werden, der zum eigentlichen Ziel des automatischen Schreibens führt. Die Abdeckung aller Reaktionsmöglichkeiten ist eigentlich eine vielfältige Form der Doppelbindung. Anstatt zu binden, läßt sie allerdings den kreativen Prozessen des Patienten freien Lauf. Sie wissen nicht, welche Mechanismen dem Unbewußten des Patienten zur Verfügung stehen, also geben Sie ihm eine Blankovollmacht, jeden verfügbaren Mechanismus zu benutzen.

E: Ja, das sind alles miteinander verknüpfte Doppelbindungen.

Die Doppel-Dissoziations-Doppelbindung

Sie können Dinge schreiben, ohne jemals zu wissen, was Sie geschrieben haben.

R: In dieser ersten Aussage suggerieren Sie eine Dissoziation zwischen Schreiben und Wissen, von dem was sie geschrieben hat.

Sie können dann zurückgehen und entdecken, daß Sie wissen, was es ist, ohne zu

In der zweiten Aussage bieten Sie die umgekehrte Dissoziation an: Sie kann wissen, was sie geschrieben hat, aber wissen, daß Sie es geschrieben haben.

nicht, daß sie es geschrieben hat. Zusammen bewirken diese beiden Aussagen eine doppelte Dissoziation in Form einer Doppelbindung, die scheinbar alle Reaktionsmöglichkeiten abdeckt. Es ist eine äußerst kraftvolle Suggestionsform, die das Bewußtsein dermaßen verwirrt, daß es sich auf das Unbewußte verlassen muß, um die Reaktionsmöglichkeiten zu ordnen.[3]

Und während Sie fortfahren

E: Das ist eine sehr starke Anweisung an ihr Unbewußtes und folgt der Doppelbindung.

R: Bewußte Einstellungen sind im Moment durch die Doppelbindung außer Kraft gesetzt, so daß alles, was auch immer folgt, direkt ins Unbewußte dringt.

Das Ungleichgewicht nutzen, um hypnotische Phänomene hervorzurufen

Dieses **Gefühl**, daß Sie mit der **linken Hand geschrieben haben**,

R: Sie kehren wieder zu Ihrer Dreiteilung von **Gefühl**, **Vergangenheit** und **linker Hand** gegenüber *Wissen, Gegenwart* und *rechte Hand* zurück.

das kann äußerst interessant sein.

Und das *Wissen*, daß Sie mit der *rechten Hand schreiben können*,

E: Es ruft das Bedürfnis hervor, alles zusammenzubringen, was zusammengehört: das Gefühl des Schreibens in die rechte Hand zu bekommen. Man kann dieses Gefühl nur auf eine Weise in die

[3] Ein weiteres Beispiel der Doppel-Dissoziations-Doppelbindung, die von den Autoren (Erickson, Rossi a. Rossi 1976) detaillierter analysiert wird, lautet wie folgt: „Sie können als Person aufwachen, aber als Körper brauchen Sie nicht aufzuwachen (Pause), oder Sie können aufwachen, wenn Ihr Körper aufwacht, aber ohne Ihren Körper zu erkennen.“

rechte Hand kriegen: indem man automatisch schreibt.

ist auch äußerst interessant.

E: Hier bringe ich die *Gegenwart* („ist“) ins automatische Schreiben. Das ist eine überbrückende Assoziation von der Vergangenheit (**das Gefühl, geschrieben zu haben**) in die *Gegenwart.* Um automatisch zu schreiben, muß sie *jetzt* dieses **Gefühl** haben.

R: Sie schaffen eine Spannung, indem Sie ein Gefühl in ihrer linken Hand suggerieren, das eigentlich in die rechte gehört. Sie dissoziieren ein Gefühl und entfernen es aus seinem natürlichen Kontext, so daß Spannung entsteht, bis es durch die Ausführung des hypnotischen Phänomens des automatischen Schreibens auf seinen rechtmäßigen Platz zurückkehren kann. Das ist ein allgemeines Prinzip bei der Hervorrufung hypnotischer Phänomene: *Der Therapeut nutzt innere Spannungszustände, Dissoziation oder Ungleichgewicht so, daß sie nur durch die Ausführung eines erwünschten hypnotischen Phänomens gelöst werden können.*

E: Wenn man Kinder beobachtet, stellt man fest, daß sie so etwas andauernd tun.

R: Ja, der Zeigarnik-Effekt (Woodworth a. Schlosberg 1956), zum Beispiel zeigt, daß Kinder nach einer Unterbrechung aufgrund der dadurch bewirkten Spannung bzw. des verlorenen Gleichgewichts zu einer unvollendeten Aufgabe zurückkehren.

Kommunikation auf zwei Ebenen durch Implikation

Und Sie wollen etwas auf zwei Ebenen, eine Suggestion auf zwei Ebenen.

R: Sie sprechen hier davon, ihr eine Suggestion auf zwei Ebenen zu geben, aber ich finde sie nicht.

Hier und jetzt,

und im Beisein der anderen,

werde ich Ihnen etwas sagen

in einer Suggestion auf zwei Ebenen.

Sie können sich fragen, was es ist

E: Ich lasse ihr Unbewußtes definieren, worüber sie sich wundern wird und worauf es sich zu warten lohnt.

und warum.
(Pause)

Und Sie können warten und sich fragen,

R: Indem es wartet und sich wundert, geht ihr Unbewußtes auf der Suche nach etwas, das sich lohnt, alle seine Programme durch?

(Pause)

und Sie können warten und sich fragen,

E: Ihr Problem waren ihre Schwierigkeiten mit dem automatischen Schreiben. Ich rede eigentlich davon.

und Sie können warten und sich fragen.

R: Auf der bewußten Ebene reden Sie über Warten und Sichfragen, aber dem Unbewußten implizieren Sie das automatische Schreiben. Besteht darin die Suggestion auf zwei Ebenen?

Denn worin wird diese Suggestion bestehen?

E: Ja. Ich sagte ihr, ich würde ihr eine Suggestion auf zwei Ebenen geben. Ich

Und Sie warten und können sich fragen.

illustriere die beiden Ebenen durch zwei verschiedene Verhaltensweisen: warten und sich fragen. Eine Wahl zwischen zwei Dingen ist auch zwei; ich illustriere Zweiheit.

(Pause)

R: Auf eine sehr konkrete Art und Weise.

Assoziation und Kommunikation auf zwei Ebenen: Kindheitsassoziationen und das automatische Schreiben

Und ich brachte meiner Schwester bei, daß zwei plus zwei vier ist.

E: Das Unbewußte arbeitet ohne unser Wissen, es zieht es vor, so zu arbeiten. Ich rufe hier die kindlichen Muster der Patientin hervor, indem ich einfach über die Kindheit rede.

Und vier plus vier ist acht.

Und sie glaubte mir nicht so recht, als ich ihr sagte, daß drei und fünf acht ist.

R: Warum?

E: Automatisches Schreiben hat normalerweise einen kindlichen Charakter.

Sie sagte nämlich, ich hätte ihr gesagt, daß vier und vier acht ist.

R: Also führen Sie Assoziationen aus der Kindheit ein, um einen regressiven oder autonomen Prozeß des automatischen Schreibens zu ermöglichen.

(Lange Pause)

E: Ja, und zwar auf zwei Ebenen.

R: Auf einer Ebene implizieren Sie, daß das Bewußtsein nicht immer alles versteht (wie die anfängliche Verwirrung des Kindes beim Rechnen), und auf der anderen Ebene erleichtern Sie die Regression durch den einfachen Prozeß der Assoziation: Wenn man über die

Kindheit redet, werden durch Erinnerungen an die Kindheit entsprechende Reaktionstendenzen reaktiviert. Da das Bewußtsein nicht versteht, wird es außer Kraft gesetzt. Da das Bewußtsein im Augenblick verwirrt und außer Kraft gesetzt ist, können Ihre Kindheitsassoziationen zu ihrem Unbewußten vordringen, wo sie auch der Kindheit entsprechende Erinnerungen und Reaktionstendenzen sowie autonome Prozesse wie das automatische Schreiben reaktivieren können.

Dissoziation, um das automatische Schreiben zu erleichtern

Und Schreiben ist eine Sache, und Lesen eine andere.

E: Das Wissen, was man schreibt, ist etwas Bewußtes, während das automatische Schreiben etwas Unbewußtes ist. Ich unterteile den ganzen Prozeß des automatischen Schreibens und erteile ihr die Erlaubnis, nur einen dieser Teile auszuführen.

Und zu wissen, was geschrieben werden soll, ist noch eine dritte.

Und das Geschriebene vor sich selbst zu verstecken ist noch einmal eine andere Sache.

R: Sie unterteilen das, was eine einheitliche Handlung des Schreibens, des Lesens und des Zur-Kenntnis-Nehmens des Geschriebenen zu sein scheint, in seine drei Bestandteile, um die Möglichkeit des Schreibens, ohne sich dessen bewußt zu sein, einzuführen. Viele hypnotischen Phänomene sind einfach dissoziierte Formen des normalen Verhaltens.

(Lange Pause, während die Patientin automatisch schreibt.)

Und machen Sie weiter, weil Sie interessiert sind.

E: Ja, das hier ist eigentlich eine Anleitung zum automatischen Schreiben.

Unlogische Folgerung, um Kommunikation auf zwei Ebenen zu erleichtern

Und das Gefühl in Ihrer linken Hand ist so wichtig,

R: Der zweite Teil dieses Satzes („daß Sie von diesem Gefühl nichts wissen wollen“) scheint dem Bewußtsein eine unlogische Folgerung zu sein, doch macht es einen Sinn für das Unbewußte?

daß Sie von diesem Gefühl nichts wissen wollen. (Pause)

E: Es ist ein wichtiges Gefühl, doch man will nichts davon wissen. Das wesentliche ist das Gefühl. Davon zu wissen, ist nicht das Wesentliche.

R: Was dem Bewußtsein als unlogische Folgerung vorkommt, ist eigentlich eine Möglichkeit, das Bewußtsein außer Kraft zu setzen. Sie sagen eigentlich dem Unbewußten, daß das Gefühl wichtig ist, daß jedoch das Bewußtsein so unwichtig ist, daß es das Gefühl nicht kennen, erkennen oder erfassen muß.

Und es vor sich selbst zu verstecken

ist interessant.

Genießen Sie es.

„Es vor sich selbst zu verstecken“ bewirkt eine Dissoziation, die das Bewußtsein außer Kraft setzt. Es erlaubt dem Unbewußten, sich unter Wahrung seiner Privatsphäre und in Sicherheit vor dem Bewußtsein auszudrücken.

Implizierte Anweisung und Kommunikation auf zwei Ebenen

Und sobald Sie das Gefühl haben, daß Sie mit dem Schreiben fertig sind,

können Sie aufwachen.

R: Das ist eine implizierte Anweisung, in der Sie ein offenes Verhalten suggerieren (in diesem Fall das Aufwachen), um zu signalisieren, daß eine indirekt formulierte Suggestion, die implizierte Anweisung („sobald

(Eine Träne rollt ihr über die Wange.)

Und werden Sie diese Träne verstecken?

Und werden Sie diese Träne verstecken?

(Lange Pause)

(Die Patientin wacht auf und seufzt.)

Sie das Gefühl haben, daß Sie mit dem Schreiben fertig sind") auf der unbewußten Ebene stattgefunden hat. Viele Formen der ideomotorischen Reaktion (zum Beispiel Finger-, Hand- oder Kopfzeichen) können als Signal benutzt werden, um den Therapeuten wissen zu lassen, wann eine Frage beantwortet (Cheek a. LeCron 1968) oder eine Suggestion auf einer unbewußten Ebene durchgeführt worden ist. Die Reaktion durch Signale ist eigentlich eine Form des Biofeedback ohne Verwendung elektronischer Instrumente. Wir können annehmen, daß die implizierte Anweisung und das Biofeedback sich insofern ähneln, als beide auf einer unbewußten Ebene funktionieren (die Person weiß nicht, wie sie es macht) und beide ein Signal benutzen, um anzudeuten, wann die gewünschte Reaktion erfolgt. Es wäre faszinierend, zu untersuchen, ob ideomotorische Reaktionen geeicht werden könnten, um die Ergebnisse sofort bekanntzugeben und somit die gewünschte Reaktion zu verstärken, genauso wie es elektronische Instrumente bei Biofeedback machen. Die implizierte Anweisung und das Biofeedback sind beides Formen einer Kommunikation auf zwei Ebenen, wobei ein auf der bewußten Ebene gegebenes Signal ein Index für Aktivität auf der unbewußten Ebene ist.

Nun folgt für ungefähr fünf Minuten eine allgemeine Unterhaltung über andere Dinge. Dann zeigt Erickson S. beiläufig das Blatt, auf das sie geschrieben hat, und fährt fort:

Das Schützen des Unbewußten und die Anfangsstadien hypnotischen Lernens

E: Nun sehen Sie, daß das automatisches Schreiben ist, nicht wahr? Und Sie erkennen, daß es nicht geschrieben wurde, damit ich oder sonst jemand es liest.

R: Anscheinend war die Schrift unleserlich, wie das bei ersten Versuchen des automatischen Schreibens häufig vorkommt. Sie betonen, daß es sich um automatisches Schreiben handelt, um der Kritik der bewußten Haltung vorzubeugen, daß es nicht verständlich und deshalb wertlos sei. Es ist ein Beispiel dafür, wie der Therapeut oft die Anfangsstadien des Erlernens eines neuen hypnotischen Phänomens schützen muß, weil das Bewußtsein, insbesondere in unserem rationalistischen Zeitalter, dazu neigt, Leistungen des Unbewußten zu degradieren und damit zu zerstören.

(Pause)

Können Sie diese Handschrift erkennen?

Sie erkennen, daß niemand anderes es lesen darf, und auch Sie dürfen es im Augenblick nicht lesen.

Also, schließen Sie Ihre Augen.

Und wenn Sie es lesen wollen,

wenn Sie es in eine ordentliche Form bringen wollen,

möchte ich, daß Sie es tun, bevor ich Philadelphia verlasse.

E: (Erickson erzählt eine interessante Geschichte, wie nützlich automatisches Schreiben sein kann, um Menschen zu helfen, etwas zu erfahren, was sie wissen, ohne zu wissen, daß sie es wissen. Eine Frau schrieb etwas in automatischer Schrift, nach der Suggestion faltete sie es jedoch sorgfältig zusammen, ohne es gelesen zu haben, und steckte es geistesabwesend in ihre Handtasche. Nach einigen Monaten, nachdem sie ihre Heiratspläne entscheidend geändert hatte, entdeckte sie „zufällig" das gefaltete Papier. Sie entdeckte, daß ihr Unbewußtes Monate früher die Änderung ihrer Pläne bearbeitet und darüber automatisch geschrieben hatte. Es hilft also, wenn dem Unbewußten erlaubt wird, sich zu schützen, indem es Vorsichtsmaßnahmen trifft, die das automatisch Geschriebene so lange vor dem

Bewußtsein verstecken, bis es angebracht ist, daß das Bewußtsein es weiß. Ideomotorische Zeichen können benutzt werden, um festzustellen, ob das Unbewußte bereit ist, das Bewußtsein wissen zu lassen, was geschrieben wurde.)

Und darum

lassen Sie uns also die Aufgabe eine Weile verschieben.

Lassen Sie uns die Aufgabe verschieben

für eine Weile.
(Pause)
Und jetzt wachen Sie auf.

E: Man kann das Unbewußte erfahren, ohne es zu erfahren. Man erfährt es durch automatisches Schreiben. Man er fährt es nicht, indem das Papier zusammengefaltet und weggesteckt wird, bis das Bewußtsein dafür bereit ist.

Hallo!

VP: Hallo!

Ohne weitere Diskussion löst sich die Gruppe auf und geht zum Mittagessen. Bei den ersten Tranceerfahrungen ist es wichtig, daß der Therapeut das vernunftorientierte Individuum daran hindert, assoziative Brücken zu bauen zwischen den sich entwickelnden und autonomen Aspekten der Trancephänomene und dem normalen Alltagsbewußtsein. Gleich nach dem Tranceerlebnis über Trance zu sprechen, baut assoziative Verbindungen zwischen der Trance und dem Alltagsbewußtsein auf, das die Dissoziation zwischen ihnen zerstört. Darüber zu reden verschmelzt die sich entwickelnden und autonomen Qualitäten der Trancephänomene mit dem gewöhnlichen, „normalen" Bewußtseinszustand dermaßen, daß viele Forscher (Barber, Spanos a.Chaves 1974) inzwischen davon überzeugt sind, daß Trance als veränderter Bewußtseinszustand nicht existiert (Erickson a. Rossi 1974).

Eine Kontexttheorie der Kommunikation auf zwei Ebenen

Im Kommentar haben wir die Dynamik der Kommunikation auf zwei Ebenen entsprechend der klassischen Vorstellung der Hypnose als Fixierung und Ablenkung der Aufmerksamkeit analysiert. Im Folgenden beabsichtigen wir eine umfassendere Analyse, die eine weitere Auswahl an Phänomenen umfaßt, von den Vorstellungen der jüngsten Kontexttheorie verbaler Assoziationen (Jenkins 1974) und Wortwörtlichkeit bis zur Verwendung von Schock, Überraschung, Analogie und Metapher, die in Ericksons Ansatz so weit verbreitet sind.

Der allgemeine Kontext der Frage „*Wollen Sie* (Pause), **es herausfinden**?" ist ein Forschen nach der Motivation (Wollen Sie?), die den bewußten Bezugsrahmen der Versuchsperson oder seine Sinngebungen fixiert oder strukturiert. Allerdings haben die einzelnen Wörter und Redewendungen, die benutzt werden, um den allgemeinen Kontext zu artikulieren, ihre eigenen individuellen und wörtlichen Assoziationen, die nicht zum allgemeinen Kontext gehören. Diese individuellen und wörtlichen Assoziationen werden natürlich normalerweise vom Bewußtsein in seinem Bemühen, den allgemeinen Kontext zu erfassen, unterdrückt und ausgeschlossen. Diese unterdrückten Assoziationen bleiben jedoch im Unbewußten, und unter den besonderen Umständen der Trance, in der Dissoziation und Wortwörtlichkeit verstärkt werden, können sie eine bedeutende Rolle spielen, um ein reaktives Verhalten zu ermleichtern welches das Bewußtsein überrascht.

Diese Situation kann durch eine Analogie verdeutlicht werden. Der erwachsene Leser ist normalerweise auf der Suche nach dem Sinn des Autors. Innerhalb bestimmter Grenzen ist es wirklich gleichgültig, welche Sätze oder Wörter im einzelnen verwendet werden. Viele verschiedene Sätze und Wortverbindungen können verwendet werden, um dieselbe Bedeutung auszudrücken. Es ist die Bedeutung oder der allgemeine Kontext, der im Bewußtsein registriert wird, während die bestimmten verwendeten Sätze und Wörter ins Unbewußte dringen, wo sie „vergessen" werden. Genauso „liest" man eher die Bedeutung eines ganzen Wortes als die einzelnen Buchstaben, aus denen das Wort zusammengesetzt ist. Der allgemeine Kontext der Buchstaben registriert die bewußte Bedeutung eines Wortes und nicht die individuellen Assoziationen eines jeden Buchstabens. Jenkins (1974) hat die Ergebnisse jüngster Forschungsarbeiten im Bereich der verbalen Assoziation, des Erkennens von Ereignissen, der Integration von Informationen und des Gedächtnisses zusammengefaßt, die eine ähnliche Betonung auf die Bedeutung des Kontextes legen, um diese Phänomene zu verstehen. In jedem Diskurs oder Phänomen, das Worte benutzt, ist es normalerweise der allgemeine Kontext, der Sinn schafft, und nicht die strukturellen Einheiten, die den Diskurs konstruieren.

Offensichtliche Ausnahmen findet man natürlich in Wortspielen, Anspielungen und allen möglichen verbalen Witzen, bei denen die

Pointe von wortwörtlichen oder individuellen verbalen Assoziationen auf Wörter und Redewendungen abhängt, die der Aufmerksamkeit des Bewußtseins ursprünglich entgingen. Witze hängen von wortwörtlichen oder individuellen Assoziationen ab, die in der Regel unterdrückt werden.

Genauso verwendet Ericksons Kommunikation auf zwei Ebenen einen allgemeinen Kontext, um die Aufmerksamkeit des Bewußtseins zu fixieren, während die individuellen Assoziationen von Wörten, Redewendungen oder Sätzen innerhalb dieses Kontexts im Unbewußten registriert werden, wo sie wirken können. Aus dieser Sicht ist Ericksons Einstreutechnik (1966) das deutlichste Beispiel für Kommunikation auf zwei Ebenen, wobei Themen, die einen bestimmten Patienten interessieren, als allgemeiner Kontext zur Fixierung der bewußten Aufmerksamkeit benutzt werden, während eingestreute Suggestionen auf der unbewußten Ebene empfangen werden, um dort ihre Wirkungen zu entfalten.

Erickson hat eine Reihe anderer Techniken entwickelt, um individuelle wörtliche und unbewußte Assoziationen durch Wörter, Redewendungen oder Sätze zu aktivieren, die in einem allgemeineren Kontext verborgen sind. Ausdrucksweisen, die beispielsweise schokkieren, überraschen, verblüffen, unlogische Folgerungen darstellen, zu schwierig oder unverständlich für den allgemeinen bewußten Kontext sind, haben alle die Tendenz, die bewußten Einstellungen des Patienten für einen Augenblick außer Kraft zu setzen und auf der unbewußten Ebene eine Suche zu aktivieren, die vorher unterdrückte wörtliche und individuelle Assoziationen aufdecken wird. Wenn Erickson den allgemeinen Kontext mit vielen Wörtern, Redewendungen oder Sätzen überfrachtet, die häufig individuelle Assoziationen (die eingestreute Suggestion) haben, gewinnen diese Assoziationen im Unbewußten die Oberhand, bis sie sich schließlich in einem reaktiven Verhalten ausbreiten, welches das Bewußtsein mit einem Gefühl der Überraschung registriert. Das Bewußtsein ist überrascht, weil ihm eine Reaktion präsentiert wird, die es nicht erklären kann. Die Reaktion wird dann so beschrieben, daß sie „ganz von selbst“ geschehen sei, ohne die Intervention des Ichs oder der bewußten Motivation der Versuchsperson; die Reaktion scheint autonom bzw. „hypnotisch“ zu sein.

Sowohl Analogie und Metapher als auch Witze können so verstanden werden, daß sie ihre starke Wirkung durch denselben Mechanismus der Aktivierung von unbewußten Assoziationsmustern und Reaktionstendenzen entfalten, die sich plötzlich summieren, um das Bewußtsein mit scheinbar „neuen“ Daten oder Verhaltensreaktionen zu konfrontieren.

Die Mikrodynamik der Suggestion

Sobald Erickson die Aufmerksamkeit des Patienten mit einer Frage oder einem allgemeinem Kontext, der ihn interessiert (im Idealfall ist das die Möglichkeit, sich mit dem Problem des Patienten zu befassen), fixiert und fokussiert hat, führt er eine Folge von Methoden ein, die so konzipiert sind, daß sie „bewußte Einstellungen außer Kraft setzen". Mit dem Außerkraftsetzen bewußter Einstellungen meinen wir nicht, daß es einen Bewußtseinsverlust im Sinne des Schlafens gibt; wir verwechseln Trance nicht mit dem Schlafzustand. Trance ist ein Zustand, bei dem die Aufmerksamkeit des Patienten auf einige wenige innere Wirklichkeiten reduziert wird; das Bewußtsein ist auf einen relativ engen Rahmen fixiert und fokussiert und ist keineswegs über ein weites Gebiet verbreitet, wie das bei der typischeren allgemeinen Realitätsorientierung (Shor 1959) unseres gewöhnlichen Alltagsbewußtseins geschieht. Wenn es auf einen solch engen Rahmen fixiert und fokussiert ist, befindet sich das Bewußtsein in einem unstabilen Gleichgewichtszustand; es kann relativ leicht außer Kraft gesetzt werden, indem es verschoben, verwandelt oder umgangen wird.

Erickson glaubt, daß der Zweck einer klinischen Induktion darin liegt, die Aufmerksamkeit nach innen zu richten und einige der gewohnten Funktionsmuster des Ichs zu verändern. Wegen der Beschränkungen der gewohnten Bezugsrahmen des Patienten kann sein gewöhnliches Alltagsbewußtsein mit bestimmten inneren bzw. äußeren Wirklichkeiten nicht zurechtkommen, und der Patient erkennt, daß er ein „Problem" hat. Indem die gewöhnlichen bewußten Alltagseinstellungen des Patienten außer Kraft gesetzt werden, werden auch Aspekte seiner persönlichen Beschränkungen außer Kraft gesetzt; damit können die gewöhnlichen Funktionsweisen eines Individuums entautomatisiert werden (Deikman 1972), so daß Dissoziation und viele der damit verbundenen klassischen hypnotischen Phänomene (zum Beispiel Altersregression, Amnesie, Verzerrungen sinnlicher Wahrnehmung, Katalepsien usw.) sich häufig auf eine völlig spontane Art und Weise manifestieren (Erickson a. Rossi 1975). Das Außerkraftsetzen der Beschränkungen der gewöhnlichen Bewußtseinsmuster des Individuums eröffnet somit die Möglichkeit, Assoziationen und geistige Fähigkeiten neu zu kombinieren, um kreative Problemlösungen im Individuum selbst entstehen zu lassen.

Die Art und Weise, wie sich Ericksons Ansätze zum Außerkraftsetzen des Bewußtseins mit dem eigentlichen Prozeß der Induktion und Suggestion verweben, ist so subtil und einnehmend, daß sie in der

Regel auch dann nicht erkannt wird, wenn man schriftliche Aufzeichnungen seiner Worte studiert. Um sie in ihrer Bedeutung darzustellen, skizzieren wir in Tabelle 1 die Mikrodynamik der Induktion und Suggestion als (a) Fixierung der Aufmerksamkeit, (b) Außerkraftsetzen bewußter Einstellungen, c) unbewußte Suche, (d) unbewußte Prozesse und (e) hypnotische Reaktion. Wir haben auch eine Reihe von Ericksons Ansätzen zur Erleichterung jedes Stadiums aufgelistet. Die meisten dieser Ansätze werden in diesem Artikel dargestellt und an anderer Stelle detaillierter besprochen (Erickson a. Rossi 1974; Erickson a. Rossi 1975; Erickson, Rossi a. Rossi 1976; Haley 1967; Rossi 1973). Auch wenn wir diese Prozesse in Tabelle 1 als verschiedene Stadien einer Reihenfolge skizzieren, um sie zu analysieren, funktionieren sie in der Regel doch als ein gleichzeitiger Prozeß. Wenn es uns gelingt, die Aufmerksamkeit zu fixieren, fokussieren wir automatisch die Aufmerksamkeit auf einen Punkt, bei dem die gewöhnlichen Bezugsrahmen leicht außer Kraft gesetzt werden können. In solchen Augenblicken kommt es auf der unbewußten Ebene zu einer automatischen Suche nach neuen Assoziationen, die durch die Summierung unbewußter Prozesse einen stabileren Bezugsrahmen strukturieren können. Demnach sind die Einteilung und die Überschriften, denen wir verschiedene der von Erickson in diesem Artikel verwendeten Ansätze zuordnen, relativ willkürlich. Er könnte genausogut mit einer interessanten Geschichte oder mit einem Wortspiel beginnen wie mit einem Schock, einer Überraschung oder einer formellen Tranceinduktion. Sobald allerdings das in den ersten drei Spalten aufgeführte Verfahren durch den Therapeuten in Gang gesetzt worden ist, führt die eigene unbewußte Dynamik des Patienten die Prozesse der letzten beiden Spalten automatisch aus.

Einige der interessantesten Ansätze Ericksons zur Erleichterung hypnotischer Reaktionen sind in Spalte 3 der Tabelle 1 aufgelistet. All diese Ansätze sollen auf der unbewußten Ebene eine Suche auslösen. Anspielungen, Wortspiele, Metaphern, Implikationen usw. werden vom Bewußtsein in der Regel nicht sofort erfaßt. Es gibt einen Augenblick der Verzögerung, bevor man einen Witz „kapiert", und zum Teil ist das gerade das Komische daran. Während dieser Verzögerung finden auf einer unbewußten Ebene offensichtlich eine Suche und verschiedene andere Prozesse statt (Spalte 4), die sich schließlich summieren, um dem Bewußtsein neue Daten vorzulegen, damit es den Witz kapiert. Alle in Spalte 3 aufgelisteten Ansätze sind Kommunikationsmittel, die die Suche nach neuen Assoziationskombinationen und geistigen Prozessen initiieren. Diese können dem Bewußtsein sowohl im alltäglichen Leben als auch während der Hypnose nützliche Ergebnisse liefern. Die in Spalte 3 aufgeführten Ansätze machen auch den Kern von Ericksons indirektem Suggestionsansatz aus (Erickson, Rossi a. Rossi 1976). Das Studium dieser Ansätze kann als Beitrag zur neu definierten Wissenschaft der Pragmatik verstanden werden: dem Verhältnis zwischen Signalen und den Benutzern von Signalen (Watzlawick, Beavin a. Jackson 1967). Erickson stützt sich eher auf die geschickte Nutzung solcher Kommunikationsformen, um ein hypnotisches Verhalten hervorzurufen als auf Hypersuggestibilität an sich.

Es ist wichtig zu erkennen, daß Erickson Trance zwar für einen besonderen Zustand hält (der reduzierten Aufmerksamkeit), er jedoch nicht glaubt, daß Hypersuggestibilität ein notwendiges Charakteristikum von Trance sei (Erickson 1932). Das heißt, nur deshalb, weil ein Patient Trance erlebt, bedeutet das noch nicht, daß dieser Patient die direkten Suggestionen des Therapeuten akzeptieren und danach handeln wird. Dies ist eine weitverbreitete fälschliche Annahme, die viele der Mißerfolge der Hypnotherapie erklärt; in der Vergangenheit hat sie viele Kliniker frustriert und entmutigt und die wissenschaftliche Untersuchung der Hypnose im Labor behindert. Trance ist ein besonderer Zustand, der die therapeutische Beziehung intensiviert und die Aufmerksamkeit des Patienten auf einige innere Wirklichkeiten fokussiert; *Trance garantiert nicht, daß Suggestionen akzeptiert werden.* Erickson verläßt sich auf bestimmte Kommunikationsmethoden wie die in Spalte 3 aufgelisteten, um die assoziativen Prozesse und geistigen Fähigkeiten des Patienten hervorzurufen, zu mobilisieren und in bestimmte Richtungen in Gang zu setzen, um *manchmal* bestimmte therapeutische Ziele zu erreichen. Er glaubt, daß eine hypnotische Suggestion eigentlich ein Prozeß ist, der die sich außerhalb der gewöhnlichen Reichweite seiner Ich-Kontrolle befindenden, eigenen geistigen Prozesse des Patienten auf eine bestimmte Art und Weise hervorruft und *nutzbar macht.* Diese *Theorie der Nutzbarmachung hypnotischer Suggestionen* kann dann bestätigt werden, wenn es auch anderen Therapeuten und Forschern gelingt, zuverlässigere Ergebnisse zu erzielen, indem sie sorgfältig die schon vorhandenen Assoziationen und geistigen Fähigkeiten eines bestimmten Patienten nutzbar machen, sie mobilisieren, erweitern, verschieben oder umwandeln, um spezifische „hypnotische" Phänomene hervorzurufen und bestimmte therapeutische Ziele zu erreichen.

In der formellen Trancesituation führt die erfolgreiche Nutzbarmachung unbewußter Prozesse zu einer autonomen Reaktion; das Ich sieht sich überrascht mit einer neuen Gegebenheit oder Verhalten konfrontiert (Spalte 5). Dieselbe Situation findet sich allerdings auch im alltäglichen Leben, und zwar immer dann, wenn die Aufmerksamkeit durch eine Frage oder ein erstaunliches, ungewöhnliches Erlebnis fixiert ist, oder durch etwas, das das Interesse eines Menschen fesselt. In solchen Augenblicken erleben Menschen die gewöhnliche Alltagstrance; sie neigen dazu, ins Leere zu schauen – nach links oder rechts, je nachdem, welche Gehirnhälfte dominiert (Baken 1969) – und haben diesen „verträumten" oder „leeren" Blick. Ihre Augen können sich tatsächlich schließen, ihre Körper werden bewegungslos (eine Form der Katalepsie), bestimmte Reflexe (zum Beispiel Schlucken, Atmung usw.) können unterdrückt sein, und sie scheinen im Augenblick ihre Umgebung nicht wahrzunehmen, bis auf der unbewußten Ebene die innere Suche nach der neuen Idee, Reaktion oder dem neuen Bezugsrahmen, die ihre allgemeine Realitätsorientierung wiederherstellen werden, abgeschlossen ist. Wir stellen die Hypothese auf, daß sich das Bewußtsein im alltäglichen Leben wie in Tabelle 1 skizziert in einem ständigen Fluß zwischen der allgemeinen Realitätsorientierung und der augenblicklichen Mikrodynamik der Trance befindet. Ein gut ausgebildeter Hypnotherapeut ist sich dieser Dynamik und ihrer Verhaltensmanifestationen überaus bewußt. Tranceerfahrung und Hypnotherapie sind bloß die Erweiterung und Nutzbarmachung dieser normalen psychodynamischen Prozesse. Veränderte Bewußtseinszustände, in denen die Aufmerksamkeit fixiert und der daraus resultierende enge Bezugsrahmen erschüttert, verschoben bzw. mit Hilfe von Drogen, sensorischer Deprivation, Meditation, Biofeedback oder was auch immer verwandelt ist, folgen im wesentlichen demselben Muster, jedoch mit unterschiedlicher Betonung der verschiedenen Stadien. Wir können also Tabelle 1 als allgemeines Paradigma ansehen, um die Entstehung und Mikrodynamik veränderter Zustände und ihrer Auswirkungen auf das Verhalten zu verstehen.

TABELLE 1

Die Mikrodynamik der Tranceinduktion und Suggestion

(1) *Fixierung der Aufmerksamkeit*	(2) *Außerkraftsetzen bewußter Haltungen*	(3) *unbewußte Suche*	(4) *unbewußte Prozesse*	(5) *hypnotische Reaktion*
1. Geschichten, die Interesse wecken und faszinieren etc.	1. Schock, Überraschung, Unrealistisches und Ungewöhnliches	indirekte Suggestionsformen 1. Anspielungen, Wortspiele, Witze	1. Summierung von: a) eingestreuten Suggestionen b) wörtlichen Assoziationen c) individuellen Assoziationen d) vielfältigen Bedeutungen von Wörtern	„neue“ Gegebenheit oder neue Verhaltensreaktion, die als hypnotisch oder von selbst stattfindend erlebt werden
2. übliche Augenfixierung	2. Bezugsrahmen verschieben; Zweifel, Widerstand und Mißerfolg verschieben	2. Metapher, Analogie, Umgangssprache	2. autonome, sensorische und Wahrnehmungsprozesse	
3. Pantomime-Ansätze	3. Ablenkung	3. Implikationen	3. primäre Freudsche Prozesse	
4. Vorstellungs- und Visualisierungsansätze	4. Dissoziation und Ungleichgewicht	4. implizierte Direktive	4. individuelle Verteidigungsmechanismen	
5. Handlevitation	5. kognitives überladen	5. Doppelbindungen	5. Zeigarnikscher Effekt	
6. Entspannung und alle Formen der inneren sensorischen, perzeptiven oder emotionalen Erfahrung	6. Verwirrung, unlogische Folgerungen	6. Worte, die explorierende Haltungen initiieren	usw.	
usw.	7. Paradox	7. Fragen und Aufgaben, die eine bewußte Suche erfordern		
	8. Konditionierung mittels Stimmendynamik usw.	8. Pause und Erwartungshaltung des Therapeuten		
	9. strukturierte Amnesie	9. Offene Suggestionen		
	usw.	10. Abdeckung aller Reaktionsmöglichkeiten		
		11. zusammengesetzte Aussagen		
		usw.		

4. Indirekte Suggestionsformen[1]

Milton H. Erickson und Ernest L. Rossi

Mit dem Problem, was eine hypnotische Suggestion sei, hat sich die Forschung seit über einem Jahrhundert befaßt (Tinterow 1970; Weitzenhoffer 1953, 1963). In jüngster Zeit hat Weitzenhoffer (1974) experimentelle Daten über die Schwierigkeiten vorgelegt, die es bei der Unterscheidung zwischen Instruktionen und hypnotischen Suggestionen immer noch gibt. Zu erkennen, wann hypnotische Suggestionen wirksam sind, ist für die experimentelle Forschung von fundamentaler Bedeutung. Schließlich ist es wichtig, zwischen der Behandlung von hypnotisierten und Kontrollgruppen zu unterscheiden. Das Wesen der hypnotischen Suggestion ist ebenfalls von fundamentaler Bedeutung in der klinischen Hypnose und der Psychotherapie im allgemeinen, die sich damit befassen, die effektivsten Mittel zu finden, um therapeutische Prozesse zu fördern, .

Üblicherweise versteht man unter Suggestionen – gleich ob sie im wachen oder hypnotisierten Zustand gegeben werden – entweder eine *direkte Suggestion*, bei der der Hypnotiseur einen klaren, direkten Wunsch nach einer bestimmten Reaktion vorbringt, oder eine *indirekte Suggestion*, bei der die Beziehung zwischen der Suggestion des Hypnotiseurs und der Reaktion des Probanden weniger eindeutig oder offensichtlich ist. Als Grundlage direkter Suggestionen hat man den Einfluß und die Autorität des Hypnotiseurs, die Prinzipien der Wiederholung, homogene und heterogene Handlungen und auch das Evozieren von ideosensorischen und ideomotorischen Prozessen (Weitzenhoffer 1957), die häufig durch zielgerichtete Phantasien vermittelt werden (Barber, Spanos und Chaves 1974), identifiziert. Selbst die frühesten Forscher erkannten jedoch, daß die Dynamik indirekter Suggestionen weitaus komplexer ist. Man erkannte, daß es sich bei der indirekten Suggestion um eine Funktion der Individualität des Patienten handelt und daß sie deshalb häufig wirksamer war als eine direkte Suggestion. In diesem Artikel befassen wir uns zuerst damit, was diese Forscher unter indirekten Suggestionen verstanden. Danach stellen wir

---

1 Ein Teil dieses Artikels wurde auf der 28. Jahresversammlung der Society for Clinical and Experimental Hypnosis, 1976 unter dem Titel „Milton H. Erickson's Approaches to Trance Induction" vorgestellt.

unseren eigenen Ansatz vor und beschreiben viele indirekte Suggestionsformen, die wir in der klinischen Hypnotherapie für wirksam befunden haben.

Frühere Ansichten zu indirekten Suggestionen

Einer der frühesten Forscher, der erkannte, welch einzigartigen Beitrag die Individualität des Probanden leistet, um die wichtige Dynamik indirekter Suggestionen zu verstehen, war Albert Moll, wie in seinem Text über Hypnotismus (1890) dargestellt. Er beschreibt und illustriert seine Ansichten wie folgt:

> Auf diese Art und Weise befolgt der Proband die meisten Suggestionen durch einen Prozeß, der der *indirekten Suggestion* ähnelt ... *Die externe Suggestion* [des Hypnotiseurs] bleibt kein isoliertes Phänomen, sondern verursacht eine Reihe anderer geistiger Prozesse, je nach dem Charakter des Probanden und dem hypnotischen Training, das er erhalten hat. Ich sage zu dem Probanden: „Hier, nehmen Sie diese Flasche Eau de Cologne!" Er glaubt, er fühle die Flasche in seiner Hand, die in Wirklichkeit leer ist. Ferner glaubt er, er sähe und rieche die Flasche, obwohl ich meiner ursprünglichen Suggestion nichts hinzufüge. Kurz, er befolgt sie unabhängig vom Hypnotiseur. Das geschieht regelmäßig.

In dieser Illustration erkennt Moll, daß der Proband die bloße Suggestion des Hypnotiseurs über das Vorhandensein einer Flasche Eau de Cologne befolgt, indem er ihre visuellen und olfaktorischen Komponenten hinzufügt und offensichtlich zu schätzen weiß. So einfach und offensichtlich es auch erscheinen mag, so illustriert dieses Beispiel in aller Deutlichkeit eine grundlegende und überaus signifikante Eigenschaft indirekter Suggestionen: Das einzigartige Assoziationsrepertoire und die Verhaltenspotentiale des Probanden leisten einen wichtigen Beitrag zur hypnotischen Reaktion.

Eine aufschlußreichere Beschreibung der Rolle nonverbaler indirekter Suggestionen wird im folgenden von Sidis (1898) gegeben:

> Anstatt dem Probanden offen zu sagen, was er tun soll, bringt der Versuchsleiter einen Gegenstand hervor oder macht eine Bewegung, eine Geste, die auf ihre eigene stille Art dem Probanden sagt, was zu tun sei. Einige Beispiele können dies verdeutlichen: Ich

> strecke die Hand des hypnotischen Probanden aus und mache sie steif, und während ich das tue, drücke ich den Arm mit einer Eisenstange. Sobald die Eisenstange in der nächsten Séance den Arm berührt, wird die Hand steif. Ich weise den Probanden an, das Wort ‚Napoleon' zu buchstabieren, und wenn er zum ‚p' kommt, strecke ich meine Hand aus und mache sie steif. Der Proband beginnt zu stottern; die Muskeln seiner Lippen ziehen sich krampfhaft zusammen und werden starr ... Eine solche Suggestion kann man mit vollem Recht als *indirekte Suggestion* bezeichnen.

Die in dieser Illustration implizierten Prinzipien der *Assoziation* und *Verallgemeinerung*, bei der eine Eisenstange oder der steife Arm des Hypnotiseurs ausreichen, um eine Starre in den Gesichtsmuskeln des Patienten hervorzurufen, sind für den Prozeß indirekter Suggestion ebenfalls charakteristisch. In den folgenden Ausführungen illustriert Sidis, wie die Prinzipien der *Kontiguität*, *Ähnlichkeit* und des *Kontrastes* als zusätzliche Mittel dienen, mit denen die eigene einzigartige Psychodynamik des Patienten einen Beitrag zur hypnotischen Reaktion leistet:

> Kurz gesagt, wenn die Idee oder die suggerierte Reihenfolge, ob direkt oder indirekt, voll und ganz erkannt wurden, verwenden wir diese Art von Suggestion, die ich als *unmittelbar* bezeichne.
>
> Anstatt jedoch den Hinweis sofort aufzunehmen und mit der Ausführung zu beginnen, verwirklicht der Proband vielleicht etwas anderes, etwas, das entweder mit der suggerierten Idee eng verbunden oder mit ihr durch Assoziation oder Kontiguität verknüpft ist. Dem Probanden zu suggerieren, daß er beim Aufwachen einen Tiger sieht, wäre so ein Beispiel. Er wird aufgeweckt und sieht eine große Katze. Dem Probanden wird suggeriert, nach dem Aufwachen den auf dem Tisch liegenden Geldbeutel zu stehlen. Nachdem er aus dem hypnotischen Zustand geweckt worden ist, geht er zum Tisch, nimmt jedoch nicht den Geldbeutel, sondern einen in der Nähe liegenden Bleistift. Der Käufer wählt nicht immer genau das Ding, das der Verkäufer vorschlägt, sondern ein anderes Ding, das eng mit diesem verbunden ist. Sollte die Suggestion nicht erfolgreich sein, wird sie in der Regel auf eine indirekte und vermittelte Art und Weise verwirklicht. Menschen tun nicht immer das, was ihnen vorgeschlagen wird; manchmal gehorchen sie der suggerierten Idee selbst nicht, sondern einer anderen, die mit der ersten durch Kontiguität, Ähnlichkeit oder Kontrast asso-

ziiert wird. Dagegen sind Suggestionen besonders interessant, da sie häufig Anlaß sind zu Gegensuggestionen. Eine solche Art von Suggestion, bei der nicht die suggerierte Idee selbst, sondern die mit ihr assoziierte verwirklicht wird, bezeichne ich als *vermittelt*.

Es ist eine bedeutende Erkenntnis, daß der Patient seine eigenen hypnotischen Reaktionen aus den vom Hypnotiseur angebotenen Reizen und Suggestionen *vermittelt* oder *konstruiert*. Sie räumt auf mit der immer noch allzu verbreiteten Fehlannahme, die den hypnotisierten Probanden als einen passiven Automaten ansieht, der vom Hypnotiseur programmiert und kontrolliert wird.

Eine andere Sicht der Dynamik und Wirksamkeit indirekter Suggestionen ist die der Pavlovschen Schule, die bei Platonow (1959) wie folgt diskutiert wird:

> Bei *indirekten verbalen Suggestionen* hängt die Ausführung der Suggestion in der Regel mit einem bestimmten Gegenstand oder Einfluß zusammen, durch die die Suggestion tatsächlich verwirklicht wird. So wird einem wachen Patienten beispielsweise mitgeteilt, daß das ihm angebotene neutrale weiße Pulver einschläfernd wirkt. Sofort nachdem er das weiße Pulver genommen hat, schläft der Patient ein ... Daraus folgt, daß eine indirekte verbale Suggestion darauf basiert, daß eine bedingte Verbindung zwischen dem Reiz des zweiten Signalsystems (den Suggestionswörtern) und dem Reiz des ersten Signalsystems (dem Placebo aus weißem Pulver) gebildet wird, und darauf, daß die suggerierte Wirkung (die bestimmte Phänomene oder Handlungen hervorruft) verwirklicht wird, wobei alle drei Elemente eindeutige kortikale Verbindungen zum Erfahrungshintergrund des Probanden haben ... Gleichzeitig kann bei einer indirekten Suggestion der Augenblick der Ausführung *verschoben* werden. Folglich ist die Ausführung der Suggestion nicht nur mit einem bestimmten Gegenstand (oder Wort oder Ort) verbunden, sondern auch mit einer bestimmten Zeit, auf die sie festgelegt wird. Aufgrund dessen *tritt die bloße Tatsache des suggestiven verbalen Einflusses tatsächlich in den Hintergrund*. In anderen Worten wird die Suggestion durch Worte *latent aktiv* ... Es sind genau die *Verhältnisse, unter denen die Suggestionen ausgeführt werden*, die in diesem Falle wichtig sind, weil sie helfen, Kritik abzubauen und manchmal eine direkte, unkritische Haltung gegenüber dem suggerierten Zustand oder der Handlung ermöglichen. Dieser Umstand spiegelt sich in

A. Forels bekannten Worten wider: „Je verdeckter eine Suggestion ist, um so *stärker* ist sie" [in anderen Worten: je indirekter sie ist].

Indirekte Suggestionen können erfolgreich beim wachen Probanden eingesetzt werden; ihr suggestiver Einfluß ist viel größer als der einer direkten Suggestion. Sie üben häufig einen wirksamen Einfluß auf jene Menschen aus, die auf direkte Suggestionen nicht ansprechen, worauf V. Bekhterev, A. Forel, F. Löwenfeld u. a. hingewiesen haben.

Selbst dieser flüchtige Überblick über die indirekten Suggestionen deckt eine Reihe von Grundzügen auf, die von besonderem Interesse sind: (1) Indirekte Suggestionen erlauben, daß sich die Individualität des Probanden, seine Lebenserfahrung und seine einzigartigen Potentiale manifestieren; (2) die klassische Psychodynamik des Lernens geschieht bei Prozessen wie Assoziation, Kontiguität, Ähnlichkeit, Kontrast etc. auf einer mehr oder weniger unbewußten Ebene, wodurch (3) indirekte Suggestionen dazu tendieren, die bewußte Kritik zu umgehen, und aufgrund dessen effektiver sein können als direkte Suggestionen.

Diese Grundzüge stimmen völlig mit unseren Erfahrungen überein (Erickson, Rossi a. Rossi 1976; Erickson a. Rossi 1976), die uns dazu führten, die Mikrodynamik der Tranceinduktion und indirekter Suggestionen als einen fünfstufigen Prozeß zusammenzufassen: (1) Fixierung der Aufmerksamkeit, (2) Außerkraftsetzen bewußter Einstellungen und gewohnheitsmäßiger Rahmen, (3) unbewußte Suche, (4) unbewußte Prozesse und (5) hypnotische Reaktion. Ihrem Wesen nach wird eine indirekte Suggestion als eine Suggestion angesehen, die in den Patienten eine unbewußte Suche auslöst und unbewußte Prozesse ermöglicht, so daß sie in der Regel doch etwas überrascht sind von ihrer eigenen Reaktion, wenn sie sie erkennen. In den meisten Fällen erkennen die Probanden die indirekten Suggestionen jedoch keineswegs als solche, und sie erkennen auch nicht, wie ihr Verhalten von ihnen ausgelöst und teilweise strukturiert wurde.

Im Folgenden illustrieren wir einfach eine Reihe der indirekten Suggestionsformen, die der Hauptautor gewöhnlich in der hypnotherapeutischen Praxis verwendet. So wie sie hier beschrieben werden, erheben sie keinen Anspruch auf Wissenschaftlichkeit. Obgleich sie eine sehr große klinische Praxis widerspiegeln, können wir lediglich unsystematisch darüber spekulieren, wie wir ihre Wirksamkeit verstehen. Es bedarf der koordinierten Anstrengungen vieler anderer

Wissenschaftler, um die Gültigkeit und den Wert dieser indirekten Suggestionsformen sowohl im allgemeinen Kommunikationsprozeß als auch in der hypnotherapeutischen Anwendung experimentell zu evaluieren.

Die indirekten Suggestionsformen

1. Indirektes assoziatives Fokussieren
2. Gemeinplätze, die ideodynamische Prozesse und Zeit nutzbar machen
3. Fragen, die fokussieren, suggerieren und verstärken
4. Implikationen
5. Therapeutische Bindungen und Doppelbindungen
6. Zusammengesetzte Suggestionen: Ja-Haltung, Verstärkung, Schock und Überraschung
7. Kontingente Assoziationen und Assoziationsnetze
8. Implizierte Direktiven
9. Offene Suggestionen
10. Abdecken aller Reaktionsmöglichkeiten
11. Nebeneinanderstellen von Gegensätzen
12. Dissoziation und kognitives Überladen
13. Andere indirekte Ansätze und hypnotische Formen
14. Diskussion

1. Indirektes assoziatives Fokussieren. Die einfachste indirekte Form der Suggestion ist die, die ein relevantes Thema anspricht, ohne sich dabei in irgendeiner offenen Art und Weise an den Probanden zu richten. Erickson weist gerne darauf hin, daß man den Patienten am einfachsten helfen kann, über ihre Mutter zu reden, wenn man über seine eigene Mutter redet. Dabei wird in den Patienten ein natürlicher indirekter Assoziationsprozeß in Gang gesetzt, der scheinbar spontane Assoziationen zur eigenen Mutter hervorbringt. Da Erickson keine direkten Fragen über die Mutter des Patienten stellt, werden die gewöhnlichen bewußten Einstellungen und geistigen Bezugsrahmen (zum Beispiel psychologische Verteidigungshaltungen), die eine solche direkte Frage evozieren könnte, umgangen. Auf ähnliche Weise spricht Erickson bei der Gruppenarbeit mit einer Person über hypnotische Phänomene, die er eine andere Person erleben lassen will. Während er über Handlevitation, halluzinatorische Gefühle oder was auch immer spricht, findet in dem Patienten, auf den diese Bemerkungen gemünzt sind, auf einer autonomen, unbewußten Ebene ein natürlicher Prozeß ideomotorischer oder ideosensorischer Reaktionen statt. Erickson macht diese spontanen und gewöhnlich nicht erkannten inneren Reaktionen *nutzbar*, um einen Patienten auf hypnotische Erfahrungen vorzubereiten, bevor Widerstand oder sein fehlendes Zutrauen in die eigenen Fähigkeiten sich einmischen können.

In ähnlicher Weise verwendet Erickson in der Therapie einen Prozeß des indirekten assoziativen Fokussierens, um Patienten beim Erkennen eines Problems zu helfen. Er macht Bemerkungen oder erzählt Geschichten über ein Geflecht von Themen S_1, S_2, S_3, S_k, die alle eine „Fokus"-Assoziation S^1 gemeinsam haben, von der Erickson hypothetisiert, daß sie ein relevanter Aspekt des Problems des Patienten sei. Der Patient wundert sich manchmal, weshalb Erickson während der Therapiestunde solche interessanten, aber offensichtlich irrelevanten Gespräche führt. Falls S^1 jedoch tatsächlich ein relevanter Aspekt des Problems des Patienten ist, wird er häufig auf eine überraschend offenbarende Art und Weise darüber sprechen. Wenn Ericksons Vermutung falsch war, und S^1 ist kein relevanter Aspekt, ist nichts verloren; die assoziative Matrix des Patienten wird einfach nicht genug bedeutende Beiträge addieren, um S^1 auf eine bewußte und verbale Ebene zu heben. In einem solchen Fall läßt sich Erickson korrigieren und exploriert eine andere assoziative Matrix. Dieser indirekte assoziative Fokussierungsansatz ist der grundlegende Prozeß dessen, was Erickson als „Einstreutechnik" bezeichnet.

2. Gemeinplätze, die ideodynamische Prozesse und Zeit nutzbar machen. Die grundlegende Einheit des ideodynamischen Fokussierens ist der Gemeinplatz. Dabei handelt es sich um eine einfache Tatsachenbehauptung über das Verhalten, das der Patient so oft erlebt hat, daß es nicht geleugnet werden kann. In den meisten unserer Fallbeispiele läßt sich feststellen, daß der Hauptautor häufig über bestimmte psychophysiologische Prozesse oder geistige Mechanismen spricht, als würde er dem Patienten einfach objektive Fakten erklären. Tatsächlich können diese verbalen Beschreibungen indirekte Suggestionen darstellen, wenn sie durch Assoziationen und gelernte Muster, die in den Patienten als eine Erfahrungsquelle ihres Lebens existieren, ideodynamische Reaktionen auslösen. Die „generalisierte Wirklichkeitsorientierung" (Shor 1959) hält diese subjektiven Reaktionen in der Regel gut im Zaum, wenn wir ein gewöhnliches Gespräch führen. Ist jedoch die

Aufmerksamkeit in der Trance fixiert und fokussiert, wodurch einige der Beschränkungen der gewöhnlichen geistigen Einstellung des Patienten außer Kraft gesetzt sind, können die folgenden Gemeinplätze tatsächlich eine wörtliche und konkrete Erfahrung des suggerierten Verhaltens (im Text Fett gesetzt) auslösen.

Sie wissen schon, wie sie angenehme Gefühle wie die *Wärme* der Sonne auf ihrer Haut erfahren können.

Jeder hat schon einmal die Erfahrung gemacht, daß er mit dem Kopf nickt oder ihn schüttelt, ohne es zu merken.

Wir wissen, daß ihr Unbewußtes *träumen* kann, wenn sie schlafen.

Sie können diesen Traum nach dem Aufwachen leicht *vergessen.*

Eine weitere wichtige Form ist der Gemeinplatz, der die Zeit einbezieht. Erickson hat ganz selten eine direkte Suggestion für eine eindeutige Verhaltensreaktion gegeben, ohne sie mit einer Zeitvariablen abzumildern, die das System des Patienten selbst definieren konnte.

***Früher oder später* wird sich ihre Hand heben (Augen schließen, etc.).**

Ihre Kopfschmerzen (oder was immer) werden verschwinden, *sobald* ihr System bereit ist, sie gehen zu lassen.

3. Fragen, die fokussieren, suggerieren und verstärken. Neuere Forschungen (Sternberg 1975) deuten darauf hin, daß das menschliche Gehirn, wenn ihm eine Frage gestellt wird, sein gesamtes Gedächtnissystem auf einer unbewußten Ebene einer gründlichen Durchsuchung unterzieht, auch nachdem es auf einer bewußten Ebene eine scheinbar zufriedenstellende Antwort schon gefunden hat. Der Verstand überprüft etwa 30 Punkte pro Sekunde, selbst wenn sich die Person nicht bewußt ist, daß die Suche fortgesetzt wird. Die unbewußte Suche und Aktivierung geistiger Prozesse auf einer unbewußten oder autonomen Ebene ist das Wesen von Ericksons indirektem Ansatz, bei dem er die unerkannten Potentiale des Patienten nutzbar zu machen versucht, um hypnotische Phänomene und therapeutische Reaktionen hervorzurufen.

Fragen sind als indirekte Suggestionsformen besonders wertvoll, wenn sie vom bewußten Verstand nicht beantwortet werden können. Solche Fragen tendieren dazu, unbewußte Prozesse zu aktivieren und autonome Reaktionen auszulösen, die das Wesen des Tranceverhaltens ausmachen. Im Folgenden wird illustriert, wie durch eine Reihe von Fragen die Aufmerksamkeit gelenkt werden kann, um eine Trance auszulösen, das Wohlbefinden zu verstärken und die hypnotische Empfänglichkeit zu fördern.

Möchten Sie gerne eine Stelle finden, die Sie bequem anschauen können? Wenn Sie weiterhin auf diese Stelle schauen, werden dann Ihre Augen müde und fangen an zu blinzeln?

Fallen Ihnen die Augen auf einmal zu oder blinzeln sie erst noch ein bißchen, während Teile Ihres Körpers die Behaglichkeit erleben, die so charakteristisch ist für eine Trance?

Wird dieses Wohlbehagen verstärkt, während die Augen geschlossen bleiben, so daß Sie lieber gar nicht versuchen wollen, sie zu öffnen?

Und wie bald werden Sie Ihre Augen vergessen und langsam mit dem Kopf zu nicken beginnen, während sie einen angenehmen Traum träumen?

Diese Sequenz beginnt mit einer Frage, die vom Patienten eine bewußte Wahl und einen bewußten Willen erfordert, und endet mit einer Frage, die nur durch unbewußte Prozesse beantwortet und ausgeführt werden kann. Ein wichtiger Aspekt dieses Ansatzes besteht darin, daß er eigentlich *nicht fehlgehen kann*, da ein Nichtreagieren als eine berechtigte und relevante Reaktion auf eine Frage akzeptiert werden kann. Ein anderer wichtiger Aspekt besteht darin, daß jede Frage eine *beobachtbare* Reaktion suggeriert, die dem Therapeuten wichtige Informationen liefert, wie gut der Patient den Suggestionen folgt. Diese beobachtbaren Reaktionen sind alle mit wichtigen internen Aspekten der Tranceerfahrung assoziiert und können als ihre Indikatoren angesehen werden.

4. Implikation. Dieses wohl klarste Beispiel seines indirekten Ansatzes verdeutlicht, wie Erickson psychologische Implikationen verwendet. Denken Sie über die vielfältigen Implikationen in einem einzigen Satz des folgenden Beispiels nach, der scheinbar offensichtliche Dinge aussagt.

Die Komplexität der geistigen Abläufe an sich,

Ein Gemeinplatz über Psychologie, der eine „Ja"-Haltung oder Akzeptanz für das Kommende hervorruft.

Sie gehen in Trance, um herauszufinden,

Mit einer leichten Betonung von „um herauszufinden", impliziert diese Formulierung, daß der Patient in eine Trance gehen wird und er wird in eine Trance gehen, um etwas wichtiges herauszufinden.

was Sie alles machen können,

Impliziert, daß nicht das wichtig ist, was der Therapeut macht, sondern was der Patient macht.

und es gibt viel mehr, als Sie je geträumt haben. (Pause.)

Die Pause impliziert, daß sich das Unbewußte des Patienten jetzt auf die Suche machen kann, um Potentiale zu explorieren, von denen er bisher nicht geträumt hat. Das ruft eine wichtige Erwartungshaltung für ungewöhnliche oder hypnotische Phänomene hervor.

Bei der Formulierung von Implikationen muß man sich im klaren sein, daß der Therapeut nur einen Reiz liefert. Die hypnotischen Aspekte der psychologischen Implikationen werden vom Zuhörer auf einer unbewußten Ebene geschaffen. Bei jeder Suggestion ist der Aspekt am wirkungsvollsten, der bewirkt, daß die eigenen Assoziationen und geistigen Prozesse des Zuhörers zu automatischem Handeln führen. Es ist diese autonome Aktivität der eigenen geistigen Prozesse des Zuhörers, die eine hypnotische Erfahrung kreiert.

Der Einsatz psychologischer Implikationen durch die oben illustrierten Assoziationen hängt von den Fähigkeiten des Therapeuten ab, subjektive Reaktionen hervorzurufen, die für den Patienten von Wert sind. Die formaleren Formen *materieller Implikationen* dagegen, die sorgfältig durch die Wenn-dann-Beziehung zwischen vorausgegangenen und folgenden Ereignissen (Copi 1954) definiert wurden, sind in ihrer Wirkung von der objektiven Struktur der Sprache abhängig und auch ohne Verständnis der subjektiven Welt des Patienten allgemein anwendbar.

Auf der einfachsten Ebene sagt Erickson: „Wenn Sie sich setzen, dann können Sie in Trance gehen."

Oder:	$S \supset T$		
Wo:	S	=	Wenn Sie sich setzen
	$\supset$	=	dann (Zeichen für die materielle Implikation Wenn ... dann)
	T	=	können Sie in Trance gehen

Auf einer komplexeren Ebene sagt Erickson: „Wenn Sie sich setzen oder hinlegen, dann können Sie in Trance gehen."

Oder:	$(S \, v \, L) \supset T$		
Wo:	S	=	Wenn Sie sich setzen
	v	=	oder
	L	=	hinlegen
	$\supset$	=	Wenn ... dann
	T	=	können Sie in Trance gehen

Wenn eine Implikation in dieser Form vorgebracht wird, die dem Patienten zwei oder mehr Alternativen gibt, von denen alle zur gleichen gewünschten Reaktion führen (Trance in diesem Fall), beschreiben wir die Situation als eine therapeutische Bindung.

5. Therapeutische Bindungen und Doppelbindungen. Zwei oder mehr Alternativen, von denen jede zu einer gewünschten therapeutischen Reaktion führt, können recht einfach durch Fragen angeboten werden.

Möchten Sie eine leichte, eine mittlere oder eine tiefe Trance erleben?

Möchten Sie jetzt oder in ein paar Minuten in Trance gehen?

Wenn das Bewußtsein des Patienten die Alternativen unterscheiden und eine Wahl treffen kann, sprechen wir von einer *Bindung*. Wenn das Bewußtsein nicht zwischen den Alternativen wählen kann, können wir von einer Doppelbindung sprechen, da die Wahl dann nur auf einer anderen Ebene getroffen werden kann. Diese andere Ebene, die manchmal als Metaebene (Bateson 1972, 1975; Watzlawick, Beavin and Jackson 1967; Sluzki and Ransom 1976) bezeichnet wird, läßt sich als ein unbewußter oder autonomer geistiger Prozeß konzeptualisieren.

In der Regel induzieren wir eine Trance und führen mit den Probanden so viel hypnotisches Training durch, daß sie lernen, die Kontrolle über das aufzugeben, was sie früher unter Kontrolle hatten (was früher das willentliche Heben der Hand war, geschieht zum Beispiel bei der Handlevitation jetzt unwillkürlich; wurde früher willentlich geschrieben, so jetzt automatisch, etc.). Dieses Aufgeben von Bereichen, die sie früher kontrollierten, in dem speziellen, „hypnotherapeutische Situation" genannten Setting ist eine Probe, um das zu verlernen, was früher ein sehr gut gelernter, aber schlecht angepaßter und zu rigider Bezugsrahmen war, der die Patienten daran hinderte, ihre Fähigkeiten zu nutzen. Hypnotherapeutisches Training hilft den Patienten, ihre gelernten Beschränkungen zu verlernen. Sind sie auf diese Weise von ihren gelernten Beschränkungen befreit, können sie ihre Potentiale für neue und kreativere Verhaltensmuster erfahren, die das Wesen therapeutischen Wandels ausmachen. Die Bewußt-unbewußt-Doppelbindung ist ein grundlegender Ansatz, um diese Ziele zu erreichen.

Die *Bewußt-unbewußt-Doppelbindung* ist ein Ausdruck, den wir verwenden, um eine hypnotische Form zu beschreiben, die für Ericksons Arbeit grundlegend ist. Erickson hält häufig einen einleitenden Vortrag über die Unterschiede zwischen der Funktionsweise des Bewußtseins und der des Unbewußten. Das bereitet den Patienten auf Doppelbindungen vor, die auf der Tatsache beruhen, daß wir unser Unbewußtes nicht bewußt kontrollieren können. Die Bewußt-unbewußt-Doppelbindung tendiert demnach dazu, die gewöhnlichen, willkürlichen Verhaltensweisen zu blockieren, so daß die Reaktionen auf einer autonomeren oder unbewußteren Ebene vermittelt werden müssen. Jede Reaktion auf die folgenden Suggestionen erfordert beispielsweise, daß der Patient einen inneren Fokus erlebt, den Erickson als Trance bezeichnet.

Wenn Ihr Unbewußtes will, daß Sie in Trance gehen, hebt sich Ihre rechte Hand. Sonst hebt sich Ihre linke.

Sie brauchen mir nicht einmal zuzuhören, da Ihr Unbewußtes hier ist und hört, was nötig ist, um genau auf die richtige Weise zu reagieren.

Und es spielt überhaupt keine Rolle was Ihr bewußter Verstand macht, da Ihr Unbewußtes automatisch genau das tut, was nötig ist, um die Anästhesie zu erreichen (Altersregression, Katalepsie etc.).

Sie haben gesagt, daß Ihr bewußter Verstand unsicher und verwirrt sei. Und das ist deshalb so, weil das bewußter Verstand vergißt. Und dennoch wissen wir, daß das Unbewußte Zugang zu so vielen Erinnerungen, Bildern und Erfahrungen hat, die es dem Bewußtsein zur Verfügung stellen kann, damit Sie das Problem lösen können. Und wann wird Ihr Unbewußtes ihrem Bewußtsein all diese wertvollen Erkenntnisse zur Verfügung stellen? Wird es in einem Traum geschehen? Während des Tages? Wird es schnell oder langsam geschehen? Heute? Morgen?

Das Bewußtsein des Patienten kann diese Fragen offensichtlich nicht beantworten, also muß es sich auf eine unbewußte oder Metaebene des Funktionierens verlassen, um das Problem anzugehen.

Suggestionen, die nicht durch willentliches Bemühen befolgt werden können, rufen oft therapeutische Doppelbindungen hervor.

Wird dieser Schmerz (oder ein beliebiges Symptom) stärker oder eher schwächer, während Sie sich weiterhin in Trance befinden?

Verlagert er sich langsam an einen anderen Ort?

Sagen Sie mir, welche Veränderungen Sie bei diesem Schmerz (oder was immer) in den nächsten paar Minuten spüren.

Beginnen Sie sehr, sehr langsam mit dem Kopf zu nicken, wenn sich in dem Schmerzbereich ein Gefühl der Wärme oder Kühle, Prickeln, Taubheit oder irgendein anderes Gefühl zu entwickeln beginnt.

Alle Erfahrungen, die Patienten als Reaktion auf solche Suggestionen machen, gehen in Richtung eines therapeutischen Wandels. Selbst wenn sich beispielsweise die Schmerzen verschlimmern, sind die Patienten in einer therapeutischen Doppelbindung gefangen, da sie jetzt erleben, daß sie ihre Schmerzen, die sich bisher völlig ihrer Kontrolle entzogen, bis zu einem gewissen Grad kontrollieren können. Wenn man die Schmerzen verstärken kann, dann impliziert das, daß man sie auch lindern kann. Dies ist die Grundlage des Doppelbindungsansatzes bei der Behandlung symptomatischen Verhaltens durch *Symptomverschreibung* (siehe Watzlawick, Beavin und Jackson 1967, wo sich viele Beispiele finden). Bei der Behandlung von Gewichtsproblemen schlägt Erickson beispielsweise häufig vor, daß ein Patient, der mit 180 Pfund Übergewicht hat, erst einmal lernen sollte, „so viel zu essen, um auf 185 Pfund zu kommen". Ob der Patient diesem Vorschlag bestürzt oder frohgelaunt folgt, ist gleichgültig, jedenfalls lernt er, ohne es richtig zu merken, das zu kontrollieren, was ihm vorher nicht kontrollierbar zu sein schien. Wenn er diese Kontrolle erlebt hat, wird dem Patienten vorgeschrieben, „so viel zu essen, um ein Gewicht von 182 Pfund, 181, 180, 178, 175 (etc. bis zum richtigen Gewicht) zu halten".

Dieser Ansatz zur Symptomkontrolle ist tatsächlich eine Umkehrung unserer früheren Verwendung der Bewußt-unbewußt-Doppelbindung, indem willentliches Verhalten in unwillkürliches Verhalten verwandelt wird, um eine Tranceinduktion zu ermöglichen. Es ist eine faszinierende und wenig beachtete Eigenschaft der Doppelbindung, daß sie dabei helfen kann, das unwillkürlich zu tun, was früher willkürlich war, und umgekehrt. So ermöglicht uns die Metaebene der Doppelbindung, das, was auf unserer gewöhnlichen Verhaltensebene willkürlich oder unwillkürlich war, ins Gegenteil zu verwandeln. Wenn Patienten demnach Symptome oder Probleme haben, die sie nach eigener Aussage nicht kontrollieren können, wird die Doppelbindung zu einem Mittel, das ihnen hilft, Kontrolle zu erleben und allmählich auszuüben. Wenn Menschen Probleme haben, weil sie das Gefühl haben, daß ihnen ihre Potentiale nicht zur Verfügung stehen (zum Beispiel Menschen mit enttäuschenden Leistungen auf welchem Gebiet auch immer), kann die Doppelbindung in ihnen Prozesse auslösen helfen, um allmählich die Kontrolle über diese latenten Potentiale zu gewinnen, damit sie zu etablierten Fähigkeiten werden können.

Wir haben die Bewußt-unbewußt-Doppelbindung in dieser Darstellung betont, weil sie am einfachsten zu verstehen und in einer Vielzahl von Anwendungen einzusetzen ist. In den meisten Situationen des wirklichen Lebens läßt sich jedoch die Metaebene, die die gewöhnliche Ebene der Botschaft in der Doppelbindung einrahmt oder verändert, auf vielfältige Weise oder durch unterschiedliche Kanäle herstellen. Haley (in Sluzki and Ransom 1976) beschreibt sie knapp in der folgenden Darstellung der Entwicklung der Doppelbindungstheorie:

Wenn man sie in Begriffen der Klassifizierungsebene oder logischer Typen analysierte, wurde die Komplexität der Kommunikation immer offensichtlich. Es gab jetzt mindestens vier „Kommunikationskanäle“ (Wörter, Stimme, Körperbewegung (oder Gesten), Kontext), von denen jeder Botschaften aussandte, die einander näher bestimmten und daher aus unterschiedlichen logischen Typen bestanden, und jede Botschaft, die innerhalb eines jeden Kanals eine andere näher bestimmte, bestand aus einem anderen logischen Typ. Die Anzahl der Metaebenen schien unendlich zu sein. Die allgemeine Tendenz des Projektes ging dahin, es auf zwei Botschaftsebenen und eine dritte Ebene, die diese beiden näher bestimmte, zu vereinfachen.

Es ist also offensichtlich, daß Kommunikation, insbesondere hypnotische Kommunikation, weitaus komplexer ist, als wir annahmen. Tiefenpsychologen und auch eine alte Lebenserfahrung haben dies erkannt, wenn sie der Ansicht sind, daß unser Bewußtsein, so gut es auch entwickelt sein mag, nichts ist als ein Schilfrohr auf dem Meer des Unbewußten.

6. Zusammengesetzte Suggestionen: Sie sind ein überraschend einfacher Aspekt des Ericksonschen Ansatzes. In ihrer einfachsten Form wird die zusammengesetzte Suggestion aus zwei Aussagen konstruiert, die mit einem „und“ oder einer kleinen Pause verbunden werden. Eine Aussage ist ein offensichtlicher Gemeinplatz, der eine Akzeptanz oder „Ja-Haltung“ auslöst, und die andere ist die eigentliche Suggestion.

Als eine von Ericksons Töchtern vom Kieferorthopäden zurückkam sagte er: „Dieses Stück Eisen in deinem Mund ist furchtbar unbequem, und es wird verdammt schwer werden, *sich daran zu gewöhnen*.“

Die erste Hälfte dieses Satzes ist ein Gemeinplatz, die die nicht zu leugnende Tatsache ausspricht, daß sich seine Tochter unbehaglich fühlt. Die zweite, mit „und“ beginnende Hälfte ist eine Suggestion, daß „sie sich daran gewöhnen“ wird und sie sich nicht sorgen soll. Erickson verwendet häufig eine Serie von Gemeinplätzen, um im Patienten eine „Ja“- oder Akzeptanzhaltung hervorzurufen, damit die folgende Suggestion bereitwilliger akzeptiert werden kann.

Eine subtilere Art von zusammengesetzter Suggestion ist

Schauen Sie einfach auf einen Punkt, und ich werde mit Ihnen reden

In diesem Beispiel hat der Therapeut die Kontrolle über sein eigenes Verhalten (ich werde mit Ihnen reden), und indem er einfach redet, kann er tatsächlich die Suggestion, „auf einen Punkt zu schauen", verstärken.

In der ersten Hälfte einer zusammengesetzten Aussage kann mit Schock oder Überraschung gearbeitet werden. Das bewirkt, daß die gewohnheitsmäßigen, bewußten Einstellungen der Patienten außer Kraft gesetzt werden, wodurch sie in einer Erwartungshaltung sind und weitere „Erklärungen" benötigen, um den Schock zu überwinden. Die „Erklärung" kommt natürlich in Form einer Suggestion, die der Patient jetzt braucht, um sein Gleichgewicht wiederherzustellen. Alle emotional besetzten Wörter oder Ideen können verwendet werden, um einen Schock auszulösen, der dann durch eine therapeutische Suggestion überwunden wird.

Geheime Gefühle, über die Sie mit niemanden gesprochen haben,

können Sie im Geiste ruhig und ungestört Revue passieren lassen,

damit sie bei Ihrem derzeitigem Problem hilfreich sind

Bei den obigen Ausführungen rufen die „geheime Gefühle" einen Schock hervor, der dann durch die folgenden therapeutischen Suggestionen überwunden werden kann. Schock und Überraschung, denen unmittelbar eine therapeutischen Suggestion folgt, sind dann am wirksamsten, wenn sie so formuliert sind, daß sie die persönlichsten Assoziationen des einzelnen Patienten berühren.

7. *Kontingente Assoziationen und Assoziationsnetze.* Eine andere Form zusammengesetzter Suggestionen wird verwendet, wenn Erickson solche Bedingungen schafft, daß der natürliche und willkürlich Reaktionsfluß des Patienten von der Ausführung einer hypnotischen Suggestion abhängt (die „kontingente" Suggestion). Eine hypnotische Reaktion, die im unteren Bereich der Verhaltenshierarchie des Patienten angesiedelt ist, wird mit Reaktionsmustern aus dem oberen Verhaltensrepertoire des Patienten assoziiert, die normalerweise schon ablaufen. Der Patient findet, daß es zu schwierig ist, den Impuls zu einem bestimmten Verhalten aufzuhalten, weshalb er die hypnotische Suggestion als eine akzeptable Bedingung, um das schon begonnene und auf Beendigung drängende Verhaltensmuster zu beenden, hinzu-

fügt. Die kontingente Suggestion schwimmt einfach in dem schon ablaufenden Verhaltensfluß mit. Reaktionen, die unvermeidlich sind und mit hoher Wahrscheinlichkeit auftreten, werden von der Ausführung der hypnotischen Reaktion abhängig gemacht. Erickson flicht seine Suggestionen so in den natürlichen Reaktionsfluß des Patienten ein, daß so gut wie kein Einwand auftritt.

Einige der Beispiele, die verwendet wurden, um systematisch eine vertiefte Trance zu induzieren, lauten wie folgt:

Ihre Augen werden müde und schließen sich von selbst, während Sie weiterhin auf diese Stelle schauen.

Sie werden sich immer entspannter und behaglicher fühlen, während Sie weiterhin mit geschlossenen Augen dasitzen.

Während Sie diese wachsende Behaglichkeit fühlen, merken Sie, daß Sie sich nicht bewegen, äußern oder über irgend etwas aufregen müssen.

Während der Rest Ihres Körpers die für einen gut trainierten hypnotischen Patienten so charakteristische Unbeweglichkeit beibehält, bewegt Ihre rechte Hand den Bleistift über die Seite und schreibt dabei automatisch etwas, was Sie in Trance erfahren wollen.

In den ersten beiden Beispielen ist die Suggestion zu Beginn des Satzes mit dem momentanen Verhalten verknüpft, das in der zweiten Hälfte des Satzes mit dem Wort „während" eingeführt wird. In den beiden anderen wird das momentane Verhalten erst erwähnt und dann eine Suggestion damit verknüpft.

Es gibt viele Formen kontingenter Suggestionen. Wenn *B* eine durchgängige oder unvermeidliche zukünftige Verhaltensweise der Versuchsperson ist und *Sg* eine Suggestion, illustrieren die folgenden Paradigmen, wie man kontingente Suggestionen strukturieren kann. Während Sie *B*, können Sie *Sg*; wenn Sie *B*, bitte *Sg*; nicht *Sg*, bis Sie *B*; warum *Sg* Sie nicht, bevor Sie *B*; je näher Sie zu *B* kommen, um so mehr können Sie *Sg*; nach *Sg* können Sie *B*.

Wenn man Assoziationen in solchen ineinandergreifenden Ketten bildet, konstruiert man ein Netz sich gegenseitig verstärkender Direktiven, die allmählich eine neue, in sich konsistente innere Wirklichkeit bilden, die man Trance nennt. Es ist die Konstruktion solcher ineinandergreifenden Assoziationsnetze, die der Trance als verändertem Bewußtseinszustand mit eigenen Wegweisern, Regeln und „Wirklichkeit", „Körper" oder Substanz gibt.

8. Die implizierte Direktive. „Implizierte Direktive" schlagen wir vor als Etikett für einen recht verbreiteten Suggestionstypus, der derzeit in der klinischen Hypnose verwandt wird (Cheek and LeCron 1968). Die implizierte Direktive besteht in der Regel aus drei Teilen: (1) einer zeitgebundenen Einführung, (2) der implizierten (oder angenommenen) Suggestion und (3) einer Verhaltensreaktion, um zu signalisieren, wann der implizierten Suggestion entsprochen wurde:

Sobald Ihr Unbewußtes weiß,

(1) eine zeitgebundene Einführung, die den Patienten auf die folgende Suggestion fokussiert

daß Sie oder ich, oder nur Sie und meine Stimme hier sind [oder ein suggeriertes Verhalten],

(2) die implizierte (oder angenommene) Suggestion

senkt sich Ihre rechte Hand auf Ihren Oberschenkel.

(3) die Verhaltensreaktion, die signalisiert, daß die Suggestion vollendet wurde.

Eine implizierte Direktive, die vom Autor häufig verwendet wird, um eine hypnotherapeutische Sitzung wie folgt zu beenden:

Sobald Ihr Unbewußtes weiß,

(1) eine zeitgebundene Einführung, die Dissoziation und Vertrauen auf das Unbewußte ermöglicht

kann es einfach und bequem zu diesem Zustand zurückkehren, um konstruktive Arbeit zu leisten, wenn wir uns nächstes Mal treffen.

(2) die implizierte Suggestion für eine leichte Rückkehr in die Trance, ausgedrückt auf eine therapeutisch motivierende Art und Weise

werden Sie bemerken, wie Sie aufwachen und sich frisch und munter fühlen.

(3) die Verhaltensreaktion, die signalisiert, daß obige Suggestion vollendet wurde.

Wenn die Vollendung signalisierende Verhaltensreaktion auch eine unvermeidliche Reaktion ist, die der Patient geschehen lassen möchte (wie in den obigen Beispielen), haben wir eine Situation, in der die Verhaltensreaktion motivierende Eigenschaften für die Ausführung der Suggestion haben kann. Die Verhaltensreaktion, die signalisiert, daß die Suggestion vollendet wurde, findet auf einer unwillkürlichen oder unbewußten Ebene statt. Folglich signalisiert das Unbewußte, das die Suggestion durchführt, auch, wann sie vollendet ist. Solche implizierten Direktiven rufen einen verdeckten inneren Lernprozeß hervor. Verdeckt ist er, weil niemand sagen kann, daß er stattfindet, da es eine Reihe von Reaktionen sind, die im Innern des Probanden oft ohne Bewußtes erkennen stattfinden und gewöhnlich nach der Trance nicht bewußt erinnert werden. Therapeut und Patient wissen nur dann, daß sie beendet ist, wenn es zur gewünschten automatischen Reaktion kommt (beispielsweise zu Fingersignalen, Kopfnicken, Erwachen aus der Trance), die das Ende des inneren Lernprozesses ankündigt.

Eine der oben beschriebenen implizierten Direktiven von Erickson könnte man anhand von Symbollogik analysieren und möglicherweise auf Grundlage dieser Analyse wie folgt verbessern:

Wenn *S*: Sobald Sie wissen, daß nur Sie oder ich, oder nur Sie und meine Stimme hier sind, senkt sich Ihre rechte Hand auf Ihren Oberschenkel.

Bei *P*: Sie wissen, daß nur Sie oder ich hier sind.
Q: Sie wissen, daß nur Sie oder meine Stimme hier sind.
R: Ihre recht Hand senkt sich auf Ihren Oberschenkel.

Die zeitgebundene Einführung, „Sobald Sie wissen", kann aus Gründen der Logik formuliert werden als: „Jederzeit nach diesem Vorgang", so daß S zu S^1 wird:

S^1: Jederzeit nach diesem Vorgang, wenn Sie wissen, daß nur Sie oder ich hier sind, oder wenn Sie wissen, daß nur Sie und meine Stimme hier sind, dann senkt sich Ihre rechte Hand.

Das läßt sich vereinfachen auf die Form S^{11}:

S^{11}: Wenn *P* oder *Q*, dann *R*.

Wenn materielle Implikationen verwendet werden, bei denen eine zeitliche Sequenz vorausgesetzt wird (unsere zeitgebundene Einführung), erhält S^{11} diese Form:

$(P \vee Q) \ldots R$

Wenn bei dieser Form entweder *P* oder *Q* zutrifft, muß *R* folgen. Jedoch bedeutet die Tatsache, daß *R* auftritt, nicht notwendigerweise, daß entweder *P* oder *Q* tatsächlich in der Versuchsperson stattgefunden haben. Die logischen Eigenschaften einer materiellen Implikation sind dergestalt, daß sie wahr ist, wann immer ihr Hinterglied *R* wahr ist. In unserem bestimmten Fall ist es wahr, daß, wann immer *R* auftritt, *P* oder *Q* *hinreichend*, aber nicht *notwendig* sind für *R*.

Aus diesem Grund ist *S* verstanden als S^1 oder S^{11} zu schwach. Es läßt weitere Möglichkeiten zu. Das Auftreten von *R* hätte durch andere Bedingungen als *P* oder *Q* zustande gebracht werden können. Es hätte sogar durch die Nichtrealisierung von *P* oder *Q* zustande gebracht werden können.

Wenn *S* als S^1 oder S^{11} verstanden wird, ist *R* aus diesem Grund kein hinreichendes Signal, daß *P* oder *Q* tatsächlich stattgefunden haben. Das könnte eine Erklärung sein für die unterschiedliche Reaktion der verschiedenen Probanden auf *S*.

S kann jedoch noch anders verstanden werden - nämlich als S^*.

> S^*: Ihre rechte Hand senkt sich auf Ihren Oberschenkel, *sobald* Sie wissen, daß nur Sie oder ich, oder nur Sie und mei ne Stimme hier sind.

„Sobald" in S^* könnte „nur wenn" bedeuten. In diesem Fall läßt sich S^* so verstehen, daß es S^{**} ausdrückt.

> S^{**}: Ihre rechte Hand senkt sich *nur* auf Ihren Oberschenkel, *wenn* Sie wissen, daß nur Sie oder ich, oder Sie und meine Stimme hier sind.

„Nur wenn", wie auch „wenn", suggeriert eine Zeitenfolge (unsere zeitgebundene Einführung), aber für unsere Zwecke hier genügt es, wenn es im Sinne der materiellen Implikation verstanden wird, wodurch „nur wenn" sich umschreiben läßt als „nur falls", und S^{**} als S^{***} formuliert werden kann.

> S^{***}: Ihre rechte Hand senkt sich nur auf Ihren Oberschenkel, falls Sie wissen, daß nur Sie und ich oder nur Sie und meine Stimme hier sind.

S^{***} hat folgende Form:

> S^{****}: *R* nur falls *P* oder Q
> : *R* ... (*P* oder Q)

Wenn *S* im Sinne von S^{***} verstanden wird, ist das Auftreten von *R* ein hinreichendes Signal, daß entweder *P* oder Q stattgefunden hat, denn im Gegensatz zu S^{1} oder S^{11} besagt S^{***}, daß *P* oder Q eine *notwendige Bedingung* für *R* ist.

Diese Analyse von Ericksons Verwendung der implizierten Direktive läßt darauf schließen, daß auf diese hypnotische Suggestionsform nicht reagiert wird, weil die implizierte Direktive – wenn auch nur aufgrund der Logik – in dem Sinne schwach ist, daß sie keine *notwendige Bedingung* für eine hypnotische Reaktion ist. Eine Umformulierung von Ericksons ursprünglicher Aussage *S* als S^{***} stärkt die logischen Aspekte, so daß eine hypnotische Reaktion eher eintreten wird. Das ist jedoch Gegenstand für eine weitere empirische Untersuchung. Falls man feststellt, daß S^{***} das entsprechende hypnotische Verhalten tatsächlich eher als *S* hervorruft, haben wir die Bedeutung der korrekten logischen Formulierung von hypnotischen Suggestionen empirisch bewiesen.

Die implizierte Direktive ist wegen ihrer Ähnlichkeit mit der Technik des Biofeedbacks von besonderem Interesse. In den meisten Formen des Biofeedbacks wird ein elektronisches Gerät benutzt, um zu signalisieren, wann eine innere Reaktion ausgeführt wurde. Mit der implizierten Direktive werden die offenen und autonomen Verhaltensreaktionen des Patienten genutzt, um zu signalisieren, wann die innere Reaktion beendet ist. Die formalen Ähnlichkeiten lassen sich wie folgt anführen:

a) Dem Bewußtsein wird eine Aufgabe gegeben, von der es nicht weiß, wie es sie selbst ausführen soll:

Steigern (oder senken) Sie Ihren Blutdruck um 10 Striche.

Wärmen Sie Ihre rechte Hand und kühlen Sie Ihre linke.

Steigern Sie die Alphawellen Ihrer rechten Hirnhemisphäre.

Vermindern Sie die Muskelspannung in Ihrer Stirn.

b) Das Bewußtsein erhält ein Signal, an dem es erkennen kann, wann Verhaltensänderungen in Richtung auf die gewünschte Reaktion durchgeführt werden. Beim Biofeedback geschieht das durch einen elektronischen Umwandler, der die Reaktion mißt (in den obigen Beispielen: Blutdruck, Körpertemperatur, Alphawellen oder Muskelspannung) und jede Veränderung dieser Reaktion auf einer Skala sichtbar macht, so daß die Probanden ihr Verhalten überwachen können.

In der implizierten Direktive dient dagegen das eigene Unbewußte des Patienten als Umwandler, der anzeigt, wenn die gewünschte innere Reaktion (Veränderung des Blutdrucks, der Körpertemperatur etc.) stattgefunden hat, und sie in ein offenkundiges Verhaltenssignal übersetzt, das das Bewußtsein erkennen kann.

9. Offene Suggestionen. Die offene Suggestion ist von besonderem Wert, um zu explorieren, welche Reaktionen den Probanden zur Zeit zur Verfügung stehen. Das gilt sowohl für Bereiche bewußter Entscheidungen als auch für Ebenen, in denen ein unbewußter Determinismus herrscht. Wenn Patienten völlig wach sind, erlaubt ihnen die offene Suggestion, die Themen und die zur Verfügung stehenden Verhaltensalternativen frei zu wählen. Befinden sich Patienten in Trance, in der unbewußte und bewußte Tendenzen gefördert werden, gestattet die offene Suggestion dem Unbewußten, die angemessensten Erfahrungen auszuwählen:

Jeder Mensch hat Fähigkeiten, die das Selbst nicht kennt, Fähigkeiten, die in Trance ausgedrückt werden können. Erinnerungen, Gedanken, Gefühle, die der bewußte Verstand völlig oder teilweise vergessen hat. Dennoch stehen sie dem Unbewußten zur Verfügung und können jetzt oder später, in Trance erfahren werden, wann immer das Unbewußte bereit ist.

In dieser Serie von offenen Suggestionen ist eine große Bandbreite gestattet, so daß alles, was der Proband erfährt, als berechtigt akzeptiert und als Grundlage zukünftiger Arbeit dienen kann.

10. Abdecken aller Reaktionsmöglichkeiten. Während die offene Suggestion eine Form der offenen Exploration ist, die versucht, alle möglichen, dem Probanden zur Verfügung stehenden Reaktionstendenzen nutzbar zu machen, versuchen Suggestionen, die alle Reaktionsmöglichkeiten abdecken, die Reaktion auf einen engen Bereich besonderen Interesses zu fokussieren. Das läßt sich gut illustrieren, wenn wir ein Verfahren ständiger Wiederholungen anwenden, um uns der gewünschten Reaktion immer mehr anzunähern. Wie Erickson mit diesem Verfahren automatisches Schreiben hervorruft, zeigt das folgende Beispiel:

Sie können kritzeln oder da oder dort ein Zeichen oder eine Linie hinmachen. Sie können mal hier einen Buchstaben schreiben und mal dort. Eine Silbe hier, eine Silbe dort. Ein Wort hier, ein Wort dort. Ein Wort, das auf eine Silbe, einen Buchstaben folgt. Sie können ein Wort falsch schreiben. Sie können abkürzen oder das falsche Wort schreiben. (etc.)

Das klassische Beispiel, um Suggestionen durch Abdeckung aller Möglichkeiten zu erleichtern, ist Ericksons (1952) Direktive für Handlevitation:

In Kürze wird sich Ihre rechte Hand oder vielleicht Ihre linke Hand heben oder nach unten drücken oder sich vielleicht gar nicht bewegen, wir warten jedenfalls einmal ab, was passiert. Vielleicht wird der Daumen anfangen, oder Sie spüren vielleicht, daß etwas im kleinen Finger passiert. Was jedoch wirklich wichtig ist, ist nicht, ob sich Ihre Hand hebt oder nach unten drückt oder einfach liegen bleibt. Es ist vielmehr Ihre Fähigkeit, voll zu spüren, welche Gefühle sich in Ihrer Hand entwickeln.

Das Abdecken aller (oder der meisten) Reaktionsmöglichkeiten in diesem Beispiel erlaubt der eigenen Individualität des Patienten, den Modus der Reaktion zu wählen, und steigert folglich die Wahrscheinlichkeit, daß es zu der einen oder anderen Reaktion kommt. Es ist eine narrensichere Suggestion, denn selbst wenn keine ideomotorische Bewegung stattfindet, ist diese Möglichkeit als akzeptabel abgedeckt („vielleicht bewegt sie sich gar nicht"). Die unerkannte Implikation der meisten Suggestionen, die alle Reaktionsmöglichkeiten abdecken, besteht darin, daß die Aufmerksamkeit fixiert und fokussiert wird und folglich, was immer auch geschieht, die Trance erleichtert wird. Dem Unbewußten wird die Freiheit gegeben, sich in der ideomotorischen Weise auszudrücken, in der es das kann, während das Bewußtsein auf die Aufgabe fixiert ist, einfach zu beobachten, was geschieht. Der letzte Satz der Suggestion („spüren Sie, welche Gefühle sich in Ihrer Hand entwickeln") ist eine indirekte Suggestion für eine ideosensorische Reaktion, die tatsächlich unvermeidlich ist (jeder Mensch kann *etwas* in seiner Hand fühlen). Was auch immer geschieht, kann demnach als eine erfolgreiche Reaktion erfahren werden. Es läßt sich dann als Ausgangspunkt verwenden, um die Art der Reaktionsbereitschaft eines Patienten für die weitere hypnotische Arbeit zu explorieren.

11. Nebeneinanderstellen von Gegensätzen. Eine andere indirekte hypnotische Suggestionsform ist Ericksons Vorliebe für das Gegenüber- oder Nebeneinanderstellen von Gegensätzen. Das scheint ein grundlegendes Element seiner Konfusionstechnik zu sein, aber es ist vielleicht auch ein Mittel, um einen anderen natürlichen geistigen Mechanismus zur Förderung hypnotischer Reaktionen nutzbar zu machen. Kinsbourne (1974) hat diskutiert, inwiefern das „Gleichgewicht zwischen gegensätzlichen Systemen" ein grundlegender neurologischer Mechanismus ist, eingebaut in der eigentlichen Struktur des Nervensystems. Was wir als „Nebeneinanderstellen von Gegensätzen" bezeichnen, ist vielleicht ein Mittel, um diese grundlegenden neurologischen Prozesse für die Förderung hypnotischer Reaktionen nutzbar zu machen. Im Folgenden hält Erickson die gegensätzlichen Systeme des Erinnerns und Vergessens offensichtlich im Gleichgewicht, um eine hypnotische Amnesie zu ermöglichen. Dieses offensichtliche Balancieren von Gegensätzen ist auch eine Doppelbindung: Das Ergebnis ist eine Amnesie, gleichgültig nach welcher Alternative man sich richtet.

Sie können *vergessen, sich zu erinnern,* oder *sich erinnern zu vergessen.*

Andere Modalitäten für das Nebeneinanderstellen von Gegensätzen bestehen in Schwere und Leichtigkeit, Wärme und Kühle, Entspannung und Spannung oder mehr oder weniger jedem gegensätzlichen System des Körpers, das verbal beschrieben werden kann.

Während sich Ihre Hand *leicht anfühlt* und sich hebt, fühlen sich Ihre Augenlider *schwer* an und schließen sich.

Dieses Gegenüberstellen von Heben und Leichtigkeit mit Schwere und sich-schließen illustriert das Gleichgewicht zwischen gegensätzlichen Systemen. Wenn wir Leichtigkeit und Levitation betonen, bringen wir die Versuchsperson aus dem Gleichgewicht, Schwere und Zufallen der Augenlider stellt dieses Gleichgewicht in einem subjektiven, psychologischen Sinne wieder her, nicht jedoch in einem objektiven oder physiologischen Sinne.

12. Dissoziation und kognitives Überladen. Multiple Aufgaben können gestellt werden, um das vereinheitlichte Bewußtseinsfeld aufzuteilen. Der resultierende Zustand der Dissoziation bietet ein optimales Feld für autonome Reaktionen. Wenn der größere Teil des Bewußtseins sich auf eine Aufgabe konzentriert, kann eine zweite Aufgabe nur in einem Zustand der Dissoziation und partieller oder vollständiger Autonomie ausgeführt werden. Das ist insbesondere dann der Fall, wenn wir, wie unten illustriert, als zweite Aufgabe Hand-, Kopf- oder Fingersignale verwenden.

Ich möchte, daß Sie dort drüben jemanden sitzen sehen, und während Sie daran arbeiten, können Sie sich fragen, was Ihre Hände tun werden. Werden sie sich heben oder senken? Wenn sich die linke Hand hebt, bedeutet das nein, wenn sich die rechte Hand hebt, bedeutet das ja, Sie werden in der Lage sein, diese bildliche Vorstellung dort drüben zu sehen.

Ein seltsames Beispiel, bei dem der Patient mit einer verwirrenden Folge von alternativen Reaktionen überladen wird, die in einer leicht zu akzeptierenden Suggestion, in Trance zu gehen, kulminiert, lautet etwa so:

Sie können stehen oder sich setzen. Sie können auf diesem Stuhl sitzen oder auf dem anderen. Sie können durch diese Tür hinausgehen oder durch jene. Sie können wieder zu mir kommen oder sich weigern, mich zu sehen. Es kann Ihnen besser oder schlechter gehen. Es kann Ihnen besser gehen oder schlechter. Sie können die Therapie akzeptieren oder ablehnen. Oder Sie können in Trance gehen, um herauszufinden, was Sie wollen.

Dissoziation kann gefördert werden, indem man Aufgaben anbietet, mit denen der Patient nicht vertraut ist, sowie vielfältige Reaktionsmöglichkeiten, die aus Alternativen oder gegenseitigen Umkehrungen bestehen. Diese Form der Suggestion überlädt und verwirrt den Patienten häufig derart, daß seine Fähigkeit, eine rationale Wahl zu treffen, außer Kraft gesetzt wird, so daß die Reaktion, die schließlich entsteht, eher wirklich autonom ist. Ein Beispiel dafür lautet wie folgt:

Sie können diese Ideen aufschreiben, ohne jemals zu wissen, worum es sich handelt. Dann können Sie zurückgehen und entdecken, daß Sie wissen, worum es sich handelt, ohne zu wissen, daß Sie es geschrieben haben.

Das ist als eine Doppel-Dissoziations-Doppelbindung beschrieben worden (Erickson, Rossi, Rossi 1976), da jeder Satz für sich selbst eine Dissoziation darstellt: Im ersten Satz wird das Schreiben vom Wissen dissoziiert, und im zweiten wird das Wissen, das geschrieben wurde, vom Wissen dissoziiert, daß es der Patient geschrieben hat.

Solche Formulierungen für automatisches Schreiben, bei denen die Bedeutung des Geschriebenen oder die Tatsache, daß man es geschrieben hat, erkannt wird oder auch nicht, sind gar nicht so beliebig, wie sie vielleicht erscheinen. Studien über die sekundären Zonen des okzipitalen Kortex und optisch-gnostische Funktionen (Luria 1973) illustrieren, daß jede der oben genannten Möglichkeiten als eine Form von Agnosie vorkommen kann, wenn es bestimmte organische Störungen im Gehirngewebe gibt. Jede dieser Agnosien ist nur deshalb möglich, weil eine umschrieber mentaler Mechanismus für normales Funktionieren gestört wurde, wenn sie in Erscheinung treten. Folglich sind die Agnosien Etikette, um umschriebene mentale Mechanismen zu identifizieren. Eine sogenannte Suggestion in Form einer Doppel-Dissoziations-Doppelbindung könnte genau diese natürlichen mentalen Mechanismen nutzbar machen. Man könnte die Hypothese aufstellen, daß sich diese mentalen Mechanismen in der Trance an- oder abstellen lassen, obwohl sie im normalen Wachzustand in der Regel autonom funktionieren. Nach dieser Sichtweise können wir „Suggestionen" als etwas konzeptualisieren, das über einen „verbalen Zauber" hinausgeht. Adäquat formulierte hypnotische Suggestionen machen sich vielleicht natürliche Prozesse des kortikalen Funktionierens zu Nutzen, die charakteristisch sind für die sekundären und tertiären Zonen der zerebralen Organisation. Es sind verknüpfende und integrative Prozesse, die für Wahrnehmungs-, Erfahrungs-, Erkenntnis- und Wissensprozesse verantwortlich sind. Die Konstruktion hypnotischer Formen, die diese umschriebenen Mechanismen der sekundären und tertiären Zonen entweder blockieren oder ermöglichen, hat folglich das Potential, unser Verständnis des zerebralen Funktionierens außerordentlich zu erweitern.

Wenn man beispielsweise Luria (1973, insbesondere Teil II, Kapitel 5 über die „Parietal Regions and the Organization of Simultaneous Synthesis") sorgfältig liest, drängen sich faszinierende Möglichkeiten für hypnotische Forschungsarbeiten auf. Falls T_1, T_2, T_3 ... T_k Verhaltensfunktionen des parietalen Kortex sind, die getestet werden können (Christensen 1975, hat schon ein Handbuch solcher standardisierter Tests erstellt), lernen wir möglicherweise, eine Anzahl dieser verwandten Funktionen durch Suggestionen allmählich zu verbessern oder zu blockieren. Wenn wir die Funktionen T_1, T_2, T_3 erst blockieren und dann herausfinden, daß T_4 und T_5 ebenfalls blockiert sind, haben wir festgestellt, daß T_4 und T_5 tatsächlich mit T_1, T_2 und T_3 verwandt sind und durch ähnliche neuropsychologische Prozesse vermittelt werden. Eine solche Forschungsarbeit würde nicht nur unsere derzeitigen Ansätze des Identifizierens und Aufspürens von neuropsychologischen Funktionen ergänzen, sie wäre auch ein neues Verfahren, um festzustellen, wie bestimmte hypnotische Suggestionsformen durch spezifische kortikale Aktivitätsmuster vermittelt werden. Der Autor vermutet stark, daß viele der faszinierenden, aber scheinbar unerklärlichen psychosomatischen Beziehungen, von denen Erickson (1943) in seinen experimentellen Untersuchungen berichtete, wohl durch solche Prozesse vermittelt werden.

Das folgende ist ein weiteres Beispiel einer Doppel-Dissoziations-Doppelbindung, die mit Hilfe symbolischer Logik ausführlicher analysiert wird:

Ericksons Aussage	symbolische Logik
1. **Sie können als Person erwachen**	P
2. **aber Sie müssen als Körper nicht erwachen**	$-q$
(Pause)	v
3. **Sie können erwachen, wenn ihr Körper erwacht**	$P.q$
4. **aber ohne Ihren Körper zu erkennen**	$-r$

Dabei sind:
P = als Person erwachen
$-q$ = nicht als Körper erwachen
$P.q$ = als Person und Körper erwachen

-*r* = ohne Ihren Körper zu erkennen
v = oder (vorausgesetzt)

Wir können die Bedeutung der vier Phrasen etwa wie folgt erklären:

1. Sie können als Person erwachen *(P)*

Die erste Phrase hat eine einfache, alltägliche Bedeutung, die der Patient akzeptieren kann, und beginnt dadurch eine Ja-Haltung zu strukturieren.

2. aber Sie müssen als Körper nicht erwachen *(-q)*

Dieser zweite Satzteil ist im Kontext des oberen seltsam, und Erickson tut gut daran, danach eine Pause einzulegen, um ihn wirken zu lassen.

Zusammengenommen ergeben die beiden ersten Phrasen (*P.-q*) nur innerhalb der folgenden Vorannahmen des Patienten einen Sinn:

i) *P.q* (Eine Person erwacht, wenn ihr Körper erwacht.)

ii) Tatsächlich gilt *P,* falls, und nur falls, *q*, was das gleiche ist wie:

Falls *P,* dann *q*, und falls *q,* dann *P*.

Erickson gewährt dem Patienten (i) (als Ja-Haltung). Jetzt nimmt der Patient tatsächlich an, (i) bedeute (ii). Aber Ericksons zweiter Satzteil (-*q*) macht die Annahme des Patienten über (ii) ungültig. Diese Trennung der angenommenen Assoziation von *P* und *q* ist für den Patienten verwirrend, und genau darin besteht das Wesen eines hypnotischen Phänomens, das er durch einen Prozeß von Schock und Dissoziation erlebt. Das heißt, das Zerstören der Assoziation von *P* und *q* in (ii) schafft die Bedingungen für ein hypnotisches Phänomen: die Manifestation von *P* und -*q* (die Person erwacht, ohne daß ihr Körper erwacht).

Die Satzteile drei und vier lassen sich auf eine ähnliche Weise erklären. Satzteil drei, *P.q* (Sie können erwachen, wenn Ihr Körper erwacht) funktioniert als eine „Ja“-Haltung, während Satzteil 4 -r (aber ohne Ihren Körper zu erkennen) wiederum bestimmte Annahmen des Patienten wie folgt ungültig macht:

i) [*P.q*].*r* (Menschen erwachen, wenn ihre Körper erwachen, und sie erkennen ihre Körper.)

ii) Tatsächlich ist *r*, falls, und nur falls, $(P.q)$. (Man erkennt seinen Körper, falls und nur falls man sowohl als Person als auch als Körper erwacht.)

Wieder finden wir, daß die Bedingungen für ein hypnotisches Phänomen $(P.q).-r$ (seinen Körper nicht zu erkennen, wenn man als Person und Körper erwacht) erzeugt werden, indem die Assoziation zwischen Verhaltensweisen, die gewöhnlich zusammen auftreten, gelöscht werden. Das ist natürlich nichts Neues; hypnotische Phänomene sind häufig als Dissoziationsprozeß konzeptualisiert worden. Neu in dieser Analyse ist der Vorschlag, wie Erickson diese Dissoziationen so knapp mit einer Phrasenumstellung bewirkt.

Indem wir ein „vel" anstelle der Pause verwenden (ein logisches Bindewort für „oder"), können wir die gesamte Aussage wie folgt schreiben:

1. $(P.-q) \text{ v } [(P.q).-r]$

Im Gegensatz zu allen vorigen Beispielen ist diese Aussage offener, insofern jedes von vielen Ergebnissen möglich ist. Wir können die logischen Verhaltensmöglichkeiten bestimmen, indem wir den obigen Ausdruck durch die wiederholte Anwendung der Aufteilung wie folgt auf eine disjunktive, normale Form vereinfachen:

2. $[(P.-q) \text{ v } (P.q)].[(P.-q) \text{ v } -r]$
3. $\{(P.-q).[(P.-q) \text{ v } -r]\} \text{ v } \{(P.q).[(P.-q) \text{ v } -r]\}$

Die erste Hälfte der obigen Disjunktion löst sich wie folgt auf:

4. $(P.-q).[(P.-q) \text{ v } -r]$
5. $[(P.-q).(P.-q)] \text{ v } [(P.-q).-r]$
6. $(P.-q) \text{ v } [(P.-q).-r]$

Die zweite Hälfte der Gleichung 3 löst sich wie folgt auf:

7. $(P.q).[(P.-q) \text{ v } -r]$
8. $[(P.q).(P.-q)] \text{ v } [(P.q).-r]$
   $[(P.q).-r]$

Wenn wir die aufgelösten Gleichungen 6 und 8 verknüpfen, erhalten wir:

9. $\{(P.-q) \text{ v } [(P.-q).-r]\} \text{ v } \{(P.q).-r\}$

oder vereinfachter:

10. $[P.-q] \text{ v } [P.-q] \text{ v } [P.q.-r]$

Die möglichen Ergebnisse von Ericksons ursprünglicher Aussage können demnach so lauten:

a) Sie können als Person erwachen, aber als Körper müssen Sie nicht erwachen.

b) Sie können als Person erwachen, aber als Körper müssen Sie nicht erwachen, und Sie können erwachen, ohne Ihren Körper zu erkennen.

c) Sie können als Person erwachen, und Sie können als Körper erwachen, aber ohne Ihren Körper zu erkennen.

Eine solche offene Suggestion, die viele Reaktionsmöglichkeiten zuläßt, ist sehr nützlich, da sie eine größere Sicherheit bietet, daß ein Teil der gesamten Suggestion befolgt wird. Das ist in den frühen Phasen der hypnotischen Arbeit besonders wichtig, in denen der Therapeut die Reaktionsbereitschaft des Patienten untersuchen möchte, ohne das Risiko der Möglichkeit einzugehen, daß der Patient auf eine Suggestion nicht anspricht.

Solche Formulierungen sind jedoch noch nie einer kontrollierten empirischen Prüfung unterzogen worden. Eine empirische Frage besteht jetzt darin, festzustellen, ob Ericksons ursprüngliche Aussage in der Formel

$$(P.-q) \text{ v } [(P.q).-r]$$

wenn sie einer Gruppe von Probanden gegeben wird, tatsächlich die unterschiedlichen Reaktionsmöglichkeiten

$$(P.-q) \text{ v } (P.-q.-r) \text{ v } (P.q.-r)$$

hervorruft, *unabhängig davon* worum es sich bei P, q und r auch handelt.

Logischerweise sollten alle Reaktionsmöglichkeiten gleichwertig sein, so daß theoretisch in jeder Kategorie 33 Prozent der Versuchspersonen reagieren sollten. Jede empirische Abweichung von dieser theoretischen Erwartung könnte dann Lernprozessen (Konditionierung etc.), angeborenen biologischen Veranlagungen oder beiden in unterschiedlichem Mischungsverhältnis zugeschrieben werden.

13. Andere indirekte Ansätze und hypnotische Methoden. Aus Platzgründen können wir nur einige der anderen indirekten Ansätze und hypnotischen Methoden erwähnen, die Erickson und der Autor schon früher detailliert vorgestellt haben (Rossi 1972, 1973; Erickson a. Rossi 1974, 1975, 1976; Erickson, Rossi, a. Rossi 1976; Erickson a. Rossi 1979). Sie umfassen die Paradigmen des Schocks, der Überraschung und schöpferischer Augenblicke, interkontextueller Auslöser und Suggestionen, zeitweise Bemerkungen und unbeendete Sätze, Erwartung, unwillkürliche Signale, Verschieben und Abfuhr von Widerstand, die Verneinung, Kommunikation auf zwei Ebenen durch Wortspiele, Analogien etc., Pantomime und nonverbale Ansätze, Verwirrungstechniken, Stimmlokalisierung und ihre Dynamik und den Rhythmus des Therapeuten.

14. Diskussion. Wenngleich die in diesem Artikel dargestellten indirekten hypnotischen Suggestionsformen Ericksons Ergebnis von mehr als 50 Jahren klinischer Erfahrung und Forschung sind, besteht die wichtigste Beschränkung dieser Studie darin, daß sie eine Post–hoc–Analyse dessen ist, was er als signifikante Faktoren seiner Arbeit ansieht. Obwohl diese Studie illustriert, wie indirekte Suggestionen wirksam sein können, gibt es nichts in unserer Arbeit, das mißt, wie groß der Beitrag dieser indirekten Suggestionen bei der Förderung hypnotischer Reaktionsbereitschaft tatsächlich ist. Es bedarf experimenteller Forschungsarbeiten, bei denen Proband, Hypnotiseur und Reaktionsvariablen einer Kontrolle unterzogen werden, um den relativen Wert direkter und indirekter Suggestionen festzustellen. In der Praxis verwendet Erickson diese indirekten Formen nicht unabhängig voneinander: gelegentlich verwendet er mehrere in derselben Phrase oder demselben Satz. Er glaubt, daß sein „Schrotflintenansatz" ihre Wirksamkeit erhöht. Diese indirekten Formen setzt er auch häufig in Verbindung mit seinem Utilisationsansatz ein (Erickson 1959), bei dem er das Verhalten der Versuchsperson benutzt, um die Entwicklung hypnotischer Reaktionen zu fördern. Aus diesem Grund hypothetisiert der zweite Autor, daß bei der experimentellen Faktoranalyse die Interaktion von *indirekten Ansätzen mit Utilisation* signifikanter wäre, als die Wirkung eines jeden Faktors für sich genommen. Da ein Großteil der Wirksamkeit von Ericksons Arbeit an seiner Persönlichkeit zu liegen scheint, besteht ein weiteres wichtiges Thema darin, inwieweit seine Verfahrensweisen von anderen gelernt und erfolgreich angewendet werden können. Ein bestimmtes Maß an Erfahrung und Geschick ist notwendig, um die Verhaltensmuster eines Probanden zu erkennen und nutzbar zu machen, und damit gleichzeitig hypnotische Reaktionen zu explorieren und zu fördern. Jeder faire Test von Ericksons Methode setzt voraus, daß der Forscher zuerst ein persönliches Geschick als ein Hypnotiseur entwickelt, der das auftretende Verhalten nutzbar machen kann.

Ein Gesamtblick dieses Artikels zeigt eine Reihe von Grundzügen der indirekten Formen von Hypnose. Haben Patienten aufgrund von gelernten Beschränkungen Probleme, dann sind die indirekten hypnotischen Methoden ganz besonders nützlich, da sie die Vorurteile und Beschränkungen ihrer bewußten Einstellungen und Glaubenssysteme umgehen, so daß ihre Potentiale sich manifestieren können. Wenn es sich bei verschiedenen hypnotischen Phänomenen um Prozesse handelt, die von der rechten Hemisphäre vermittelt werden (Gur and Reyher 1976), ist man versucht zu spekulieren, daß viele der indirekten Hypnoseformen Kommunikationsparadigmen in der Sprache der linken Hemisphäre sein können, die die rechte Hemisphäre auf irgendeine Weise instruieren oder zu bestimmten Aktivitäten programmieren, die wiederum nur durch ihre einzigartigen nonverbalen Funktionsweisen ausgeführt werden können. Die meisten indirekten Methoden sind narrensichere, nichtdirektive, patientenorientierte Ansätze, die ideal sind, um individuelle Unterschiede und menschliche Potentiale zu explorieren – insbesondere jene nonverbalen Potentiale, die mit dem autonomen Nervensystem zusammenhängen und durch Biofeedbacktechnologien erleichtert werden.

Die meisten indirekten Ansätze können in jeder Form von Therapie und Ausbildung oder bei experimentellen Verfahren mit oder ohne formeller Tranceinduktion verwendet werden. Da sie die Aufmerksamkeit fesseln, den Probanden auf sein Inneres konzentrieren und autonome oder unbewußte Prozesse auslösen, könnte man diese indirekten Ansätze als tranceinduzierend in der allgemeinsten Bedeutung des Wortes beschreiben. Sie konzentrieren in der Regel die Aufmerksamkeit, so daß der Proband für einen Augenblick völlig von dem gefesselt ist, was wir als „gewöhnliche Alltagstrance" bezeichnen (Erickson and Rossi 1976). Da diese Ansätze üblicherweise ein Tranceverhalten auslösen, muß man die Anwendung bei jedem experimentellen Verfahren sorgfältig planen, das auf den unterschiedlichen Reaktionen von hypnotischen und nichthypnotischen Kontrollgruppen basiert. Die den nichthypnotischen Kontrollgruppen gegebenen „Instruktionen" sollten keine indirekten hypnotischen Anweisungen enthalten.

Ericksons Betonung der indirekten hypnotischen Methoden könnte ein weiterer Faktor in der Wiederannäherung von Zustands- und Nichtzustandstheoretikern sein (Spanos and Barber 1974). Obgleich Erickson weiterhin die Ansicht vertritt, daß Trance ein veränderter Zustand ist, ist er dennoch nicht der Meinung, daß Hypersuggestibilität eine notwendige Tranceeigenschaft sei (Erickson 1932). Er ist wie Weitzenhoffer der Meinung, daß Trance und Suggestibilität unabhängige Phänomene sind, die in einer bestimmten Versuchsperson in einem bestimmten Augenblick zusammen auftreten können oder auch nicht. Erickson stützt sich bei der Förderung hypnotischer Phänomene auf Kommunikationsmittel wie die in diesem Artikel beschriebenen indirekten hypnotischen Methoden, um die assoziativen Prozesse und geistigen Fertigkeiten des Patienten zu evozieren und zu mobilisieren, die die hypnotischen Phänomene erleichtern. Seine Utilisationstheorie impliziert, daß das Wesen der hypnotischen Suggestion eigentlich ein Prozeß ist, bei dem die geistigen Prozesse eines jeden Patienten auf eine Art und Weise evoziert und nutzbar gemacht werden, die häufig als außerhalb ihrer gewöhnlichen Intentionalität oder unwillkürlichen Kontrolle liegend erlebt wird. Aus diesem Grund glaubt der zweite Autor, daß Erickson (Zustandstheoretiker) und Barber (Nichtzustandstheoretiker) sich einigen könnten, daß eine formelle oder rituelle Tranceinduktion nicht nötig sei, um die meisten hypnotischen Phänomene zu erleben. In der Praxis stützen sich beide auf bestimmte Suggestionsformen, um hypnotische Phänomene zu vermitteln. Ihre Ansätze bei Suggestionen sind jedoch völlig verschieden. Wenn Barber eine Versuchsperson auffordert, sich willentlich an den direkten Suggestionen zu orientieren und ihnen gemäß zu denken und zu imaginieren, bedient er sich offensichtlich der Hilfe des Bewußtseins des Probanden. Barber verwendet im wesentlichen einen rationalen Ansatz in der typischen Tradition der akademischen Psychologie und trainiert die Versuchspersonen offensichtlich mit *Suggestionen im Wachzustand* (Weitzenhoffer 1957), *bei denen sie lernen, sich auf eine bewußte Weise zu lenken.* Erickson dagegen scheint keine Mühe zu scheuen, um die bewußte Einstellung und Intentionalität des Probanden mit indirekten Suggestionsformen zu umgehen, die in der Regel unbewußte und autonome Prozesse evozieren. Erickson gehört zur Tradition der Tiefenpsychologen, die sich gewöhnlich auf das Unbewußte stützen, und er trainiert Menschen mit *hypnotischen Suggestionen, bei denen sie lernen, die Dinge autonom geschehen zu lassen.*

Eine kürzlich veröffentlichte Zusammenfassung der Nichtzustandsposition lautet wie folgt: „Für die Nichtzustandsforscher wie etwa Sarbin und Barber funktionieren komplizierte suggestionsbezogene Vorstellungen (oder ihre Synonyme, wie etwa das Denken oder Vorstellen der Suggestionsthemen) als eine *Alternative* zu der typischen Formulierung, die vom Trancezustand als einem hypnotischen Verhalten spricht." (Spanos and Barber 1974). Zustandstheoretiker wie Erickson könnten darauf antworten, daß „gesammelte suggestionsbezogene Vorstellungen" tatsächlich autonome geistige Prozesse aktivieren. Es sind genau diese tiefe Sammlung und die Absorption bei der Verwendung von Vorstellungen, die es gestatten, daß autonome Prozesse beim Evozieren von Reaktionen, die gelegentlich als unwillkürlich erlebt werden, eine größere Rolle spielen. Für den Zustandstheoretiker wird der unwillkürliche Aspekt der Reaktion zu einer die Trance definierenden Eigenschaft. Trotz dieser Unterschiede in den Bezeichnungen können sich doch die Vertreter der beiden Anschauungen darauf einigen, daß die grundlegende Frage darin besteht, die Suggestionsbedingungen und -formen zu explorieren, die das fördern können, was traditionell als „hypnotische Phänomene" bekannt ist. Dieser Artikel ist ein erster klinischer und logischer Versuch, eine Reihe der indirekten Methoden der Suggestion, die solche hypnotischen Phänomene fördern können, zu isolieren und zu definieren. Es ist im wesentlichen ein Beitrag zur Wissenschaft der Pragmatik: der Beziehung zwischen Zeichen und den Benutzern von Zeichen (Morris 1938).

5. Indirekte Suggestionsformen bei der Handlevitation[1]

Milton H. Erickson und Ernest L. Rossi

Seit der Hauptautor in der Seminargruppe von Hull an der University of Wisconsin 1923–1924 Handlevitation einführte und demonstrierte, ist dieses Verfahren zu einem effektiven und weitverbreiteten Mittel der Hypnoseinduktion geworden (Wolberg 1948, Pattie 1956, Kroger 1963). Für den Hauptautor (Erickson 1961) ist Handlevitation nur eine aus einer Klasse ideomotorischer Techniken (zusammen mit automatischem Kopfnicken oder -schütteln, Fingersignalen usw.), die Trance durch das Fokussieren der Aufmerksamkeit induzieren. Er hat seine Sichtweise wie folgt beschrieben:

> Diese Techniken sind besonders wertvoll bei Patienten, die Hypnose wollen, die davon profitieren könnten, die jedoch jedem formellen oder offenen Versuch der Tranceinduktion widerstehen und bei denen es notwendig ist, ihre hinderlichen Widerstände zu umgehen. Was man bei der Verwendung ideomotorischer Techniken besonders berücksichtigen muß, ist nicht ihre Detailliertheit oder Neuheit, sondern ganz einfach die Initiierung motorischer Aktivität, entweder wirklich oder halluziniert, als Mittel der Fixierung und Fokussierung der Aufmerksamkeit des Individuums auf das innere Erfahrungslernen und die inneren Fähigkeiten. (Erickson 1961)

In diesem Absatz benutzt der Hauptautor den Begriff „Erfahrungslernen", um sich in einem besonderen Sinn auf (1) unbewußt erlernte Reaktionsmuster (in der experimentellen Psychologie wird dies „latentes Lernen" genannt, Osgood 1953) zu beziehen, im Gegensatz zu den bewußt gelernten Mustern des intellektuellen Lernens; und (2) auf die im Übermaß erlernten Verhaltensmuster, die automatisch und mehr oder weniger autonom funktionieren. Erickson ist der Meinung, daß *es gerade diese unbewußt erlernten Reaktionen und die im Übermaß erlernten Verhaltensmuster sind, die das Rohmaterial darstellen, aus dem hypnotische Phänomene hervorgerufen werden.* Da solche Reaktionen automatisch in Erscheinung treten können, erlebt sie der Patient häufig

---

1 Bisher unveröffentlichter, gemeinsam mit Ernest L. Rossi verfaßter Artikel, 1976–1978.

mit einem Gefühl der Überraschung, wenn sie durch indirekte Suggestionen hervorgerufen werden. Solche Suggestionen sind indirekt nur in dem Sinne, daß das Bewußtsein nicht erkennt, wie sie mit der automatischen oder „hypnotischen" Reaktion assoziiert sind und diese stimulieren.

Das folgende Protokoll ist eine überarbeitete Version einer Handlevitationsdemonstration, die der Hauptautor 1964 in einem Seminar über Hypnose durchführte.[2] In unseren Kommentaren konzentrieren wir uns auf die indirekten Suggestionsformen, die verwendet werden, um das Erfahrungslernen, das die Tranceinduktion erleichtert, hervorzurufen. Wie wir in unseren früheren Arbeiten dargestellt haben (Erickson, Rossi a. Rossi 1976, Erickson a. Rossi 1976), werden indirekte Suggestionen verstanden als solche, die die gelernten Beschränkungen der gewohnten Einstellungen des Bewußtseins umgehen, so daß unbewußte Suchvorgänge und Prozesse initiiert werden. Diese unbewußte Aktivität ruft dann die automatischen Verhaltensmuster hervor, die häufig als autonom oder „hypnotisch" erlebt werden.

Handlevitation: Nonverbale Hinweise als indirekte Suggestionen, um den Patienten auf sein Inneres zu fokussieren

E: Sie können sich in ihrem Stuhl zurücklehnen und Ihren Körper entspannen, während Sie *Ihre* Aufmerksamkeit auf *Ihre* Hände richten, die auf Ihren Schenkeln liegen. (Der Therapeut macht es vor, um nonverbale Hinweise zu liefern. Beide Hände ruhen leicht auf den Schenkeln, ohne sich zu berühren. Unterarme und Ellbogen können frei schweben, ohne irgend etwas zu berühren). Und Sie können in *Ihren* Fingerspitzen die stoffliche Beschaffenheit Ihrer Hose und wie sie sich anfühlt spüren.

R: Ihre nonverbalen Hinweise, die das erwünschte Verhalten vormachen, umgehen gewöhnlich eine bewußte, kritische Analyse und sind deshalb eine wirkungsvolle Form der indirekten Suggestion.

E: Ich betonte sorgfältig das Pronomen „Ihre". Ich behandle den Patienten als einzigartige Persönlichkeit und betone sein eigenes

[2] Zur Verfügung gestellt durch Florence Sharp, Dr. phil.

Funktionieren und seine Gefühle. Mit einer Folge von Suggestionen wie diesen kann man die Aufmerksamkeit des Patienten immer mehr auf dessen eigenen inneren Erfahrungen lenken. Die Serie beginnt mit der sehr allgemeinen und leicht zu akzeptierenden Suggestion, sich „zurückzulehnen", und endet mit einer hoch spezifischen und individualisierten Fokussierung der Aufmerksamkeit auf Gefühle in den Fingerspitzen. Das hört sich alles so beiläufig und sachlich an, daß Patienten in der Regel nicht einmal erkennen, daß sie bereits Suggestionen befolgen und anfangen, eine Ja-Haltung aufzubauen, die die Annahme weiterer Suggestionen erleichtern wird.

R: Sie nutzen die eigenen inneren Reaktionen der Patienten, um die Aufmerksamkeit auf ihre erfahrbaren inneren Wirklichkeiten zu richten. Diese intensive Fokussierung auf wenige innere Wirklichkeiten definiert Trance im Gegensatz zu der verallgemeinerten Wirklichkeitsorientierung, bei der wir im Wachzustand vielen verschiedenen Dingen gleichzeitig Beachtung schenken.

Die Nutzbarmachung der gewöhnlichen Alltagstrance: Verallgemeinerung, Implikation und Kontingenz als indirekte hypnotische Formen

E: Wenn *Sie* jetzt die stoffliche Beschaffenheit *Ihrer* Hosen in Ihren Fingerspitzen spüren, wird *Sie* das vielleicht an andere Erfahrungen, andere Gefühle erinnern, die Sie gehabt haben.

E: „Andere Erfahrungen, andere Gefühle" ist eine sehr umfassende Verallgemeinerung. Sie umfaßt die Möglichkeit der Nutzbarmachung von Trancegefühlen aus dem Alltag, die wir alle normalerweise erfahren, wenn wir in etwas „vertieft" sind oder in tiefes „Träumen" kommen und uns sehr stark auf etwas konzentrieren. Indem er „andere Erfahrungen, andere Gefühle" akzeptiert, erkennt der Patient allerdings nicht, daß er tatsächlich diese Möglichkeit der Tranceerfahrung aus dem Alltag einschließt, als er auf ähnliche Weise auf einige wenige innere Gefühle fokussiert war.

R: Sie nutzen die Erfahrungen der „gewöhnlichen Alltagstrance", die jeder hat, um die gegenwärtige, therapeutische Trance der Patienten zu fördern. Wenn Sie auch die Verallgemeinerung in diesem Fall so breit verwenden, daß sie fast alles hervorrufen könnte, bleibt das Grundprinzip doch erhalten, daß Verallgemeinerung ein indirekter Suggestionsansatz ist, der die Patienten in Richtung Trance bewegen kann, ohne daß sie eigentlich wissen, warum. Wenn das Bewußtsein des Patienten nicht weiß, wie es eine „Trance"-Erfahrung ermöglichen kann, können Ihre indirekten Suggestionen ihr Erfahrungslernen über Trance aus dem Alltag automatisch mobilisieren, wenn sie auch bisher vielleicht nicht als Trance bezeichnet wurde. Die Form des Satzes „Wenn Sie (lockeres Verhalten, die Beschaffenheit der Hose zu spüren), wird es Sie möglicherweise an (ein relevanteres hypnotisches Verhalten) erinnern" beinhaltet die Anwendung der Implikation und der Kontingenz als indirekte hypnotische Formen.

Das Verknüpfen von Suggestionen mit einem inneren, „Trance" genannten Wirklichkeitsgewebe; Initiierung eines Assoziationsnetzes

E: Und während Sie fortfahren ...

E: „Fortfahren" ist ein Fortsetzungswort. Dieses Wort weist den Patienten an, genau so weiterzumachen, und bindet die vorige, erfolgreiche innere Erfahrung an die neue Suggestion, die man einführen wird.

R: Es ermöglicht Ihnen, eine Reihe von getrennten Suggestionen in das Gewebe einer inneren Wirklichkeit einzuweben, das wir „Trance" nennen. Sie integrieren Ihre Suggestionen in ein Assoziationsnetz, in dem sie sich alle gegenseitig verstärken.

„Vielleicht", um eine innere Suche zu initiieren

E: ... das Gefühl, die Beschaffenheit des Stoffes mit Ihren Fingern zu spüren, spüren Sie *vielleicht,* wie Ihre Hand leichter wird.

E: „Vielleicht" bedeutet, Sie befehlen es nicht, es ist keine Anweisung. Es ist eigentlich eine subtile Herausforderung, die den Patienten motiviert, nach einem Gefühl der Leichtheit zu suchen und es zu empfinden. „Vielleicht" nutzt eine weitverbreitete Erfahrung, die die meisten von uns gehabt haben. Wenn jemand droht, dich niederzuschlagen, und du sagst: „Vielleicht!", was tust du dann? Du regst den Raufbold an, zu denken: „Moment mal. Weiß dieser Kerl überhaupt, wie man kämpft?" Dein „vielleicht" ruft damit eine Pause, ein Zögern und Zweifel hervor, so daß er schließlich denkt: „Vielleicht sollte ich mich besser nicht mit ihm anlegen." Allein mit dem Wort „vielleicht" hast du einen Denkprozeß hervorgerufen, der seiner ursprünglichen Behauptung, „Ich schlag dich nieder", völlig entgegensteht. Er weiß nicht einmal, daß du ihn darauf gebracht hast; es beschäftigt ihn zu sehr.

R: Viele andere Worte wie „wundern, untersuchen, vorstellen, fühlen, spüren" setzen gewöhnlich unsere üblichen alltäglichen Bezugsrahmen außer Kraft und initiieren eine unbewußte Suche und autonome Prozesse, die hypnotische Reaktionen hervorrufen können.

Stimmlokalisierung und Tonfall als indirekte Hinweisreize: Die Nutzbarmachung unbewußt erworbener Reaktionen

E: Vielleicht werden Sie spüren, wie Ihre Hand leichter und leichter und leichter wird.

E: In der Regel sind uns all die automatischen Reaktionen nicht bewußt, die wir aufgrund der Lokalisierung von Geräuschen und des Tonfalls zeigen (Erickson 1973). Folglich sind diese vokalen Hinweisreize indirekte Suggestionsformen, denn sie fördern gewöhnlich automatische Reaktionen, die bewußte Intentionalität umgehen können. Wann immer man suggeriert, daß ein Arm höher schwebt, kann man auf subtile Weise mit einer höheren Stimme sprechen. Die Lokalisierung der Stimme ist eine sehr starke Suggestion, denn man hat das über lange Zeit gelernt: „Schau mich an, wenn du antwortest!", sagt der Lehrer.

R: Die Nutzbarmachung unbewußt erworbener Reaktionen und Assoziationsmuster auf Stimmlokalisierung ist ein ungewöhnlich deutliches Beispiel dafür, wie Sie hypnotische Phänomene aus dem Repertoire der vergangenen Muster vom Erfahrungslernen des Patienten hervorrufen. Sie suggerieren nicht in dem Sinne, daß Sie etwas ins Bewußtsein des Patienten hineingeben; vielmehr rufen Ihre Suggestionen einfach schon vorhandene unbewußte Reaktionspotentiale und Assoziationsmuster hervor. Die Kunst des Klinikers liegt darin, dem Patienten zu helfen, diese vorher gelernten Assoziationen neu zu assoziieren und sie zu therapeutischen Reaktionen gerinnen zu lassen.

Implikation und Nichtwissen als indirekte hypnotische Formen, um die bewußte Intentionalität außer Kraft zu setzen und eine unbewußte Suche zu initiieren

E: Also ich weiß nicht, ich weiß wirklich nicht, welcher Finger sich zuerst bewegen wollen wird.

E: Hier schließe ich mich aus, so daß der Patient seine eigene innere Suche initiieren muß. Gleichzeitig erhält der Patient, ohne es zu erkennen, eine sehr starke indirekte Suggestion in Form einer Implikation: ein Finger wird sich bewegen, obwohl ich nicht weiß welcher. Ich drücke es so aus, daß der Patient hinschauen muß, um zu sehen, welcher sich zuerst bewegt.

R: *Nichtwissen* ist eine weitere indirekte hypnotische Form, die die bewußten geistigen Einstellungen und die bewußte Intentionalität der Patienten außer Kraft setzen kann, so daß sie abwarten müssen, welchen Finger ihr Unbewußtes bewegen wird. Das initiiert eine Dissoziation zwischen Bewußtem und Unbewußtem. Dissoziation wird auch dadurch gefördert, daß sie sich *wundern,* „welcher Finger sich zuerst bewegen wollen wird"; die Implikation besteht darin, daß ein Finger unabhängig von der bewußten Intentionalität seine eigene Bewegung initiieren wird.

Sich gegenseitig verstärkende, zusammengesetzte Suggestionen

E: Es kann der erste, zweite, dritte, vierte oder fünfte sein, und wenn Ihre Finger anfangen, sich zu bewegen, werden Sie vielleicht spüren, wie sich Ihr Handgelenk hebt.

E: In denselben Satz über die Fingerbewegung habe ich eine völlig neue Suggestion über das Heben des Handgelenks eingefügt, damit der Patient nicht wirklich erkennt, daß das Heben des Handgelenks etwas Getrenntes ist. Durch den Tonfall kann man es allerdings hervorheben und anregen.

R: Dies ist eine zusammengesetzte Suggestion, in der Sie zu einer schon akzeptierten oder laufenden Reaktion eine neue, eng damit verbundene Suggestion hinzufügen. Wenn der Patient langsam gewesen ist oder nur wenig auf die Fingerbewegung reagiert hat, kann die neue Handgelenk-Suggestion eine vermehrte Muskelspannkraft in diesem Bereich auslösen, so daß die Finger sich nun leichter bewegen. Eigentlich wird jeder auf seine eigene individuelle Art und Weise reagieren, und die Aufgabe des Therapeuten liegt darin, das zu erkennen und zu verstärken, was die Reaktionsbereitschaft eines Individuums steigert. Es können zwei oder mehr eng miteinander verbundene Suggestionen (nochmals eine Reihe) so gegeben werden, daß sie sich gegenseitig verstärken.

Der Fokus der Aufmerksamkeit wird durch die Nutzbarmachung laufender Verhaltensmuster verschoben

E: Während sich Ihr Handgelenk hebt, werden Sie merken, wie Ihr Ellbogen sich beugt.

E: Es ist eigentlich keine Frage von sich hebenden Handgelenken. Widerstand kann sich nicht auf Handgelenke fokussieren, denn nun erscheint etwas anderes, was die Aufmerksamkeit fesselt: „Bemerken Sie, wie Ihr Ellbogen sich beugt." Selbstverständlich wird er bemerken, wie sich sein Ellbogen beugt, wenn sich das Handgelenk hebt; es kann gar nicht anders sein. Wenn sich das Handgelenk hebt, muß der Ellbogen sich beugen. Es ist eine Zwangsläufigkeit und somit eine sichere Suggestion, die nicht abgelehnt werden kann. Sie sollten auch beachten, daß ich nur direkt suggeriere, sich des beugenden Ellbogens *psychologisch* gewahr zu sein. Der Patient muß den Ellbogen beugen, um sich dessen psychologisch bewußt zu werden, aber die eigentliche Beugung fügt er meiner Suggestion selbst hinzu.

R: Ich habe das in Ihrer Arbeit schon früher beobachtet (Erickson a. Rossi 1976): Durch rasche Aufmersamkeitsverschiebungen legen Sie häufig vielfältige Aufgaben fest, um Bewußtsein, Spannungszustände, Dissoziation, Verlust des Gleichgewichts und laufende Verhaltensmuster (die Zwangsläufigkeiten) zu nutzen, die nur durch die Ausführung einer suggerierten Reaktion gelöst oder beendet werden können.

Gemeinplätze als indirekte hypnotische Formen

E: Während sich Ihr Ellbogen beugt, hebt sich Ihr Handgelenk höher und höher (Pause) und höher.

E: Ich mache eine Pause, weil es ein fortlaufender Prozeß ist. Wenn ich nach dem zweiten „höher" eine Pause mache, hat man fast das Gefühl, daß es so hoch ist, wie es geht. Dann muß er es korrigieren, weil ich ein drittes „höher" hinzufüge. Ich benutze die Zeit, Pausen, Tonfall und Zwangsläufigkeiten: Natürlich heben sich Handgelenk und Hand höher, wenn der Ellbogen sich beugt. Er weiß es, und darum muß er es bestätigen, indem er den Ellbogen tatsächlich beugt.

R: Mit anderen Worten sind diese Suggestionen Binsenwahrheiten, Gemeinplätze, die niemand leugnen kann. Gemeinplätze sind indirekte hypnotische Formen, insofern sie eine Ja-Haltung oder Akzeptanz für jede andere Suggestion initiieren, die der Therapeut in die Situation einbringen möchte.

Die Wahl lassen: Das Nebeneinanderstellen von Gegensätzen

E: Und während es sich höher und höher hebt (Pause) und noch höher, senken sich vielleicht Ihre Augenlider in direktem Verhältnis zum Heben Ihrer Hand.

E: Es gibt zwei Möglichkeiten: das Senken seiner Augenlider und das Heben seiner Hand. Sollen sie gleichzeitig stattfinden? Das ist eine Möglichkeit. Sollen sie getrennt stattfinden? „Nun", denkt er sich vielleicht, „meine Augenlider senken sich nicht, obwohl meine Hand sich hebt." Damit hat er das Sichheben der Hand bestätigt, indem er das Sichsenken der Augenlider abgelehnt hat. Psychologisch muß man dem Patienten Gelegenheit geben, alles, was man ihm anbietet, zu akzeptieren und abzulehnen. Er hat die Gelegenheit, das Sichsenken der Augenlider abzulehnen, aber wenn er das macht, muß er das Sichheben der Hand betonen. Wenn er das Sichsenken der Augenlider akzeptiert, bestätigt das auch das Sichheben seiner Hand, und so hat man beide Verhaltensprozesse. Es ist aber seine Entscheidung.

R: Wahlmöglichkeiten aktivieren unbewußte Suchvorgänge und Prozesse, die die einzigartige Veranlagung eines jeden einzelnen, auf etwas zu reagieren, fördern können. Sie strukturieren die Situation so, daß der Patient Wahlmöglichkeiten hat, aber jede Wahl führt zu einer erwünschten hypnotischen Reaktion. Das enge Nebeneinanderstellen von *sich hebender* Hand und *sich senkenden* Augenlidern hält eine Art psychologisches Gleichgewicht aufrecht (wenn der Patient sich dem vielen *Heben* widersetzt, kann sein psychologisches Gleichgewicht durch das *Senken* wiederhergestellt werden), was wir das Nebeneinanderstellen von Gegensätzen genannt haben.

Ablenkung in einer doppelten Suggestion: Sich gegenseitig verstärkende Suggestionen

E: Und während sich Ihre Hand höher und höher hebt, hebt sich vielleicht Ihr Ellbogen, so daß sich Ihre Hand dem Gesicht nähert.

E: Wenn ich sage: „Ihre Hand nähert sich dem Gesicht", habe ich das, was ich in bezug auf den Ellbogen gesagt habe, verstärkt. Die eigentliche Frage scheint zu sein: Wird sich seine Hand seinem Gesicht nähern oder nicht? Damit konzentriert sich die Aufmerksamkeit auf den letzten Teil der Suggestion, daß nämlich die Hand sich dem Gesicht nähert. Das Sichheben des Ellbogens wird automatisch akzeptiert, also kann er sich um die Frage der Hand kümmern. Wenn er allerdings die Frage der Hand akzeptiert, hat er automatisch die Ellbogen-Suggestion akzeptiert. Ich habe sie verstärkt. Dies ist eine doppelte Suggestion, bei der ich die Aufmerksamkeit von einem wichtigen Teil der Suggestion (Beugung des Ellbogens) auf einen unwichtigen Teil abgelenkt habe.

R: Es sind zwei sich gegenseitig verstärkende Suggestionen; gleichgültig welche akzeptiert wird, sie verstärkt automatisch die andere.

Das Anhängen einer Reihe von Suggestionen

E: Und während sich die Hand dem Gesicht nähert, bewegt sie sich wahrscheinlich immer langsamer, bis Sie bereit sind, tief einzuatmen und Ihre Augen zu schließen und in eine Trance zu gehen.

E: Ich gebe dem Patienten keinen Befehl, denn ich habe beobachtet, daß seine Hand sich in der Tat langsamer bewegte. Da er diese Beobachtung seiner eigenen Erfahrung akzeptiert hat, akzeptiert er es auch, tief einzuatmen, die Augen zu schließen und in eine tiefe Trance zu gehen.

R: Diese Reihe von Suggestionen ist leicht zu akzeptieren und zu befolgen, weil Sie das tiefe Einatmen, das Augenschließen und eine tiefe Trance anhängen können an das schon initiierte Verhalten der Hand, die sich langsam dem Gesicht nähert. Sie integrieren wieder Ihre Suggestionen in ein Assoziationsnetz, in dem sie sich sehr wahrscheinlich gegenseitig verstärken. Dadurch wird eine Wirklichkeit autonomer und semiautonomer Verhaltensweisen geschaffen, die wir „Trance“ nennen.

Verschiebung und Abfuhr des Widerstands: Kontingente Suggestion

E: Ihre Hand bewegt sich langsam auf Ihr Gesicht zu, aber Sie werden nicht in Trance gehen, bis Ihre Hand Ihr Gesicht berührt.

E: Es ist viel besser, wenn der Therapeut sagt: „Sie wollen nicht in Trance gehen“, als wenn der Patient es sagt.

R: Mit Ihrer eigenen Verneinung „Sie wollen *nicht* in Trance gehen“, verschieben Sie alle Widerstände, die der Patient haben könnte, und führen sie ab.

E: Das Wort „bis“ hat eine zentrale Bedeutung. In Trance gehen wird somit von einer Zwangsläufigkeit abhängig gemacht: Die Hand bewegt sich auf das Gesicht zu, der Patient weiß, daß sie schließlich sein Gesicht berühren wird, und darum stimmt er zu, in Trance zu gehen.

Implikationen, die unbewußte Suchvorgänge und Tranceerfahrungsprozesse initiieren

E: Aller Wahrscheinlichkeit nach werden Sie die Trance für einige Augenblicke nicht erkennen können.

E: Wie lange sind einige Augenblicke?

R: Sie erlauben dem Patienten, sich Zeit zu lassen und das Maß selbst zu definieren.

E: Man ruft im Bewußtsein des Patienten die Frage hervor: „Werde ich die Trance erkennen können?“ Wenn er sich diese Frage stellt, geht er eindeutig davon aus, daß es eine Trance geben wird. Die einzige Frage ist: Wird er sie erkennen können?

R: Ihre Frage initiiert eine *unbewußte Suche* nach Hinweisreizen, die den Patienten in die Lage versetzen, die Trance zu erkennen. Sie enthält die Implikation, daß eine Trance zustande gekommen ist oder bald zustande kommen wird. Diese Implikation evoziert wahrscheinlich eine *unbewußte Suche* und *Prozesse*, die bestimmte unbewußte geistige Mechanismen in Gang setzen, die als Trance erlebt werden.

E: Während er sich mit der merkwürdigen Frage des Erkennens der Trance beschäftigt, setzt man wie folgt ein weiteres Ziel.

Implizierte Direktive und eingestreute Suggestion

E: Wahrscheinlich nicht, bis sich Ihre Hand langsam auf Ihren Schoß gesenkt hat, um zu verstehen zu geben, daß Sie in eine tiefe Trance weitergehen. Werden Sie sie erkennen können?

E: Sie geben ihm also ein weiteres Ziel, und er will es erkennen. Sein Erkennen wird vom Sichsenken seiner Hand auf seinen Schoß abhängen. Sie haben aber an das Sichsenken seiner Hand die Bedingung geknüpft, daß es bedeutet, daß er in „eine tiefe Trance weitergeht". Sie wissen, daß das Wort „weitergehen" eine weitergehende Botschaft enthält; die eigentliche Bedeutung des Wortes ist schon an sich eine Suggestion. Er wird sich darauf freuen.

R: „Weitergehen" ist an sich eine eingestreute Suggestion, die im breiteren Kontext des gesamten Satzes versteckt ist. Der Satz als Ganzes ist ein Beispiel dessen, was wir die implizierte Direktive genannt haben (Erickson, Rossi a. Rossi 1976), in der eine Verhaltensreaktion (Hand in den Schoß) anzeigt, daß eine innere Reaktion (die implizierte Direktive „in eine tiefe Trance weitergehen") stattgefunden hat. In diesem Fall ist die implizierte Direktive selbst versteckt, während die Aufmerksamkeit auf die faszinierende Frage des Erkennens der Trance gelenkt wird.

Kontingenz statt Logik in Suggestionen: Permissivität in der Tranceinduktion

E: Bei der Induktion der Hypnose macht man eine Sache von einer anderen abhängig, weil der Proband deine Suggestionen nicht auf ihre Logik hin analysieren kann. Er kann nicht und hat auch nicht die Zeit, zu erkennen, daß die Suggestionen in vielfältiger Hinsicht trügerisch sind. Man nutzt hier die Tatsache, daß wir langjährige Erfahrungen haben, auf falsches Aufeinanderfolgen und falsche Beziehungen zu reagieren. Die dem Patienten gegebene Suggestion ist nur eine Suggestion, etwas zu tun, vielleicht Handlevitation hervorzurufen. Nur vielleicht. Wenn es etwas anderes gibt, was er lieber tut, soll er das tun. Man darf nicht versuchen, ihn auf Handlevitation zu beschränken. Das wäre durch und durch falsch. Deine Haltung sollte völlig permissiv sein. Er kann auf deine Suggestion der Handlevitation reagieren, indem er seine Hände immer fester nach unten drückt, wie ich es bei manchen meiner Probanden erlebt habe. Ich denke dabei an einen bestimmten Studenten, der das getan hat. Nachdem er es lange genug getan hatte, sagte ich: „Das ist sehr interessant und überraschend, zumindest für mich, und ich glaube, für Sie auch, wenn Sie entdecken, daß Sie nicht aufhören können, nach unten zu drücken." Er dachte, er leiste Widerstand. Die Vorstellung, daß er damit nicht aufhören konnte, überraschte ihn völlig. Als es ihm aufging, war es eine ausgereifte Idee. Das war etwas, was ihn interessierte. Er war überrascht. Er konnte nicht aufhören, nach unten zu drükken. Daß er nicht in der Lage war, aufzuhören nach unten zu drücken, war an das Wort Überraschung angehängt. Zu seiner Überraschung stellte er tatsächlich fest, daß er nicht damit aufhören konnte, und er fragte: „Was ist passiert?" Ich sagte: „Zumindest Ihre Arme sind in Trance gegangen. Können Sie aufstehen?" Kann er das? Diese einfache Frage verallgemeinerte „zumindest Ihre Arme sind in Trance eingetreten". Können Sie aufstehen? Er konnte natürlich nicht aufstehen. Es gibt nur eine Schlußfolgerung: Sein Körper befindet sich in Trance, weil er die Kontrolle darüber verloren hat. Offensichtlich will er die Hypnose so sehen – als einen Zustand, in dem man keine Kontrolle über sich hat –, sonst würde er nicht in eine solche Situation geraten.

Zweifache Handlevitation: Gleichzeitige direkte und indirekte Suggestion der Handlevitation – Trennung von Denken und Tun

Neulich beschrieb der Hauptautor eine interessante direkte und indirekte Suggestionsform der Handlevitation.

E: Die eine oder die andere Hand wird sich heben, und Sie genießen vielleicht zu *denken*, daß eine es nicht tun wird.

E: Dies ruft zwei Formen der Handlevitation hervor: Der erste Teil ist eine direkte Suggestion, während der zweite durch Implikation eine indirekte Suggestion ist. Der zweite Teil, „Sie genießen es vielleicht zu *denken*, daß eine es nicht tun wird", ist eine indirekte Suggestion zur Levitation, denn je mehr der Proband sicher „denkt", daß eine Hand sich nicht heben wird, um so mehr hebt sie sich. Das liegt daran, daß ich das Wort „denken" so betone, daß Zweifel geweckt werden. Der Zweifel impliziert, daß der Proband *nur denkt*, daß sich die Hand nicht heben wird; in Wirklichkeit wird sie sich aber heben. Ich führe eine Trennung zwischen Denken und Tun ein, die tatsächlich im Alltag weit verbreitet ist. Wie oft denken wir eine Sache und tun in Wirklichkeit etwas anderes?

R: Das trifft besonders auf feste Gewohnheiten zu, bei denen wir *denken*, daß wir eine Sache tun werden, aber leider feststellen, daß wir etwas anderes *tun*. Sie nutzen daher diese weitverbreitete und allzu quälende (d. h. unbewußt bestimmte) Dissoziation zwischen Denken und Tun, die wir alle schon erlebt haben, um eine autonome oder hypnotische Verhaltensreaktion zu ermöglichen.

E: Hier ist eine weitere Variante derselben Sache:

E: Ihre rechte Hand wird sich auf Ihr Gesicht zubewegen; Sie *denken* vielleicht gerne, daß Ihre linke Hand sich nicht bewegen wird.

E: Wiederum ist die zweite Hälfte eine indirekte Suggestion der Levitation. Diese indirekte Suggestion durch Implikation ruft im Vergleich zur schnelleren Levitation der rechten Hand durch direkte Suggestion in der Regel eine langsamere und zögerndere Levitation der linken Hand hervor.

R: Die Implikation zur Levitation der linken Hand funktioniert langsamer, ist sie aber auch Ihrer Meinung nach autonomer?

E: Ja, sie ist autonomer.

R: Da sie autonomer ist, führt sie zu einer tieferen Trance?

E: Ja, das vertieft die Trance sehr.

R: Die direkten Suggestionen der zur Levitation der rechten Hand könnte einfach deswegen leichter befolgt werden, weil der Patient entgegenkommend ist und bewußt kooperieren will. Darum hat sie einen weniger hypnotischen Charakter als die autonomere Reaktion der linken Hand, die den Patienten überrascht. Aber was wäre, wenn sich nur die rechte Hand aufgrund der direkten

Suggestion heben würde, und die linke Hand aufgrund der indirekten Suggestion nicht?

E: Da würde man warten und dann fortfahren: „Und Sie denken immer noch, daß sich Ihre linke Hand nicht heben wird." Damit gehen sie gewöhnlich tiefer in Trance. Man benutzt diese zweifache Handlevitation, um Somnambulismus zu induzieren. Sie erleben, daß etwas mit ihnen passiert, das außerhalb ihrer Kontrolle ist: Die Hand hebt sich weiter, auch dann, wenn der bewußte Verstand denkt, sie tut es nicht.

R: Das hört sich allmählich wie eine Verwirrungstechnik an.

E: Viel von dem, was ich tue, ist Verwirrung. Man hat es mit einem Gewebe aus Bewußtseinsflecken und unbewußten Verhaltensmustern zu tun.

R: Die Verwirrung setzt oft alle vorhandenen Bewußtseinsflecken außer Kraft, so daß sich die unbewußten Verhaltensmuster mehr manifestieren können. Wenn die Bewußtseinsflecken das Vorhandensein dieser autonomen Verhaltensmuster spüren, werden das gewöhnliche, „normale" Glaubenssystem des Patienten und seine gelernten Beschränkungen gewöhnlich noch mehr außer Kraft gesetzt, so daß das Unbewußte mehr Freiheit hat, seine latenten Potentiale nutzbar zu machen, um eine therapeutische Reaktion zu fördern. In der Therapie kann dies zu einem sich selbst erhaltenden Kreislauf führen, in dem autonome Prozesse sich aus den gelernten Beschränkungen des Bewußtseins immer mehr befreien, so daß das Unbewußte auf neue Weise funktionieren kann, um therapeutische Reaktionen hervorzubringen, die weder dem Therapeuten noch dem Patienten vorher bekannt waren.

Übungen zum Erlernen indirekter hypnotischer Suggestionen

Als ich verschiedene hypnotische Ansätze ausgearbeitet habe, habe ich sie detailliert aufgeschrieben, damit ich die eigentliche Bedeutung meiner Aussagen begreifen konnte. Wenn man eine Serie von Suggestionen plant, sollte man sie zuerst aufschreiben. Dann kann man sie leichter auf ihre eigentlichen Bedeutung hin auseinandernehmen. Man kann die Worte neu zusammensetzen, um den Vorteil zu erkennen, wenn ein Teil des Satzes an erster Stelle und der andere an zweiter steht; man versucht, seine Suggestion daraufhin zu analysieren, wo eine Pause gemacht werden könnte, um ein bestimmtes Wort zu betonen, damit dieses Wort hervorgehoben wird. Vor vielen Jahren schrieb ich etwa 40 Seiten voller Suggestionen auf, die ich dann auf 20 Seiten zusammenfaßte und dann auf zehn reduzierte. Anschließend formulierte ich sie sorgfältig um und nutzte jedes Wort und jeden Satz voll aus, um schließlich auf fünf Seiten zu kommen. Jeder, der ernsthaft lernen möchte, wie Suggestionen formuliert werden, sollte diesen Prozeß durchlaufen, um sich wirklich bewußt zu werden, was sie eigentlich sagen.

Ich habe überhaupt keine Hemmungen, zu zögern, Pausen einzulegen oder sogar absichtlich zu stottern. Ich spreche gelegentlich ein wichtiges Wort falsch aus, weil es das Wort ist, das die Patienten hören sollen. Ich möchte, daß dieses Wort in ihrem Bewußtsein korrekt widerhallt. Wenn ich es auch nur etwas falsch ausspreche, korrigieren sie es im Geiste, aber sie sind es, die es aussprechen; sie sagen dieses Wort mit mir zusammen, und wenn *sie* es mit mir zusammen sagen, geben sie sich selbst die Suggestion. Die Probanden sollen sich beteiligen. Sie sind in der Trance nicht ruhige, gleichgültige Menschen. Sie sollten sich viel mehr beteiligen als man selbst, weil man ihnen nur eine Fülle von Suggestionen anbietet und weiß, daß sie bestenfalls die eine oder andere und vielleicht auch noch eine dritte auswählen werden, um darauf zu reagieren. Ich habe zu viele Menschen beobachtet, die Hypnose benutzen, um einen Probanden dazu zu bringen, auf alle gegebenen Suggestionen zu reagieren, und der Proband tut das natürlich nicht. Ich habe beobachtet, wie ein Student mit der Technik der Handlevitation arbeitete und mühsam versuchte, den kleinen Finger hoch zu bekommen, den dritten Finger, den Mittelfinger, den Zeigefinger, dann den Daumen, die Handfläche und dann den Rest. Der Student war mit der Hand so beschäftigt, daß er den Probanden vergaß. Man sollte den Probanden die ganze Zeit sehr im Bewußtsein behalten.

Halluzinatorische Handlevitation ist eine sehr effektive Art und Weise, eine unmittelbare, somnambulistische Trance zu entwickeln; manche Probanden bewegen ihre Hand gar nicht, aber sie halluzinieren die Handlevitation. Wenn man darauf wartet, daß sich die Hand bewegt, wird man das gar nicht sehen. Doch wenn man den starren Gesichtsausdruck und das verlangsamte Blinzeln der Augenlider, die Atmung, den Puls, den Zustand der Halsmuskeln und so weiter beobachtet, erkennt man, daß der Proband sich schon in einem Trancezustand befindet. Wenn ich feststelle, daß der Proband sich schon in einem Trancezustand befindet, während ich noch mit den Suggestionen für die Handlevitation beginne, sage ich: „Und Sie können so weitermachen, es sogar noch besser machen, während ich noch ein paar Suggestionen über Ihre Hände mache – nicht, daß sie wichtig wären. Das, was Sie tun, ist wichtiger." Und so fahre ich fort und lasse die Probanden ihre eigenen Trancen vertiefen, weil das, was sie tun, wichtiger ist. Und sie können weiter machen. Ich fahre fort mit meinen Suggestionen der Handlevitation und weiß, daß sie nutzlos sind und keinen Zweck erfüllen, außer daß sie den Probanden Gelegenheit geben, ihre eigenen Tranceerfahrungen zu vertiefen.

II. Mögliche Gefahren von Hypnose

So sehr uns das Geheimnisvolle fasziniert, so sehr fürchten wir es auch. Das ist ganz sicher die Situation, in der die meisten sich befinden, wenn sie zum ersten Mal mit den weitverbreiteten, fälschlichen Annahmen über Hypnose konfrontiert werden. Es ist also nur natürlich, daß eine der Grundfragen der frühen Geschichte der Hypnose ihr Schadenspotential und nicht nur ihr Heilungspotential betraf. Auch heute noch beschäftigen sich sowohl Experten als auch Laien mit dem möglichen Mißbrauch der Hypnose.

Der erste Artikel in diesem Abschnitt, „Die möglichen nachteiligen Wirkungen experimenteller Hypnose" (1932) ist Ericksons erste Veröffentlichung im Bereich der Hypnose. Er schließt diese frühe Übersicht und Diskussion wie folgt ab:

> Zusammenfassend bietet die Fachliteratur also wenig glaubwürdige Informationen über die möglichen nachteiligen Wirkungen experimenteller Hypnose, wenngleich sie von dogmatischen und rechthaberischen Verurteilungen überquillt, die auf überholten und unhaltbaren Vorstellungen des Phänomens beruhen ... Die eigenen Erfahrungen des Autors, die sich auf einige Tausend Trancen bei etwa 300 Einzelprobanden stützen, von denen manche jeweils mindestens 500 Mal über einen Zeitraum von vier bis sechs Jahren hypnotisiert wurden, lassen keine Anhaltspunkte für solche schädlichen Wirkungen erkennen. Diese klinischen Ergebnisse werden ferner durch die wohlbekannten Schwierigkeiten untermauert, die auftreten, wenn man in der Therapie bewußt versucht, erwünschte Persönlichkeitsveränderungen herbeizuführen. Dementsprechend scheinen auffällige Veränderungen aufgrund der experimentellen Hypnose fraglich zu sein.

Das Thema konnte allerdings nicht so leicht erledigt werden. Als Antwort auf Rowlands Studie, die implizierte, daß Hypnose mißbraucht werden könnte, führte Erickson sieben Jahre später eine umfassendere, empirische Studie durch, die unter dem Titel „Eine experimentelle Untersuchung des möglichen asozialen Mißbrauchs von Hypnose" (1939) veröffentlicht wurde. In der Zusammenfassung seiner Ergebnisse führt er einen weiteren Schlag gegen die weitverbreitete fälschliche Annahme, daß Hypnose ein Zustand sei, in dem der Proband wie ein Roboter völlig unter der Kontrolle des Hypnotiseurs steht. Er drückt es wie folgt aus:

> Die Ergebnisse zeigten in schöner Beständigkeit auf, daß die hypnotischen Probanden durch die experimentellen Maßnahmen nicht dazu veranlaßt werden konnten, zu mißbilligende Handlungen durchzuführen, obwohl viele der suggerierten Handlungen für sie bei wachem Bewußtsein akzeptabel waren. Statt dem Hypnotiseur blind, unterwürfig, automatisch und gedankenlos zu gehorchen und seine sorgfältig gegebenen Suggestionen und Befehle zu akzeptieren, waren die Probanden durchaus in der Lage, sich selbst zu schützen, zeigten ein umfassendes Verständnis und ein kritisches Urteilsvermögen gegenüber Befehlen, die sie vermieden, umgingen oder völlig ablehnten ... (und) zeigten sich ablehnend und unwillig gegen Instrumentalisierung ... Ferner zeigten viele, daß sie absolut fähig waren, die Kontrolle über die hypnotische Situation zu übernehmen, und sie taten dies auch tatsächlich, indem sie den Versuchsleiter zwangen, seine unannehmbaren Suggestionen wiedergutzumachen ... Die aus diesen experimentellen Ergebnissen zu ziehenden Schlußfolgerungen lauten demnach, daß sich Hypnose nicht verwenden läßt, um hypnotisierte Menschen dazu zu bringen, tatsächlich verwerfliche Handlungen gegen sich oder andere zu begehen, und daß das Risiko bei diesen Versuchen allein der Hypnotiseur zu tragen hat, der damit rechnen muß, hart kritisiert, abgelehnt und bloßgestellt zu werden.

Demnach sprechen diese frühen Studien stark dafür, daß das Phänomen der Hypnose sich nicht zum Schaden oder Mißbrauch anwenden läßt. Nach einigen Jahrzehnten Erfahrung in reellen Situationen außerhalb des Labors und der Praxisräume mußte Erickson jedoch anerkennen, daß einfache Ignoranz zu schädlichen Mißinterpretationen und zum Mißbrauch der hypnotischen *Situation* führen konnte. Die bekannte Demonstration der Katalepsie, bei der der Bühnenhypnotiseur den starren Körper seiner Versuchsperson zwischen zwei Stühlen aufhängt, führte beispielsweise später zu klinischen Beschwerden, nämlich andauernden Rückenschmerzen. Es gibt nichts Schädliches im Wesen der Hypnose an sich, aber die *Situation*, zu lange in einer ungünstigen Position aufgehängt zu sein, kann zu einer körperlichen Überlastung führen. Durch Unwissenheit und Leichtsinn läßt sich praktisch jede Situation mißbrauchen. Es gibt allerdings keine annehmbaren, wissenschaftlichen Beweise dafür, daß Hypnose und Trance-Erfahrung an sich schädlich sind.

6. Mögliche nachteilige Auswirkungen von experimenteller Hypnose[1]

Milton H. Erickson

Seit Mesmer begegnete man der Hypnose allgemein mit Vorurteilen und Angst. Mesmers eigene Haltung trug viel dazu bei, das Phänomen mit einer geheimnisumwitterten und okkulten Aura zu verschleiern und starke kritische Stimmen gegen seine Aufdeckung zu wecken. Die absurden Behauptungen und phantastischen Erklärungen trugen dazu bei, daß man dieser Kunst in der Wissenschaft mit Feindseligkeit begegnete. Ferner machte die spätere Anwendung der Hypnose durch Scharlatane jeden ehrlichen Menschen äußerst vorsichtig, um nicht durch sein ehrliches Interesse daran in Verruf gebracht zu werden.

Glücklicherweise hatten nicht alle ehrbaren Wissenschaftler Angst vor dem Schreckgespenst des öffentlichen Mißverständnisses, und Männer wie Charcot, Liébeault, Heidenhein, Janet, James, Hall, Prince und Sidis haben viel zu der gegenwärtigen vernünftigen Haltung zu diesem Thema beigetragen. Folglich wächst in der Öffentlichkeit sowohl unter Laien als auch unter Experten die Erkenntnis, daß Hypnose ein normales, einigermaßen erklärbares Phänomen des menschlichen Verstandes ist, vergleichbar mit allen anderen psychologischen Prozessen, wie wir sie eben in unseren primitiven Vorstellungen geistiger Mechanismen verstehen. Außerdem wächst die Erkenntnis, wenn auch recht langsam, daß Hypnose im Bereich der Therapie eine nützliche Funktion erfüllen kann. In dieser Hinsicht besteht allerdings immer noch die Tendenz, ausgefallene therapeutische Ergebnisse zu erwarten, und, wenn diese nicht eintreten, die Methode als wenig oder überhaupt nicht nützlich zu verwerfen. Eine solche Verwendung ist offensichtlich falsch, da Hypnose, wie jede andere psychotherapeutische Methode, als Mittel angesehen werden sollte, an das Problem heranzugehen, und nicht als der Königsweg, um Wunder zu wirken.

Bisher deuten das zur Zeit noch beschränkte Wissen und die Erkenntnisse über Hypnose an sich darauf hin, daß ihr größter Wert im Bereich der psychologischen Untersuchung und des Experimentierens liegt. Ihr Nutzen in der Psychotherapie ist im wesentlichen empirisch. Hypnose kann nicht wirklich vernünftig eingesetzt werden, be-

---

1 Zuerst erschienen in: *The Journal of Abnormal and Social Psychology* 37, 1932, 321–327.

vor nicht Psychologen und besonders ausgebildete Forscher, die in der Lage sind, die sie umgebenden Sümpfe der Ignoranz trockenzulegen und die psychologischen Prinzipien, auf denen Hypnose beruht, richtig einzuschätzen, sie als eigenständiges Problem untersucht haben. Ihr Wert als fruchtbares Forschungsgebiet kann an sich nicht in Frage gestellt werden. Ob sich aus den Ergebnissen letzten Endes ein unmittelbarer und positiver Nutzen ziehen läßt, ist rein spekulativ und steht nicht zur Debatte, denn jeder Bereich menschlichen Handelns und Verhaltens ist einer wissenschaftlichen Untersuchung wert.

Diese Beobachtung wirft also die Frage auf, zu welchem Preis eine solche Untersuchung durchgeführt werden könnte. Wenn nur auf Kosten der Arbeit und des Studiums, bitte schön, aber wenn die Hypnose unschuldigen Versuchspersonen bleibende Schäden zufügt, ist es Zeit, der Sache ein Ende zu bereiten und andere Methoden der psychischen Exploration zu entwickeln. Der Weg der Erkenntnis ist bereits zur Genüge mit kostspieligen menschlichen Fehlern gepflastert, und es ist immer gut, weitere Fehler zu vermeiden, gleichgültig wie unschuldig und unabsichtlich sie auch gemacht werden.

Eine Durchsicht der kritischen Literatur deutet an, daß Hypnotismus gefahrvoll ist, wenn man bloßen Meinungsäußerungen und Ignoranz Gewicht beimißt. Eine sorgfältige Prüfung der verschiedenen schriftlichen Verurteilungen des Phänomens erweckt allerdings ernsthafte Zweifel an ihrer Stichhaltigkeit. In einem erbitterten Angriff auf den Hypnotismus, der circa 1850 veröffentlicht wurde (der Nachweis des Verweises ist verlorengegangen), stellt der Autor naiv fest: „Ich danke Gott, daß ich bei dieser gräßlichen Kunst weder Zeuge gewesen bin noch sie praktiziert habe", um dann der „neuen Hexenkunst" in dogmatischen Äußerungen unzählige Übel zuzuschreiben. In jüngster Zeit ist die Praxis der Hypnose als gleichbedeutend mit Versklavung der Persönlichkeit, Zerstörung der Willenskraft und Automatisierung der unschuldigen Versuchsperson betrachtet worden. Die Angriffe bestehen aus persönlichen Meinungen, die auf abstrakten, nicht mehr haltbaren Vorstellungen beruhen, und werden unterstützt von Beweisen vom Hörensagen. Kurz gesagt, in der Fachliteratur mangelt es an allem, was wissenschaftliche Glaubwürdigkeit verdient hätte. Noch 1924 enthielt eine bekannte Zeitschrift der Gerichtsmedizin einen langen Leitartikel, der die Hypnose heftig anprangerte, wobei man sich auf die Meinungen zahlreicher Laien und weitgehend auf Beweise vom Hörensagen berief. Außer der subjektiven Meinung des Herausgebers, die auf eigenen Erfahrungen beruhte und sich auf noch vor 40 Jahren zu findenden Vorstellungen der Fakultätspsychologie gründete, wurden keine wissenschaftlich wertvollen Erläuterungen angeboten. Derselbe Herausgeber hat nun ein Buch über Gerichtsmedizin in Druck, in dem er, wie er dem Autor versichert, dieselben Meinungen vertritt, die zum großen Teil bereits gegen Mesmer vorgebracht wurden, als der Begriff „Schwarze Magie" die Hypnose adäquat klassifizieren sollte.

Abgesehen von diesen unbegründeten Verurteilungen enthält die Literatur nur reine Spekulationen über mögliche nachteilige Auswirkungen, die sich zum Teil auf tatsächliche Beweise und Erfahrungen stützen, jedoch weder entschieden vorgebracht noch sorgfältig kontrolliert und evaluiert wurden. Selbst die Literatur über experimentelle Hypnose ist äußerst unbefriedigend, denn so gut wie keine der veröffentlichten experimentellen Arbeiten ist sorgfältig geplant und kontrolliert worden. Die Ergebnisse sind ihrem Wesen nach empirisch und lassen nur auf Möglichkeiten schließen. Dasselbe trifft auf die psychotherapeutischen Aspekte zu, mit dem Ergebnis, daß dieser ganze Bereich völlig vernachlässigt ist. Demnach gibt es auch keinen Anlaß für dogmatische Erklärungen außer der Notwendigkeit, vorsichtig zu sein und ehrlich zu beobachten.

Die Frage der möglichen schädlichen Wirkungen von Hypnose muß ernsthaft erwogen werden, genauso wie die der möglichen nützlichen Ergebnisse. Glücklicherweise ist es nicht mehr notwendig, sich mit Dingen wie „die Ausstrahlung der geheimnisvollen Macht", „die Kontrolle eines schwachen Willens durch einen überwältigend starken Willen", „die unwiderstehliche Gedankenübertragung" und ähnlichem, über den Haufen geworfenen Aberglauben zu befassen. Angesichts der heutigen Erkenntnis wird Hypnotismus in intelligenten Kreisen als ein normales, wenn auch ungewöhnliches und wenig verstandenes Phänomen des menschlichen Geistes betrachtet, das völlig von der Kooperation der Versuchsperson abhängt und von jedem praktiziert werden kann, der bereit ist, die betreffenden psychologischen Prinzipien und Techniken zu erlernen.

Es gibt allerdings bestimmte theoretische Möglichkeiten bezüglich schädlicher Auswirkungen, die berücksichtigt und untersucht werden sollten, wenn auch nach der Erfahrung des Autors alle diesbezüglichen Ergebnisse negativ sind. Es stimmt, daß diese Möglichkeiten absolut spekulativ und problematisch sind, aber es muß eine vernünftige Antwort darauf geben, bevor diese Methode der wissenschaftlichen Untersuchung bereitwillig akzeptiert werden kann.

Die erste dieser Theorien über mögliche schädliche Wirkungen dreht sich um die Frage der Entwicklung von Hypersuggestibilität.

Die Fachliteratur enthält keine diesbezüglichen Informationen. In einem bekannten psychologischen Labor wird jedoch eine sorgfältig geplante und kontrollierte Untersuchung durchgeführt, und wenn sie auch noch nicht vollständig vorliegen, sind die Ergebnisse bisher doch negativ. Nach der Erfahrung des Autors, auf die sich die Ausführungen zu diesen verschiedenen Fragen leider weitgehend stützen müssen, hat man trotz der Tatsache, daß ungefähr 300 Versuchspersonen und einige Tausend Trancezustände untersucht wurden, von Hypersuggestibilität nichts bemerkt. Darüber hinaus wurden etliche Versuchspersonen in einem Zeitraum von einigen Jahren zwischen 300- und 500mal hypnotisiert. Auch waren einige der Versuchspersonen nahe Verwandte und hatten folglich täglich engen Kontakt miteinander, und wurden trainiert, im Versuch schnell und bereitwillig auf die geringste Suggestion zu reagieren. Das machte sie jedoch keineswegs hypersuggestibel, vielmehr wurde es nötig, sehr behutsam mit ihnen umzugehen, um ihre Kooperation nicht aufs Spiel zu setzen. Wir hatten oft das Gefühl, daß sie sogar dem Hypnotiseur gegenüber eine kompensatorische negative Einstellung entwickelten, um einer vermehrten Suggestibilität entgegenzuwirken. Versuchspersonen, die so trainiert waren, daß sie auf ein Schnippen mit den Fingern augenblicklich in tiefe Trance gehen konnten, leisteten erfolgreich Widerstand, wenn sie nicht bereit oder an anderen Projekten mehr interessiert waren. Auch wenn sie überredet wurden, entgegen ihren ursprünglichen Wünschen einzuwilligen, war die Induktion einer Trance nicht möglich. Diese Versuchspersonen waren auch bei anderen Hypnotiseuren nicht empfänglicher. Wenn nämlich ihre Dienste an Kollegen des Autors „ausgeliehen" wurden, war bei ihnen die Hypnoseinduktion trotz umfassendem Training genauso schwierig, wie ursprünglich für den Autor selbst. Dasselbe traf zu, wenn der Autor Versuchspersonen „auslieh". Kurz, es ist wahrscheinlich, daß, falls es überhaupt zu einer stärkeren Suggestibilitätsentwicklung kommt, diese unerheblich ist.

Eine zweite Frage betrifft die Möglichkeit der Persönlichkeitsveränderung. Es ist schwer zu definieren, was eine solche Frage eigentlich bedeutet, doch die allgemeine Bedeutung der Frage ist auf jeden Fall verständlich. Wie wir alle wissen, geschehen Persönlichkeitsveränderungen als Reaktion auf Suggestionen im Alltagsleben. Es ist darum nur logisch anzunehmen, daß sich ein Zustand erhöhter Suggestibilität wie etwa bei hypnotischer Trance für eine Persönlichkeitsveränderung weitaus empfänglicher machen könnte. Nach der Erfahrung des Autors, dessen Familienmitglieder in einem Zeitraum von vier Jahren sehr häufig hypnotisiert wurden, gab es keine Persönlichkeitsveränderung, die auf Hypnose zurückgeführt werden konnte. Dasselbe wurde bei Freunden beobachtet, die für eine ähnliche Zeitspanne als Probanden eingesetzt wurden, desgleichen bei Versuchspersonen im Labor. Eine überzeugendere und prägnantere Antwort kann man allerdings aus den Erfahrungen von Psychotherapeuten ableiten, die die Methode sorgfältig und nach reiflicher Überlegung genutzt haben, um erwünschte Persönlichkeitsveränderungen ihrer Patienten herbeizuführen, und enttäuschende Ergebnisse erzielt haben und in der Regel selbst dann scheiterten, wenn das das Ziel ihrer Bemühungen war. Die Ineffektivität der Hypnose bei der Behandlung der Homosexualität ist ein hervorragendes Beispiel für die Probleme bei der grundlegenden Veränderung einer Persönlichkeit. Um es kurz zu sagen, scheint man also berechtigterweise zum Schluß gelangen zu können, daß die experimentelle Hypnose keine grundlegende Persönlichkeitsveränderung hervorruft, jedenfalls keine Veränderung, die über das hinausgeht, was durch gewöhnliche persönliche Kontakte bewirkt werden könnte. Doch bevor wir uns von dieser Frage verabschieden können, ist der Vorwurf zu klären, daß durch die übereifrigen Untersuchungen des Hypnotiseurs des öfteren dissoziierte Persönlichkeiten geschaffen wurden. Es kann natürlich keine dogmatische Antwort auf einen solchen Vorwurf geben, da das Ganze eine Sache der Spekulation ist. Daß die Möglichkeit besteht, räumen wir gerne ein, allerdings zeigt die persönliche Erfahrung, daß man es genauso berechtigt als unwahrscheinlich bezeichnen kann. Die einzige Schlußfolgerung, die gezogen werden muß, ist die, daß der Hypnotiseur einen klaren Blick und Verstand sowie eine unanfechtbare Integrität besitzen muß, Qualifikationen, die nicht auf ein einzelnes Forschungsgebiet beschränkt sein sollten.

Während eine Trance induziert wird, ist der Realitätskontakt des Probanden stark reduziert. Daraus ergibt sich die Frage, ob es möglich ist, die Wahrnehmungskräfte des Probanden hinsichtlich Wirklichkeit und Unwirklichkeit zu schwächen. Ein bedeutender Therapeut auf dem Gebiet der Verhaltensstörungen berichtet, daß er Hypnose als therapeutisches Werkzeug eine kurze Zeit lang angewandt habe. Er verfolgte seine Fälle sorgfältig und stellte diese Praxis schließlich ein, da er subjektiv das Gefühl hatte, daß die Patienten ihre Fähigkeit, zwischen Wirklichkeit und Phantasie zu unterscheiden, zum Teil eingebüßt hätten. Er fügte allerdings ehrlich hinzu, daß dieses Gefühl völlig subjektiv sei und daß er es nicht wirklich beweisen könne. Wenn man berücksichtigt, daß seine Fälle Verhaltensstörungen und instabile Persönlichkeiten betrafen und daß Hypnose für therapeutische Zwecke eingesetzt wurde, scheint es durchaus möglich, daß so etwas passieren könnte. Bevor seinen subjektiven Eindrücken großes Gewicht beigemessen werden kann, muß es jedoch eine sorgfältige Bewertung der vielen bedeutenden Faktoren geben, die damit zusammenhängen. Es ist höchstens eine subjektive Meinung und dient bloß dazu, der Meinung des Autors zu widersprechen, die völlig entgegengesetzt ist, jedoch eher auf experimentellen Studien als auf therapeutischer Arbeit beruht.

In diesem Zusammenhang muß man die Religion der Christian Scientists erwähnen, die im wesentlichen von den Prinzipien der Selbsthypnose ausgehen und deren gesamte Lebensphilosophie sich darum dreht, den Unterschied zwischen Wirklichkeit und Unwirklichkeit zu leugnen. Obwohl ihre Wünsche und Praktiken wohl redlich und aufrichtig sind, scheinen allerdings nicht einmal die glühendsten Anhänger in dieser Hinsicht Schwierigkeiten zu haben, wie der materielle Wohlstand der Kirche und ihrer Mitglieder beweist. Wenn nicht einmal eine gesamte Lebensphilosophie, die von klein auf trainiert wird, ausreicht, dies zu bewerkstelligen, kann man schwerlich glauben, daß eine zeitlich begrenzte hypnotische Trance, die einem anderen Zweck dient, zu solch einem Ergebnis führen kann. Von einem rein psychologischen Gesichtspunkt aus unterscheiden sich die aus der Wirklichkeit stammenden Stimuli grundlegend von denen aus Erinnerungsspuren innerhalb des Gehirns, und es grenzt ans Wunderbare, anzunehmen, daß ein zeitlich begrenztes Verfahren eine grundlegende Änderung der im Verlauf eines ganzen Lebens herrschenden psychologischen Gewohnheiten herbeiführen könnte.

Die vierte und letzte Frage, die in dieser Arbeit diskutiert wird, betrifft die Wahrscheinlichkeit, daß Probanden aufgrund ihrer Erfahrungen ungesunde Fluchtmechanismen erwerben. Diese Vermutung geht aus der Beobachtung eines Tricks hervor, den einer der Probanden des Autors entwickelte. Er war Student, studierte im Hauptfach Psychologie und im Nebenfach Kunst und interessierte sich intensiv für Hypnotismus. Wenn er in Kunst die Aufgabe bekam, ein eigenes Bild zu malen, nahm er, nachdem er gelernt hatte, wie das ging, eine Glaskugel und schaute hinein, bis er ein geeignetes Bild sah, und malte es ab. Oder bei einem Englischaufsatz schaute er in die Kugel, bis er eine maschinengeschriebenen Entwurf einer passenden Handlung sah, dann fügte er die notwendigen Einzelheiten hinzu. Die Frage stellt sich, ob er einen ähnlichen geistigen Prozeß nutzen könnte, um sich glauben zu machen, daß eine unangenehme Aufgabe erledigt sei, oder um einer unangenehmen Situation zu entfliehen? Oder könnte ein

Proband, der gelernt hatte, eine hypnotische Lähmung oder Anästhesie zu zeigen, diese später als hysterische Symptome entwickeln? Die Geschichte der Psychopathologie ist allerdings voll von Beispielen, die zeigen, daß der menschliche Verstand trotz mangelhafter grundlegender Begabungen kaum der Anleitung bedarf, um komplexe Fluchtmechanismen zu entwickeln. Es ist also wesentlich vernünftiger, wenn auch weniger beunruhigend, anzunehmen, daß die zusätzlichen Kenntnisse, die Probanden aus hypnotischen Erfahrungen gewinnen, einen Beitrag zu ihrer vermehrten Selbsterkenntnis leisten. Nach den Erfahrungen des Autors gab es nur die Tendenz, hypnotische Erfahrungen zum eigenen Vorteil zu nutzen, ein Ergebnis, das durch die Erfahrungen anderer erfahrener Hypnotiseure bestätigt wurde. Kurz, die wenigen Beweise und der Versuch einer gerechten Bewertung der theoretischen Möglichkeiten lassen darauf schließen, daß schädliche Wirkungen wenig wahrscheinlich sind.

Zusammenfassend bietet die Fachliteratur also wenig glaubwürdige Informationen über die möglichen nachteiligen Wirkungen experimenteller Hypnose, wenngleich sie von dogmatischen und rechthaberischen Verurteilungen überquillt, die auf überholten und unhaltbaren Vorstellungen des Phänomens beruhen.

Die theoretischen Möglichkeiten schädlicher Wirkungen umfassen die Entwicklung von Hypersuggestibilität, Persönlichkeitsveränderung, Schwächung der Wahrnehmungskräfte des Probanden gegenüber Wirklichkeit und Unwirklichkeit und schließlich die Entwicklung ungesunder geistiger Einstellungen und Fluchtmechanismen.

In der Fachliteratur findet sich nicht die Spur einer kontrollierten experimentellen Untersuchung dieser Probleme. Die eigenen Erfahrungen des Autors, die sich auf einige Tausend Trancezustände bei etwa 300 Einzelprobanden stützen, von denen manche jeweils mindestens 500 Mal über einen Zeitraum von vier bis sechs Jahren hypnotisiert wurden, lassen keine Anhaltspunkte für solche schädlichen Wirkungen erkennen. Diese klinischen Ergebnisse werden ferner durch die wohlbekannten Schwierigkeiten bestätigt, die auftreten, wenn man in der Therapie bewußt versucht, erwünschte Persönlichkeitsveränderungen herbeizuführen. Dementsprechend scheinen auffällige Veränderungen aufgrund der experimentellen Hypnose fraglich zu sein.

7. Eine experimentelle Untersuchung zur möglichen antisozialen Verwendung von Hypnose[1]

Milton H. Erickson

Die Möglichkeit des Mißbrauchs von Hypnose für antisoziale oder kriminelle Ziele ist eine recht kontroverse Frage, nicht nur für den Laien, sondern auch für den Psychologen, den Arzt und den Psychiater, der sich für ihr Studium, ihr Wesen, ihren Nutzen und ihre Anwendungen interessiert. Diese Frage befriedigend zu beantworten ist schwierig, da sie mit drei untrennbaren Faktoren von unbekannter Tragweite zusammenhängt: mit dem Hypnotiseur als Person, dem Probanden als Person und mit der Hypnose an sich, ganz zu schweigen von dem bedeutenden Einfluß, den die Suggestion und die Durchführung einer fraglichen Handlung sowohl einzeln als auch gemeinsam auf diese drei hat.

Wir wissen, daß es einem Menschen auch ohne das Mittel der Hypnose möglich ist, einen anderen dazu zu bewegen, ein Unrecht zu begehen, eine Tatsache, die wir etwas ungenau als den Einfluß einer Persönlichkeit auf eine andere bezeichnen können. Folglich stellt sich die Frage: „Kann Hypnose als eine Form des Einflusses einer Persönlichkeit auf eine andere verwendet werden, um Unrecht zu begehen?" Übrigens ist das Problem so einfach auch wieder nicht, da es in jeder hypnotischen Situation nicht nur die hypnotische Beziehung gibt, sondern auch zwischenmenschliche Beziehungen, die völlig getrennt sind von der hypnotischen Beziehung, gleichgültig wie eng diese verschiedenen Beziehungen auch in einer einzigen Situation verknüpft sind.

Folglich muß jede experimentelle Untersuchung der Frage die Verknüpfung der signifikanten Faktoren betonen, um ihre eigentliche innere Bedeutung zu ergründen. In diesem Artikel bemühen wir uns, primär die hypnotischen Elemente zu betonen, um dadurch festzustellen, wieviel die hypnotische Suggestion an sich vermag, um erreichen können, um ein falsches Verhalten zu induzieren. Kürzlich hat Rowland (1939) die allgemeine hypnotische Literatur auf die Frage hin untersucht, ob es möglich sei, hypnotische Versuchspersonen zu veranlassen, schädliche oder zu mißbilligende Handlungen zu bege-

---

1 Zuerst erschienen in: *Psychiatry 2,* August 1939, 391–414

hen, und er hat festgestellt, daß Hollander, Loewenfeld, Schilder und Young im großen und ganzen übereinstimmten, daß eine solche Möglichkeit wenig wahrscheinlich, wenn nicht gar ausgeschlossen sei.

Rowland hat dann zwei Experimente entworfen, um herauszufinden, ob tief hypnotisierte Probanden dazu gebracht werden könnten, sich selbst einer Gefahr auszusetzen oder andere zu verletzen. Das eine Experiment bestand darin, die Probanden eine Klapperschlange aufheben zu lassen, die ihnen abwechselnd als Gummischlauch und als Schlange beschrieben wurde und die in einer sorgfältig gebauten Kiste lag, deren Vorderseite aus durchsichtigem Glas bestand und den Eindruck erweckte, offen zu sein. Beim zweiten Experiment sollte der Proband dem Versuchsleiter eine Flüssigkeit, die er für Säure hielt, ins Gesicht spritzen, die auf nicht erkennbare Weise durch unsichtbares Glas geschützt war. Drei von vier Probanden taten im ersten Experiment, was von ihnen verlangt worden war, und beide beim zweiten Experiment eingesetzten Probanden befolgten die Instruktion, während 42 Personen im Wachzustand nicht dazu gebracht werden konnten, das erste Experiment auszuführen. Der Autor präsentiert diese Daten als Beweis für den möglichen Mißbrauch von Hypnose und gibt als eine mögliche Erklärung der Befunde an, daß das Vertrauen der Versuchspersonen in den Hypnotiseur sie veranlaßt haben könnte, nicht nach ihrem eigenen Ermessen zu handeln. Ferner betont der Autor die Notwendigkeit, die gesamte Frage eines möglichen Mißbrauchs von Hypnose neu zu untersuchen.

Es ist fraglich, ob das, was diese experimentellen Ergebnisse offensichtlich aussagen, wirklich Gültigkeit hat. Denn außer in vereinzelten Hinweisen, die in einer unverbindlichen Erklärung der Ergebnisse zusammengefaßt sind, wurde die definitive und überaus wichtige Vertrauensbeziehung zwischen Proband und Hypnotiseur, die die Ergebnisse vollständig erklären würde, völlig übersehen. Das trifft insbesondere auf die Situation zu, in der die Experimente durchgeführt wurden, einmal von der Überlegung abgesehen, daß die Probanden den durch die Experimentiergeräte gewährten Schutz gegen Verletzung womöglich entdeckt hatten. In diesem Zusammenhang haben Schilder und Kauders eine ausgezeichnete Literaturübersicht zu den unterschiedlichen Aspekten des Hypnosemißbrauchs erstellt, und bieten, basierend auf ihrer eigenen und der Erfahrung anderer, eine Fülle allgemeiner Ansichten. Sie erklären: „Wir dürfen jedoch nicht vergessen, daß sich die hypnotisierte Person der allgemeinen Situation immer bewußt ist, daß sie sich der Tatsache bewußt ist, daß mit ihr ein Experiment durchgeführt wird, und daß sie sehr wohl wissen muß, daß der Hypnotiseur sie nicht dazu veranlaßt, einen Mord zu begehen, wenn es sich bei dem Hypnotiseur um einen Mann handelt, der eine beachtete gesellschaftliche Position einnimmt." (Schilder a. Kauders 1927, S. 52).

Ferner ist zweifelhaft, ob man eine definitive Antwort auf die allgemeine Frage erhalten kann, *außer durch eine experimentelle Situation, in der die suggerierte antisoziale Handlung offensichtlich und unverkennbar zu einer vollendeten Tatsache werden kann, und ohne den durch eine verfälschte Situation gewährten Schutz, der nur dazu beiträgt, daß das experimentelle Verfahren sowohl für den Probanden als auch für den Untersuchenden beeinträchtigt oder negiert wird.*

Wenn auch verschiedene Aspekte des Gesamtproblems in Ansätzen berücksichtigt wurden, so enthüllt ein allgemeiner Überblick über die Literatur, daß keine systematische, umfassende experimentelle Studie durchgeführt wurde. Auch beschränkt sich die zur Verfügung stehende Information in der Regel auf allgemeine Aussagen, die auf der persönlichen Erfahrung zuverlässiger Forscher oder auf Berichten beruhen, die sich auf begrenzte experimentelle Situationen von sehr extremem Charakter stützen – wie beispielsweise in Rowlands Studie –, ohne den ungemein wichtigen Faktor des Vertrauens in den Versuchsleiter ausreichend zu berücksichtigen. Auch wird nicht beachtet, daß Probanden die verdeckten Schutzmaßnahmen möglicherweise erkennen und daß, wie Schilder und Kauders betonten, die Probanden allgemein dazu tendieren, hypnotische Situationen als im wesentlichen experimentelle Verfahren anzusehen, insbesondere bei formalen Laborsettings.

Allgemeine Bemerkungen über experimentelle Ziele und Verfahren, die Probanden und ihre unmittelbaren Reaktionen auf die Experimente

In diesem Artikel wollen wir über eine Reihe von langjährigen Experimenten berichten, die für dieses wichtige Problem des Hypnosemißbrauchs relevant sind und in denen wir ernste Anstrengungen unternommen haben, um die in experimentellen Settings auftretenden Schwierigkeiten zu vermeiden und die Situation völlig realistisch zu gestalten. Um dieses Ziel zu erreichen, wurden meistens informelle Situationen genutzt und extreme Handlungen vermieden. Statt dessen wurden definitiv zu mißbilligende Handlungen verwendet, die einen relativ geringfügigen antisozialen Charakter hatten, da diese Handlungen vernünftigerweise durchgeführt werden konnten, um dem

Zweck der Untersuchung zu dienen und um signifikante, informative und aussagekräftige Daten zu erhalten.

Das tatsächliche experimentelle Verfahren war im großen und ganzen einfach und bestand hauptsächlich darin, günstige Gelegenheiten und Situationen zu nutzen, um teils direkt, teils indirekt eine zu mißbilligende Verhaltensweise hypnotisch zu suggerieren. Für einige der komplizierteren und schwierigeren Experimente wurde eine ausgefeilte Suggestionstechnik ausgearbeitet. Dabei wurde auf die Persönlichkeit der Versuchspersonen besonders Rücksicht genommen. In allen Fällen bemühten wir uns, eine Handlung entweder tatsächlich oder annähernd durchführen zu lassen, so daß, was auch immer der Grad der Verantwortung oder Schuld des Versuchsleiters oder das Ausmaß möglicher Schutzmaßnahmen sei, es immer noch *die unleugbare Tatsache der eigenen Beteiligung des Probanden an einer unerwünschten Handlung gab, die entweder gegen ihn selbst oder gegen andere gerichtet war.* Wenn möglich haben wir auch immer Kontrollexperimente durchgeführt, um im Wachzustand ähnliche Resultate zu erzielen.

Es wurden bei mehreren Probanden praktisch alle angeführten experimentellen Verfahrensweisen wiederholt, jedoch werden nur die informativeren und repräsentativeren Beispiele vorgestellt, obgleich hinzugefügt werden kann, daß die ausgelassenen Fälle die angeführten tatsächlich bestätigen und daß die Ergebnisse bei allen Probandentypen im wesentlichen die gleichen waren. Da die Zahl der Experimente so groß war, wollen wir nicht versuchen, alle experimentellen Einzelheiten anzugeben. Vielmehr bieten wir, außer in den Fällen, in denen das Verhalten der Versuchsperson besonders informativ war, eine gestraffte Zusammenfassung an.

Das folgende Material basiert auf Ergebnissen, die wir von zirka 50 Probanden erhielten. Diese wurden aus einer Gesamtzahl von über 75 ausgewählt. Darunter befanden sich Kinder und Erwachsene, normale Menschen und einige, die psychotische Episoden überwunden hatten, und sie reichten in der Intelligenz von Schwachsinn bis zu überdurchschnittlicher Begabung, die Mehrzahl waren jedoch entweder College-Studenten oder Graduierte. Sie waren dem Hypnotiseur alle gut bekannt, viele waren bei anderen hypnotischen Arbeiten eingesetzt worden, und alle waren gut trainiert, jede Art von Suggestion zu akzeptieren und tiefe somnambule Trancen sowie vollständige Amnesien für alle Tranceerlebnisse zu entwickeln.

Die hier berichteten Experimente führten jedoch trotz des fundierten Vertrauens der Versuchspersonen in den Versuchsleiter unweigerlich dazu, daß sie ihm gegenüber Abneigung und Widerstand entwickelten. Erst als sie, neben ihrem allgemeinen Verständnis für den Hypnotiseur und dem hohen Grad an Vertrauen in seine offizielle Position, anschließend die wissenschaftlichen Ziele der Arbeit erkannten, ließ sich ihre Abneigung abbauen. Dennoch gab es später einige, die ihre weitere Beteiligung an hypnotischen Experimenten auf streng unpersönliche Verfahren beschränkten.

Ein weiteres wichtiges Faktum für ihren Zorn und ihre Abneigung bestand darin, daß die Versuchspersonen auf einer hypnotischen Bewußtseinsebene in der Regel viel intensivere Gefühle entwickelten und manifestierten als im bewußten, Wachzustand. *Wenn sie über die Situation informiert wurden, fiel es vielen der Probanden im Wachzustand leicht, dem Versuchsleiter bereitwillig zu vergeben, um dann im Trancezustand ihren Zorn wieder vollständig zu manifestieren.* Auch war, trotz des allgemeinen Suggestibilitätszustandes und obwohl eine günstige wache Haltung vorhanden war, mit den Emotionen der hypnotischen Trance viel schwieriger umzugehen, als mit denen des gewöhnlichen Wachzustands. Die Probanden zeigten nur selten im Wachzustand wie im hypnotischen Zustand den gleichen Grad an Abneigung, und noch seltener war das wache Mißfallen größer als die Emotionen der Trance. Auch sollte festgehalten werden, daß manche der Versuchspersonen den Versuchsleiter zur Vergeltung für seine abzulehnenden Befehle bestraften und beleidigten. Diese Möglichkeit führten auch Schilder und Kauders (1927, S. 52) an.

Untersuchung der allgemeinen Haltungen, Meinungen und Reaktionen der Probanden nach den Experimenten

Bevor wir zu den eigentlichen Experimenten kommen, ist es vielleicht angebracht, die Ergebnisse der postexperimentellen Untersuchungen vorzustellen, die als allgemeiner Hintergrund für ein Verständnis der einzelnen experimentellen Befunde dienen können. Auf Ausnahmen wird in den einzelnen Berichten über die Experimente näher eingegangen.

Da frühere Erfahrungen gezeigt haben, daß Befragungen die Versuchspersonen zögerlich und mißtrauisch machen, ob sie an der hypnotischen Arbeit mitwirken sollen, wurden sie postexperimentell befragt, *noch ehe man sie sich an irgendeine hypnotische Erfahrung erinnern ließ.* Daraus ergab sich, daß circa 40 Prozent der eingesetzten Probanden glaubten, daß man sie im Trancezustand veranlassen könnte, zu mißbilligende Handlungen durchzuführen, die definitiv von geringfügiger Art waren, wenn sich die Handlungen primär gegen sie selbst richteten, und daß sich unter diesen viele befanden, die solche Suggestionen bedingungslos abgelehnt hatten, ohne den Versuch zu machen, das von ihnen verlangte entweder zu umgehen oder die Durchführung so zu ändern, daß sie nicht zu mißbilligen war. Ungefähr 50 Prozent lehnten eine solche Möglichkeit nachdrücklich ab, und in dieser Gruppe waren vor allem diejenigen vertreten, die die durch die antisozialen Suggestionen angebotene Gelegenheit ergriffen, den Versuchsleiter zu bestrafen, während die Übrigen im großen und ganzen eher zweifelten. Alle verneinten jedoch nachdrücklich die Möglichkeit, hypnotisch dazu verleitet werden zu können, antisoziale Handlungen schwerwiegenderer Natur zu begehen.

Obwohl es ständig mißlang, ein echtes und wirkungsvolles antisoziales Verhalten zu induzieren, wurde veranlaßt, daß sich bestimmte Probanden *nur an ihr tatsächliches experimentelles Verhalten* voll und ganz erinnerten, und die Untersuchung ergab, daß viele mit Nachdruck erklärten, daß nur ihr Vertrauen in den Versuchsleiter erklären könne, daß sie sich der experimentellen Verfahrensweise unterwarfen, einmal abgesehen von der Frage, ob sie die Suggestionen akzeptieren und vielleicht ausführen würden. Andere erklärten, sie müßten zu der Zeit zuversichtlich gewesen sein, daß Schutzmaßnahmen ergriffen worden waren und daß „die Dinge in Wirklichkeit anders waren, als es schien". Wieder andere gaben an, sie müßten ganz allgemein erkannt haben, daß der Autor vermutlich heimliche legitime Ziele hinter seinen Forderungen verfolgte, die es ihnen ermöglichten, Suggestionen zu akzeptieren, die sie unter anderen Umständen abgelehnt hätten. Einige erklärten, daß sie wahrscheinlich bereit waren, das zu tun, was man von ihnen verlangte, weil sie die wissenschaftlichen Implikationen der Situation für legitim hielten, daß sie aber die Forderungen dennoch als „unmöglich" empfunden haben müssen, da sie ihren persönlichen Ehrenkodex verletzten. Und andere erklärten einfach recht naiv: „Tja, das zeigt Ihnen nur, wie ich wirklich handeln würde."

Als sie überdies aufgefordert wurden, sich an ihre *Gefühle und Einstellungen zu dem Zeitpunkt als sie die zu mißbilligende Aufgabe erhielten*, zu erinnern sowie an ihr tatsächliches Verhalten, waren die Ergebnisse im wesentlichen eine Bestätigung ihrer früheren Aussagen. Außerdem schien es, als verwechselten sie ihre unmittelbaren Einsichten mit den in der Retrospektive gewonnenen.

Die übrigen Probanden wurden aufgefordert, sich in einer einzigen Aufgabe *sowohl an ihre Gefühle als auch an ihr Verhalten während des*

Trancezustands zu erinnern. Allerdings war nur wenig Informatives zu erhalten, vermutlich weil die experimentelle Situation Handlung statt Reflexion erforderte. Es gab nur Aussagen, die Gefühle des Zorns, der Ablehnung, des Zögerns, Negativismus und Widerwillen ausdrückten, und wenn sie diese Aussagen näher erläuterten, dann aufgrund ihrer unmittelbaren Einstellung. Es schien ihnen nicht möglich zu sein, zwischen ihren Einsichten hinsichtlich ihrer Gefühle zur Zeit des Experiments und zur Zeit der postexperimentellen Befragung zu unterscheiden.

Als man die Probanden befragte, ob sie aufgrund des vorbehaltlosen Vertrauens in den Hypnotiseur und ihrer Überzeugung, daß ausreichende Schutzmaßnahmen vorhanden seien, dazu veranlaßt werden könnten, eine gefährliche oder schuldhafte Handlung zu begehen, entgegneten sie recht aufschlußreich, daß hypnotische Suggestionen, wie sie aus persönlicher Erfahrung wüßten, aus dem Probanden keinen gehorsamen, gedankenlosen Automaten machten, und daß der Versuchsleiter das nach ihrer Meinung schon hinlänglich erfahren habe. Auch betonten sie, daß sie jede angebotene Suggestion unweigerlich sorgfältig prüften, in erster Linie, um sie völlig zu begreifen und ihr dann voll und ganz zu entsprechen und nicht um an ihr Anstoß zu nehmen, und daß ihr hypnotischer Zustand sie bei der geringsten Unsicherheit zwingen würde, entweder eine adäquatere Instruktion abzuwarten oder durch das direkte, aufmerksame und kritische Nachdenken über den Befehl ein besseres Verständnis zu gewinnen. Sie fügten hinzu, daß diese Tendenz im Falle von ungewöhnlichen oder potentiell gefährlichen Suggestionen und Situationen um so ausgeprägter wäre.

Die Befragung, ob es denkbar sei, von einem skrupellosen Hypnotiseur, der ihr volles Vertrauen gewonnen hatte, ungünstig manipuliert oder geschickt überlistet zu werden, brachte die allgemeine Meinung zutage, daß man bis zu einem gewissen Grad getäuscht werden könnte, nicht aber schwerwiegend, vermutlich aus den oben angeführten Gründen weniger als im Wachzustand, und auch weil die Beschränkungen der hypnotischen Trance in sich selbst einen Schutz darstellen würden, da sie zeitlich und situationsmäßig begrenzt ist und den Kontakt mit der Umgebung deutlich einschränkt und damit die Gefahr eines zu großen Selbstvertrauens ausschließt, was im Wachzustand eher wahrscheinlich ist.

Ferner ergab eine Befragung über diese Punkte bei einer großen Zahl von erfahrenen Versuchspersonen, die diese Art von Experiment nicht gewöhnt waren, daß sie einer Meinung waren mit den obigen Ausführungen, und auch sie erklärten, daß eine erfolgreiche Täuschung durch einen skrupellosen Hypnotiseur im Wachzustand eher erreicht werden könnte und daß sie dann keine Funktion des hypnotischen Zustandes sei, sondern, wie Schilder und Kauders bemerkten, die Hypnose dann nichts anderes sei als „ein besonders uneffektives technisches Hilfsmittel" (1927, S. 54), um antisoziales Verhalten zu induzieren.

Experimentelle Ergebnisse

Bei der Präsentation der experimentellen Ergebnisse haben wir versucht, Material von möglichst vielen unterschiedlichen Probanden auszuwählen und die verschiedenen Berichte entsprechend ihrer vorherrschenden Bedeutung zu klassifizieren und zu gruppieren. Wie dem Leser allerdings klar sein wird, illustrieren viele der Berichte mehrere Punkte. Sie sind zwar als Einzelberichte verfaßt, doch wird dem Leser an vielen Stellen auffallen, daß es sich um eine Zusammenfassung beziehungsweise eine Variation von Experimenten bei einer Reihe von Probanden handelt.

Wir wollen nicht das gesamte Material einer allgemeinen Diskussion unterziehen, da die Berichte zum größten Teil relativ klar sind. Statt dessen geben wir kurze Kommentare, falls es angebracht erscheint, die sich entweder direkt auf die einzelnen Experimente oder Experimententypen beziehen. Auch beschränken sich diese Kommentare auf das allgemeine Problem dieses Artikels, obwohl der Leser vielleicht des öfteren experimentelle Illustrationen der unterschiedlichsten Verhaltensdynamiken beobachten kann.

Um unnötige Wiederholungen zu vermeiden, sei schließlich erwähnt, daß sich *alle Probanden*, wenn nicht ausdrücklich anders angegeben, *in tiefer somnambuler Trance befanden und bei allen für alle Tranceerlebnisse tiefe Amnesie entwickelt wurde, bis die experimentellen Ziele es erlaubten, sich im Wachzustand an alle oder an Teile der in der Trance stattfindenden Ereignisse zu erinnern.* Folglich konnten die Experimente im Wachzustand auf die hypnotischen Experimente folgen, ohne daß sich die Probanden bewußt waren, daß es sich dabei um die Wiederholung eines früheren Experimentes handelte, und in manchen Fällen wurde für Ereignisse im Wachzustand Amnesie erzeugt, um wache Handlungen wiederholen zu können.

Experimente, die selbstzugefügte körperliche oder seelische Verletzungen beinhalten

Bericht 1: Dem Probanden wurden Handelektroden gezeigt, und es wurde demonstriert,daß sie unter Strom standen, indem der Versuchsleiter einen offensichtlich unangenehmen und heftigen Schlag erhielt. Der Proband wurde dann nachdrücklich und hartnäckig instruiert, sich dem gleichen Schlag auszusetzen. Das lehnte er mit der Begründung ab, daß das Unbehagen und die heftigen Muskelreaktionen des Versuchsleiters seine Neugier schon gestillt hätten. Ein Versuch, ihn zum Gehorsam zu zwingen, scheiterte, obwohl er verschiedene zögerliche Versuche unternahm, die Elektroden zu ergreifen. Nachdem der Versuchsleiter insistierte, wurde die Versuchsperson schließlich widerständig und lehnte das gesamte Verfahren als dumm und unnötig ab.

Danach wiederholte der Versuchsleiter die gesamte Prozedur mit dem Probanden im Wachzustand, aber er weigerte sich immer noch, sich einem Schlag auszusetzen, und begründete das im wesentlichen so wie in Trance. Als man ihm beiläufig zeigte, wie eine Widerstandsspule verwendet wird, willigte er schließlich ein, sich einem schwächeren Stromstoß auszusetzen. Er verlangte jedoch, daß der Versuchsleiter die verringerte Stromstärke beweise, indem er sich einem weiteren Schlag aussetzte. Nachdem er einen leichten Schlag verspürt hatte, wurde versucht, ihn immer noch im Wachzustand zu überreden, einer Erhöhung der Stromstärke zuzustimmen. Das lehnte er ab.

Nachdem er wieder hypnotisiert war und das ursprüngliche Verfahren wiederholt wurde, stimmte er zu, einen leichten Schlag zu erhalten, er bestand jedoch darauf, diesen schwachen Stromstoß vorher demonstriert zu bekommen, und überprüfte ferner die Einstellung des Widerstands. Auf das Argument, daß die Demonstration des Versuchsleiters die Harmlosigkeit des ganzen Verfahrens beweise, entgegnete er, daß bei einer solchen Selbstbestrafung nichts Lohnendes herauskommen könne und daß ein leichter Schlag unangenehm genug sei, um auf weitere Experimente zu verzichten.

Bericht 2: Der Proband wurde gebeten, eine Anästhesie seiner Hand zu entwickeln und sie zu beweisen, indem er ein brennendes Streichholz unter seinen Zeigefinger halte. Hypnotische Versuchspersonen weigern sich gewöhnlich hartnäckig, den Test einer hypnotisch induzierten Anästhesie mit Mitteln zu erlauben, die sie als zu schädlich oder destruktiv ansehen. Dieser Proband tat jedoch bereitwillig das, was von ihm verlangt wurde, und hielt das brennende Streichholz an seinen Finger, bis er den Geruch verbrannter Haut wahrnahm. Indem er darauf hinwies, warf er das Streichholz weg und fragte gereizt, ob der Versuchsleiter der Meinung sei, daß seine Zwecke solche Mittel heiligten. Als das bejaht wurde, entgegnete der Proband, er habe sich das gedacht. Er bat dann den Versuchsleiter, ihn aufzuwecken und ihn den Vorfall bei vollem Bewußtsein erinnern zu lassen.

Einige Tage später diskutierte er seine Erfahrungen im Wachzustand mit Kommilitonen und betonte den Verlust seines Schmerzgefühls. Einer der Studenten fragte ihn, ob er spontan eine Anästhesie entwickeln könne. Da ihn das interessierte, gab sich der Proband sich selbst Suggestionen, daß seine Hand wieder anästhetisch werden würde. Er testete die selbstinduzierte Anästhesie mit einem brennenden Streichholz. Die anderen Studenten erklärten, daß er wahrscheinlich die Schmerzen wissentlich ertrug, um sein Argument zu stützen. Als Antwort versuchte er ohne Erfolg, seine Schmerzreaktionen auf ein brennendes Streichholz zu kontrollieren, das an seine nichtanästhesierte Hand gehalten wurde.

Bei einer anderen Gelegenheit zeigte sich der Proband im Wachzustand an den Fähigkeiten psychotischer Patienten interessiert, Schmerzen auszuhalten, während sie eine Zigarette bis auf den letzten Zug rauchten. Er wiederholte seine Demonstration, und das Ergebnis war eine schwere Brandwunde auf seinen Lippen, die er bereitwillig ertrug. Dieses Verhalten legte er an den Tag, als das Thema der Hypnose weder direkt noch indirekt angesprochen war.

Bericht 3: Der Versuchsperson, einem 12jährigen Mädchen, wurde suggeriert, daß es sich bei einer bestimmten Kiste in Wirklichkeit um einen heißen Ofen handle. Sie akzeptierte diese Suggestionen und setzte sich, nachdem man sie darum gebeten hatte, auf den vermeintlichen heißen Ofen, krümmte und wand sich und protestierte, daß sie sich verbrenne, und bat darum, aufstehen zu dürfen. Ihr gesamtes Verhalten deutete an, daß diese Erfahrung für sie völlig real war.

Zwei Wochen später wurde das Experiment mit der Änderung wiederholt, daß jetzt sehr sorgfältige Suggestionen gegeben wurden, die die realistische Illusion der Kiste als heißer Ofen hervorrufen sollten. Sie konnte, nachdem dies erreicht war, nicht dazu gebracht werden, sich auf den Ofen zu setzen. Als jedoch einfach eine andere Kiste als heißer Ofen beschrieben wurde und man sie bat, sich darauf zu setzen, machte sie das sofort und wiederholte ihr im ursprünglichen

Experiment gezeigtes Verhalten. Dennoch konnte man sie nicht dazu bringen, sich auf den realistischeren vermeintlichen heißen Ofen zu setzen.

Bei einer anderen Gelegenheit wurde versucht, dieselbe Versuchsperson dazu zu bringen, sich auf einen tatsächlichen heißen Ofen zu setzen. Sie befolgte die Aufforderung, indem sie ein anderes Möbelstück irrtümlich für den offen hielt, und setzte sich statt dessen darauf, wobei sie ein starkes Unbehagen und große Schmerzen zeigte. Auch die größten Anstrengungen konnten sie nicht dazu bringen, sich dem Ofen zu nähern, auch als Schutzmaßnahmen ergriffen wurden, die von der Versuchsperson erkannt werden konnten.

Als Variation wurde bei dieser und, um jeden Verfahrensschritt ausreichend kontrollieren zu können, bei einer Reihe anderer Versuchspersonen versucht, die Versuchsperson zu veranlassen, ihre Hand auf einen heißen Ofen zu legen, der erst beiläufig und dann ausdrücklich als kalt beschrieben wurde. Es konnte nur eine annäherungsweise Ausführung erreicht werden, indem die Hand kurz ein paar Zentimeter über den Ofen gehalten wurde und die Versuchsperson erklärte, sie hätte tatsächlich Kontakt mit dem Ofen. Die Induktion einer Anästhesie in der gewählten Hand führte dazu, daß vorab mit der nichtanästhesierten Hand getestet wurde und rief Abneigung gegenüber den versuchten Betrug hervor. Als die Versuchsperson durch sorgfältige Suggestionen alle Möglichkeiten zum Selbstschutz genommen wurden, hatte das eine bedingungslose Weigerung zur Folge.

Bericht 4: Bei Experimenten mit der Kristallkugel wurde eine Versuchsperson zufällig aufgefordert, sich das wichtigste Ereignis des Jahres 1925 vorzustellen. Dies geschah, um sie zu beschäftigen, während der Versuchsleiter seine Aufmerksamkeit auf andere Dinge richtete. Während sich die Kristallbilder entwickelten, zeigte die Versuchsperson sich äußerst beeinträchtigt, und es kam zu einem deutlichen Verlust an Rapport mit dem Versuchsleiter. Der Rapport wurde unter großen Schwierigkeiten wiederhergestellt, und es konnten genügend Informationen erlangt werden, um zu erfahren, daß sie ein Ereignis von eindeutig traumatischer psychischer Belastung visualisiert hatte. Danach war es notwendig, die Versuchsperson durch Hypnose zu beruhigen; sie konnte nicht dazu gebracht werden, wieder in die Kristallkugel zu schauen, es sei denn, sie wurde vorher instruiert, nur angenehme, glückliche Szenen zu sehen, und diese Forderung wurde auch dann noch erhoben, nachdem sie den Versuchsleiter spontan um psychotherapeutische Überprüfung ihrer unglücklichen Erfahrung gebeten hatte.

Seit diesem Ereignis hatte der Versuchsleiter viele ähnliche Erfahrungen, insbesondere mit Patienten, die sich einer Psychotherapie unterzogen, aber auch mit Probanden, die nur für Versuchs- oder Demonstrationszwecke eingesetzt waren.

Kommentar: Diese vier Berichte illustrieren deutlich, daß hypnotische Probanden keine blind gehorchenden Automaten sind, daß sie ausgeprägte kritische Fähigkeiten besitzen und durchaus in der Lage sind, sich selbst sowohl unmittelbar als auch zukunftsbezogen zu schützen. Ferner ist deutlich geworden, daß es unbedingt erforderlich ist, daß man weiß, was Probanden im gewöhnlichen Wachzustand tun, und daß man für realistische Versuche sorgt. Auch bedarf es nur einiger der im letzten Bericht aufgeführten Erfahrungen, um zu erkennen, wie leicht man gute hypnotische Probanden oder Patienten verlieren kann, wenn man sie übereilt schmerzhafte Ereignisse erleben läßt.

Beschädigung oder Verlust von Privateigentum

Bericht 5: Diese Versuchsperson rauchte heimlich, wußte jedoch, daß diese Gewohnheit dem Versuchsleiter bekannt war, und sie hatte auch nichts dagegen. Als sie eines Tages in seinem Büro war, bemerkte er, daß sie ein sehr schönes Taschentuch dabei hatte, das sie sehr schätzte. Der Versuchsleiter hypnotisierte sie und gab ihr eine Zigarette zu rauchen, wobei er ihr ernsthaft riet, falls jemand überraschend hereinkommen sollte, ihr Rauchen zu verheimlichen, indem sie ihre Zigarette in ihrem Taschentuch zerdrückte und somit den Beweis verbarg. Die Versuchsperson war nicht bereit, diese Idee anzunehmen, und erklärte, daß ein solches Vorgehen ihr Taschentuch verbrennen würde. Es wurde jedoch hartnäckig darauf bestanden, dieses Vorgehen im Sinn zu behalten. Sie rauchte indessen weiter, ohne die Suggestionen ernst zu nehmen. Plötzlich rief der Versuchsleiter den Benutzer des angrenzenden Büros ins Zimmer und richtete es so ein, daß der Besucher der Versuchsperson beim Eintreten zwar den Rücken zukehrte, sie jedoch entdecken mußte, und konfrontierte sie demnach damit, ihre Zigarette sofort dringend nach dem suggerierten Verfahren beseitigen zu müssen. Als der Besucher eintrat, stieg der Versuchsperson die Zornesröte ins Gesicht, sie blickte auf ihr Taschentuch, unternahm einige unsichere Anstrengungen, die ihr gegebene Suggestion zu befolgen, steckte das Taschentuch dann sorgfältig und bedächtig in ihren Ärmel und fuhr fort zu rauchen, trotz der Tatsache, daß sie nicht wollte, daß ausgerechnet dieser Besucher davon etwas erfuhr. Als er diese Reaktion bemerkte, komplimentierte der Versuchsleiter den Besucher aus dem Zimmer, ohne das Geheimnis zu verraten. Dennoch beschimpfte die Probandin den Versuchsleiter und kritisierte ihn scharf für sein Verhalten und für seine Absicht, sie ihr Taschentuch ruinieren zu lassen, verlangte aufgeweckt zu werden, drohte spontan aufzuwachen, wenn das nicht sofort geschehe, und erklärte ihre Absicht, sich nie wieder hypnotisieren zu lassen.

Erst als ihr die gesamte Situation erklärt wurde, war es möglich, wieder ihr Vertrauen zu gewinnen, und trotz ihrer Amnesie im Wachen war es nötig, die Erklärung sowohl im hypnotischen als auch im wachen Zustand zu geben.

Bericht 6: Die Versuchsperson besaß ein wertvolles Buch, das ein Freund sehr bewunderte und gerne geschenkt bekommen hätte. Bisher war der Versuchsperson jedoch nur das vage Versprechen entlockt worden, es dem Freund bei einer günstigen Gelegenheit zum Geschenk zu machen. In einer tiefen Trance wurde sehr systematisch versucht, die Versuchsperson zu veranlassen, diesem vagen Versprechen entweder sofort oder zu einem bestimmten Zeitpunkt zu entsprechen, wobei sie sogar den Zeitpunkt bestimmen durfte. Sie ließ sich jedoch nur dazu bewegen, ihr Versprechen im Wachzustand zu wiederholen – daß sie ihm eines Tages das Buch vielleicht schenken würde. Ungefähr ein Jahr später verschenkte sie das Buch, allerdings an einen anderen Freund, der in der Trance nicht erwähnt worden war und es ebenfalls sehr begehrte.

Kommentar: Im Bericht 5 war die Versuchsperson auf schmerzliche und eindeutige Weise in der Situation gefangen und hatte offensichtlich keine Alternative, außer die ihr eindringlich gegebenen Suggestionen zu befolgen. Dennoch wählte sie schmerzlich bewußt ein Verhalten, das zu den hypnotischen Befehlen im Widerspruch stand, und obwohl der Trancezustand fortgesetzt wurde, übte sie völlig selbstverständlich ihre wachen Vorrechte aus, indem sie den Versuchsleiter rügte und ihm die Kontrolle über die Situation entzog, wobei siel etztere betonte, indem sie sowohl im Hypnose- als auch im Wachzustand eine Begründung erzwang.

Obwohl im nächsten Bericht die allgemeine Idee völlig akzeptabel war, konnte die Versuchsperson nicht dazu gebracht werden, entsprechend zu handeln, außer unter Bedingungen und Umständen, die sie im Wachzustand selbst festlegte. Das Endergebnis läßt darauf schließen, daß die hypnotische Suggestion tatsächlich überwunden wurde.

Enthüllungen zum eigenen Nachteil

Bericht 7: Beim Unfug-Treiben verletzte sich ein junger Mann so schwer, daß eine Operation notwendig wurde. Bevor die Behandlung ausgeführt werden konnte, mußte man wissen, wie der Unfall genau passiert war. Eine ausgiebige Befragung durch die Kollegen des Versuchsleiters förderte eine Geschichte zutage, die angesichts der peinlichen und demütigenden Verletzungsart offensichtlich falsch und irreführend war, und auch seine Notsituation konnte ihm nicht unmißverständlich genug klargemacht werden, um ihm die Wahrheit zu entlocken. Infolgedessen wurde der Versuchsleiter gebeten, ihn zu hypnotisieren, da er einer seiner gut ausgebildeten Probanden war, um so die wichtige Information zu erhalten. Der Proband ging auch bereitwillig in eine tiefe Trance, bestand jedoch – obwohl er auf den Ernst seiner Lage hingewiesen wurde – darauf, dieselbe falsche Geschichte wie im Wachzustand zu erzählen. Als der Versuchsleiter sich schließlich weigerte, seine Geschichte zu akzeptieren, argumentierte der Patient, daß er als Arzt das eigentlich verstehen müsse. Der Versuchsleiter akzeptierte diesen Einwand und instruierte ihn immer noch im Trancezustand, sich genau anzuhören, welche Erkenntnisse der Versuchsleiter über den möglichen Verlauf der Ereignisse hatte, und alle falschen Ansichten zu korrigieren. Auf diese indirekte und unbefriedigende Art und Weise gelang es mit vielem Hin und Her unvollständige, aber doch hinlänglich genaue Informationen hervorzulocken, um die richtige Behandlung durchzuführen, obwohl der Proband weiterhin die Tatsachen verdrehte.

Selbst nach der Heilung bestand der Proband sowohl im Wachzustand als auch in Trance auf der falschen Geschichte, obwohl er wußte, daß der chirurgische Eingriff die Wahrheit aufgedeckt hatte.

Dieser Fall ist keineswegs ungewöhnlich, da ähnliche Verhaltensweisen in der Therapie neurotischer Symptome häufig selbst dann vorkommen, wenn der Patient sich ernsthaft helfen lassen will. Ebenso führt eine systematische und sorgfältige Wahrheitssuche im Trancezustand bei normalen hypnotischen Probanden, die bei einer Lüge ertappt wurden, dazu, daß sie hartnäckig an der falschen Aussage festhalten, bis ein ausreichender Grund für die Nachforschung angegeben wird, der dem Probanden als Person einleuchtet. Sonst ist es sehr wahrscheinlich, daß er offen oder verdeckt ärgerlich wird und Ressentiments entwickelt, das Vertrauen verliert und die Hypnose aufgibt. Eine solche Situation ist durch eine einfache objektive Erklärung schwer zu ändern, da sich aufgrund ihres durch und durch subjektiven Charakters Objektivität nur schwer erreichen läßt.

Dennoch sind unter Bedingungen, in denen die persönliche Situation des Probanden dies zuläßt, hypnotische Maßnahmen ungemein effektiv, um Enthüllungen über die eigene Person hervorzulokken, und es geschieht häufig, daß der Proband die Wahrheit im Trancezustand rückhaltlos offenbart, jedoch völlig unerklärlicherweise auf seinem Recht besteht, im Wachzustand die Wahrheit zu leugnen und absolut falsche Angaben zu machen.

Kommentar: Trotz einer Verschiebung der Verantwortung, der Unterwürfigkeit des hypnotischen Probanden, der besonderen Bedeutung und Stärke der Beziehung zwischen Hypnotiseur und Proband und der großen und auch anerkannten Bedeutung, den hypnotischen Befehlen zu gehorchen, übertrugen sich der eigentliche Charakter und das Wesen der Verhaltensmuster des Probanden im Wachzustand auf die Trancesituation. Daraus und aus der allgemeinen hypnotherapeutischen Erfahrung läßt sich offensichtlich schließen, daß Enthüllungen zum eigenen Nachteil keine Funktion der Hypnose selbst sind, sondern vielmehr der Gesamtsituation der Persönlichkeit.

Verstöße gegen den Moralkodex oder die Verhaltensnormen des Probanden

Probanden zu Lügen veranlassen

Bericht 8: Es wurde versucht, eine Reihe von Probanden dazu zu bringen, Menschen, mit denen sie in Rapport standen, bewußt zu belügen, wobei die Lügen sowohl kleine Ärgernisse als auch größere Unannehmlichkeiten oder sogar echte Schwierigkeiten verursachen sollten. Die Versuche scheiterten ausnahmslos, obwohl alle Probanden dazu gebracht werden konnten, harmlose Lügen zu erzählen. Sie behielten sich jedoch das Recht vor, die Lüge zu korrigieren oder zurückzunehmen, wenn sie dem Opfer auch nur die geringsten Unannehmlichkeiten bereiteten. So machte ein Proband, der veranlaßt worden war, einem Freund durch einen Versprecher einen falschen Zeitpunkt für die Heimfahrt vom Büro zu sagen, die Handlung null und nichtig, indem er im Wachzustand offensichtlich beiläufig die Entscheidung traf, den Freund nach Hause zu begleiten.

Wenn man den Probanden jedoch genügend Gründe gab, war festzustellen, daß man ihnen das Versprechen abringen konnte, im tiefen Trancezustand Lügen zu erzählen, die sie selbst und andere in Schutz nahmen. Die Probanden waren allerdings nur begrenzt bereit dazu, und wenn sie gezwungen waren, ihr Versprechen zu erfüllen, beschränkten sie sich wiederum auf geringfügige Lügen. Ferner nahmen sie unweigerlich das Recht in Anspruch, ihre Falschaussagen zu korrigieren oder für nichtig zu erklären, und ihre Lügen wurden anschließend in allen Fällen entweder direkt oder indirekt korrigiert.

Von ganz besonderer Bedeutung war jedoch die Entdeckung, daß sich der Proband in den Fällen, in denen er veranlaßt werden konnte, effektiv zu lügen, in einem Trancezustand befinden mußte. Trotz Anwendung aller möglichen Techniken war es nicht möglich, die Kluft zwischen hypnotischem und dem Wachzustand zu überbrücken, um eine unzweideutige Wiederholung der Lüge im Wachzustand zu erreichen.

Versuche, die Probanden durch ihre Reaktion auf posthypnotische Suggestionen zum Lügen zu bringen, führten ausnahmslos zu unbefriedigenden Ergebnissen: Die Fälschung wurde völlig sinnlos, selbst wenn die Lügen schützender Natur waren. Die spätere Befragung im Trancezustand ergab, daß sich die Probanden energisch gegen das posthypnotische Lügen wehrten. Sie erklärten, daß sie es vorzögen, eine andere und ehrlichere Methode auszuarbeiten, um die Situation zu bewältigen oder zu vermeiden. Auch wiederholte Suggestionen konnten ihre Ansichten nicht ändern, denn falls das Lügen gerechtfertigt sei, so argumentierten sie, sei ihnen im Wachzustand ihr Wissen über das erwünschte Verhalten durch einen intensiveren Kontakt mit der Umgebung tatsächlich eine Hilfe. In den Fällen, in denen es einigermaßen gelang, sie zum posthypnotischen Lügen zu bringen, waren die Ergebnisse völlig unbefriedigend, da alle Probanden die Aufgaben so zwanghaft und miserabel ausführten, daß sie sich sofort verrieten. Das Scheitern des Lügens als posthypnotische Handlung kann wohl mit den Besonderheiten des posthypnotische Verhaltens an sich erklärt werden und ist nicht Gegenstand dieser Ausführungen.

Kommentar: Wie in früheren Berichten gezeigt wurde, waren Probanden im Trancezustand durchaus in der Lage zu lügen, wenn sie Gründe dafür hatten. Die Situation ist jedoch offensichtlich völlig anders, wenn sie der Hypnotiseur dazu bringen will, im Trancezustand zu lügen. Einmal davon abgesehen, daß der Versuch, sie zum Lügen zu bringen, durch die Verletzung des persönlichen Ehrenkodex des Probanden einen Konflikt auslöst und Selbstschutzreaktionen hervorruft, wird in einem solchen Fall das Lügen im Trancezustand, so erfolgreich es auch in einem begrenzten Sinne sein mag, durch die Trennung von hypnotischen und wachen Bewußtseinszuständen offenbar nur zu einem fremden Eingriff in Verhaltensmuster des Wachzustandes, die bei der ersten Gelegenheit zurückzuweisen sind. Man ist gleichzeitig beeindruckt von der Relevanz der obigen Entdeckungen bezüglich der allgemein anerkannten Torheit, sich nur mit einem einzigen begrenzten Aspekt der Gesamtpersönlichkeit zu befassen.

In Verfahren wie dem oben beschriebenen, unter den zeitlich und situativ eingeschränkten Bedingungen hypnotischer Trance, wendet man sich an einen eingegrenzten Teil der Persönlichkeit, der von einem anderen und dominanteren abweicht, und ersucht diesen weniger deutlichen Aspekt, entgegen dessen Wesen und Gewohnheit, im Bereich des bewußten Gewahrseins direkt zum Zug zu kommen. Nach den Untersuchungsergebnissen zu urteilen ist dies offensichtlich eine unmögliche Aufgabe.

Zum Trinken von Alkohol verführen

Bericht 9: Einer Versuchsperson, von der wir wußten, daß sie Bedenken hatte, Alkohol zu trinken, wurde ein Cocktail aufgedrängt. Jede Suggestion in dieser Hinsicht schlug fehl, obwohl sie unter Druck aussagte, daß sie das im Wachzustand vielleicht tun würde. Auch als man ihr überzeugend erklärte, daß man sie im hypnotischen Zustand nur deshalb zum Trinken veranlasse, um zu sehen, ob sie das nach dem Aufwachen entdecken könne, ließ sie sich nicht überzeugen, daß es sich um eine wünschenswerte Handlung handle.

Nach dem Aufwachen wurde die Versuchsperson allerdings erneut überredet, den Cocktail zu versuchen, sie gab jedoch an, es sei widerlich, und bat, von der Aufgabe befreit zu werden. Sie erklärte sich bereit, den Rest trotz persönlicher Abneigungen auszutrinken, wenn das wirklich notwendig sei. Sie wurde sofort hypnotisiert und mit Nachdruck davon unterrichtet, daß es überaus wichtig für sie sei, den Cocktail auszutrinken. Sie weigerte sich, das zu tun, bevor sie nicht aufgeweckt werde. Wenn das Trinken des Cocktails wirklich wichtig wäre, so argumentierte sie, wäre es für sie besser, ihn im Wachzustand statt unter Hypnose zu trinken.

In ähnlicher Weise scheiterte ein Versuch, bei einem Probanden, der mäßig trank und der sich einer Trunkenheit heftig widersetzte, Trunkenheit zu induzieren, obwohl er zugegebenermaßen den starken persönlichen Wunsch hatte, einen solchen Zustand zu erleben. Die Erklärung, die dieser Proband für seine strikte Weigerung, mehr als die übliche Menge Alkohol zu trinken, anbot, bestand schlicht darin, daß das Betrunkenwerden eng mit seinen persönlichen Interessen und Wünschen zusammenhänge. Es sei nur im Wachzustand möglich, und das Interesse des Versuchsleiters an der Trunkenheit während des Trancezustands habe kein Gewicht oder keine Relevanz.

Ein Proband, der sich vorher im Wachzustand betrunken hatte und der wünschte, dies auch im Trancezustand zu erleben, weigerte sich dagegen genauso unmißverständlich, auch nur einen Schluck zu trinken, bevor er nicht hypnotisiert war.

Kommentar: Offensichtlich hat das Bedürfnis, die Wünsche der Gesamtpersönlichkeit zu befriedigen, und das Bedürfnis, als Gesamtpersönlichkeit an einer zu mißbilligenden, fragwürdigen oder speziellen Prozedur teilzunehmen, unbedingt Vorrang vor den Wünschen und Befehlen des Hypnotiseurs.

Die Verletzung der Privatsphäre

Körperliche Untersuchungen

Bericht 10: Wie schon kurz an anderer Stelle erwähnt (Erickson 1934), wurden Schwestern des Autors einzeln hypnotisiert und instruiert, daß sie sich in Anwesenheit ihrer Mutter einer vollständigen körperlichen Untersuchung zu unterziehen hätten, für die sie sich völlig entkleiden sollten. Alle weigerten sich standhaft. Als Begründung gaben sie an, daß sich das Vorhaben des Versuchsleiters, obwohl er ihr Bruder und Arzt sei, nicht schicke, und sie ließen sich durch nichts überreden.

Danach wurde bei einer jeden im Wachzustand dasselbe Thema angesprochen, und jede willigte zögernd ein. Als sie wieder im Hypnosezustand auf ihre offensichtlich inkonsequente Haltung angesprochen wurden, erklärten sie, daß eine Untersuchung im Wachzustand ihnen das Gefühl gebe, ein besseres Gespür für die Gesamtsituation zu haben, sie jedoch im Trancezustand schlafend nicht wüßten, was vor sich gehe.

Ganz ähnlich war der Fall einer hypnotisierten Versuchsperson, die an schmerzhaften Beckenbeschwerden litt und zum Versuchsleiter zu einer Untersuchung kam. Ihr wurde die Suggestion gegeben, daß sie hypnotisiert und ihr eine hypnotische Anästhesie gegeben werden könnte, die sie von einem beträchtlichen Teil ihrer Schmerzen und Qualen befreien würde. Sie lehnte das standhaft ab, obwohl die zuständige Krankenschwester anwesend war, bis ihr versprochen wurde, die Anästhesie als ein posthypnotisches Phänomen zu erzeugen, damit sie während der gesamten Dauer der Untersuchung und Behandlung auf eine befriedigendere Art und Weise mit der Realität Fühlung aufnehmen könnte. Wie der Versuchsleiter in einer Reihe von Fällen feststellte, ist Hypnose in einer solchen Situation wegen ihres sehr persönlichen Charakters offensichtlich weniger akzeptabel als eine Anästhesie durch ein Narkotikum.

Kommentar: Wie intensiv die hypnotische Beziehung auch ist, sie ändert nichts an der Unverletzlichkeit der Privatsphäre. Dies gehört offensichtlich zum Wachzustand, auf den es ankommt, wenn es um den persönlichen Schutz geht. Wäre in Bericht 10 gegen die hinsichtlich der Untersuchung getroffene Übereinkunft verstoßen worden, wären die Versuchspersonen aus der Trance erwacht, da der Versuch einer Untersuchung wie ein Auslöser für das Aufwachen gewirkt hätte. Aus den obigen Ausführungen läßt sich schließen, daß der Prozeß des Hypnotisiertwerdens von der Versuchsperson als eine seltsame Änderung ihrer Selbstkontrolle wahrgenommen wird, was Kompensationsmaßnahmen hinsichtlich aller Ereignisse notwendig macht, die eine Bedrohung der Selbstkontrolle zu implizieren scheinen.

Das Preisgeben von Vertraulichkeiten

Bericht 11: Der Proband wurde absichtlich gebeten, den Namen des Mädchens preiszugeben, für das er sich am meisten interessierte. Diesem Wunsch entsprach hat er bereitwillig. Später bat er im Wachzustand um einen Bericht aller Tranceereignisse. Als wir auf seine Frage hin den Namen des Mädchens enthüllten, wurde er furchtbar wütend und erklärte, daß sein Vertrauen in den Versuchsleiter zerstört worden sei. Als er durch ausreichende Beweise davon überzeugt werden konnte, den Namen im Wachzustand vor einigen Wochen selbst enthüllt zu haben – eine Tatsache, die ihm entfallen war –, verebbte sein Zorn, er weigerte sich jedoch danach, an hypnotischer Arbeit teilzunehmen, außer bei strikt unpersönlichem Vergehen, und jeder Versuch, gegen diese Bedingung auch nur indirekt zu verstoßen, führte dazu, daß er prompt und voll Zorn aus der Trance erwachte. Dieser Zustand konnte auch durch noch so sorgfältige hypnotische Suggestionen, die diese Haltung korrigieren sollten, nicht geändert werden.

Es ist in diesem Zusammenhang in der medizinischen oder psychiatrischen Praxis keine ungewöhnliche Erfahrung, daß insbesondere Patienten, die sich einer Psychotherapie unterziehen wollen – das gleiche gilt aber auch für jede andere Art von Therapie – Informationen über ihre Probleme zurückhalten oder verdrehen, weil sie meinen, daß die Einzelheiten ihrer Geschichte, wie in Bericht 7 beschrieben, zu persönlich oder zu beschämend sind, als daß sie sie enthüllen könnten. Greift man im Verlauf der Therapie auf Hypnose zurück, um die Informationen zu gewinnen, trifft man auf die gleiche Tendenz, die Informationen zurückzuhalten oder zu verdrehen, und das trotz der Tatsache, daß der Patient tatsächlich dringend Hilfe sucht und auch klar erkennt, daß ein legitimer Grund besteht, die spezifische Information weiterzugeben. Allerdings gewinnt man durch hypnotisches Befragen die Informationen eher als im Wachzustand, jedoch hängt der gesamte Prozeß des Überwindens von Widerständen eher von der Entwicklung einer guten Beziehung zwischen Patient und Arzt ab, als von hypnotischen Maßnahmen, und die Hypnose ist in solchen Situationen nicht mehr als ein Mittel, durch das der Patient die Informationen auf eine relativ angenehme Art und Weise weitergeben kann.

Kommentar: Obwohl die Privatsphäre tatsächlich nicht verletzt worden war, hat man bei der Befragung im Wachzustand so getan als ob. Obwohl das widerlegt wurde, beschränkte dieses zeitweilige Mißverständnis das Ausmaß der nachfolgenden hypnotischen Arbeit dauerhaft und schloß eine Änderung dieses Zustands durch hypnotische Suggestionen aus. Die Relevanz dieser Ergebnisse für unglückliche Fehler in der Psychotherapie ist sofort augenfällig.

Den Inhalt der Handtasche zur Schau stellen

Bericht 12: Bei verschiedenen Anlässen und unter unterschiedlichen Umständen wurden weibliche Versuchspersonen gebeten, den Inhalt ihrer Handtasche vorzuzeigen, und es wurden definitive und systematische Versuche unternommen, bei allen den Zwang entstehen zu lassen, der Bitte zu entsprechen. Die Versuche scheiterten jedoch ausnahmslos, und die Versuchspersonen begründeten das wiederholt damit, daß sie eine solche Bitte als ein nicht zulässiges Eindringen in ihre Privatsphäre betrachteten.

Als dieses Verfahren später im Wachzustand wiederholt wurde, gab eine Versuchsperson so weit nach, einen Teil des Inhalts vorzuzeigen, die anderen hielten die Forderung jedoch für unakzeptabel. Als ihnen aber gesagt wurde, daß es legitime Gründe für die scheinbar unverschämte Forderung des Versuchsleiters gebe, antworteten sie, daß er, was auch immer seine wissenschaftlichen Ziele seien, sich mit ihrer Weigerung abfinden müsse.

Genau dieselben Versuchspersonen hatten jedoch keine Einwände, wenn der Versuchsleiter ihre Handtaschen nahm und den Inhalt überprüfte. Sie hatten im Gegenteil das hämische Vergnügen, durch Andeutungen in ihrem Verhalten den Versuchsleiter als alten Schnüffler hinzustellen.

Als in einem zweiten Trancezustand ein ähnlicher Versuch gemacht wurde, ihre Handtaschen zu überprüfen, nahmen sie das übel und widersetzten sich heftig. Auch konnten sie nicht dazu gebracht werden, den Widerspruch zwischen ihrem Verhalten im Wach- und im Trancezustand ausreichend zu erklären.

Kleine Jungen und Mädchen kamen bei dem gleichen Versuch der Forderung nach und gaben den Inhalt ihrer Hosen- bzw. Handtaschen sowohl im Wach- als auch Trancezustand bereitwillig und sogar voller Stolz preis. Als jedoch versucht wurde, männliche Versuchspersonen zu veranlassen, den Inhalt ihrer Geldbeutel preiszugeben, reagierten sie wie die weiblichen Versuchspersonen oder gaben der Forderung auf eine solche Art und Weise nach, daß sie den Versuchsleiter gewaltig demütigten.

Kommentar: Ein direkter aber inkonsequenter Angriff auf die Privatsphäre der Versuchspersonen wurde selbst dann abgewehrt, nachdem er im Wachzustand zugelassen worden war. Man hat das Gefühl, daß sie aufgrund ihres hypnotischen Zustands ein bestimmtes Gefühl der Hilflosigkeit verspürten, das sich in ihrem intensivierten Selbstschutz widerspiegelt, wie im Kommentar zu Bericht 10 schon gezeigt wurde.

Versuche, anderen Schaden zuzufügen

Körperliche Verletzung anderer

Bericht 13: Einige Collegestudenten hatten einem unbeliebten und gefräßigen Studenten einen Streich gespielt, indem sie ihm eine große Menge abführmittelhaltige Bonbons gaben. Auch der Versuchsleiter und seine hypnotische Versuchsperson zeigten ganz offen, daß sie den Studenten nicht leiden konnten. Einige Zeit später erhielt die Versuchsperson ein Päckchen abführmittelhaltiger Kaugummis und wurde instruiert, sie gegen ein ähnliches, aber harmloses Päckchen Kaugummi auf dem Schreibtisch des unbeliebten Studenten auszutauschen, damit er wieder Durchfall bekäme, ohne es zu ahnen. Die Versuchsperson weigerte sich standhaft, sagte, man habe den Studenten schon einmal leiden lassen, daß er zwar nichts gegen den Streich habe, es aber vorziehe, wenn ihm der Versuchsleiter selbst den Streich spiele.

Auch noch so dringendes Zureden konnte den Probanden nicht dazu bringen, seine Meinung zu ändern, obwohl man entdeckte, daß er einer derjenigen war, die ursprünglich den Streich gespielt hatten. Auf die entsprechende Frage antwortete er, daß er seine Abneigung schon befriedigt habe und es deshalb nicht nötig sei, den Streich zu wiederholen. Als der Versuchsleiter sich anbot, das zu tun, sah der Proband offensichtlich amüsiert zu, war jedoch nicht zur Teilnahme zu bewegen und schien auch nicht zu erkennen oder zu erwarten, daß der Versuchsleiter die Handlung heimlich korrigieren könnte. Dennoch verteilte der Proband später im Wachzustand abführmittelhaltigen Kaugummi an seine ahnungslosen Freunde.

Bericht 14: Einem Probanden wurde der schlechte Scherz erklärt, bei dem man Zigarettenrauch tief inhaliert und dann vorgibt, ihn aus den Augen wieder auszublasen,wobei man geschickt die Hand des Opfers verbrennt, um seine Aufmerksamkeit abzulenken.

Der Proband wurde aufgefordert, ein passendes Opfer für diesen Streich zu finden und einen Scheinversuch mit dem Versuchsleiter zu unternehmen, um die einwandfreie Durchführung zu proben. Anstatt einen Scheinversuch zu unternehmen, verbrannte der Proband bewußt die Hand des Versuchsleiters. Es wurde dazu nichts gesagt, sondern über ein geeignetes Opfer diskutiert, jedoch ein Vorschlag nach dem anderen zurückgewiesen. Schließlich erklärte der Proband, daß er keineswegs bereit sei, dies außer dem Versuchsleiter jemandem anzutun, da eine Verbrennung durch eine Zigarette eine schlimme und unangenehme Sache sei, daß das Ganze nichts mit Humor zu tun habe und es nicht wert sei, ausgeführt zu werden.

Die spätere Befragung ergab, daß sich der Proband berechtigt fühlte, die Hand des Versuchsleiters zu verbrennen, als Strafe dafür, daß er ihn ausnutzen wollte, daß er jedoch nicht der Meinung war, jemand anderes sollte einem solch derben und schmerzhaften Scherz zum Opfer fallen.

Bericht 15: Einem Probanden wurde vorgeschlagen, aus Jux eine dritte Person zu veranlassen, eine Kiste hochzuheben, deren Metallgriffe tatsächlich aus mit einer Stromquelle verbundenen Elektroden bestanden. Der Versuchsleiter demonstrierte dann an sich selbst die Wirkung des entschieden heftigen und unangenehmen Stromschlags. Der Proband konnte jedoch nicht überredet werden, selbst den Stromschlag zu testen, und als ein nichtsahnendes Opfer gefunden war, weigerte er sich, den Schalter zu betätigen, obgleich er dazu willens und bereit war, als der Versuchsleiter die Kiste hochhob. Er begründete seine Weigerung damit, daß des Versuchsleiters genaue Kenntnisse des Apparates und seine offensichtliche Bereitschaft, den Schlag zu ertragen, es rechtfertigten, wenn er den Strom anstelle, daß jedoch ein unerwarteter heftiger Stromstoß für ein nichtsahnendes Opfer eine höchst fragwürdige und unkluge Sache sei. Dennoch schloß er sich im Wachzustand seinen Kommilitonen an, als sie den Apparat verwendeten, um ahnungslosen Opfern einen Schlag zu versetzen. Selbst dann konnte er jedoch im Trancezustand nicht zur Ausführung der Prozedur gebracht werden und erklärte, daß ein solches Tun nichts als eine blinde automatische Handlung sei, der jede Spur von Humor fehle, und daß er nicht Teilnehmer, sondern nur Werkzeug wäre, eine Rolle, die ihm gar nicht gefalle.

Bericht 16: Eine furchtbar verwöhnte und verhätschelte junge Frau hatte die unangenehme Angewohnheit, jedem, der sie auch nur im geringsten beleidigte, eine Ohrfeige zu verpassen. Als sie sich in einem tiefen Trancezustand befand, wurde zwischen ihr und einem Assistenten ein Kontakt hergestellt; der Assitst hatte insgeheim Anweisungen erhalten, wie er ihr gegenüber eindeutig beleidigende Bemerkungen mache könne. Als er den Instruktionen nachkam, stieg ihr die Zornesröte ins Gesicht. Sie wandte sich an den Versuchsleiter und erklärte, daß der Assistent vermutlich auf sein Geheiß hin handle, daß der Versuchsleiter es zu Recht verdiene, geohrfeigt zu werden, und daß er ein paar Ohrfeigen verpaßt bekäme, wenn der Assistent mit seinen unverschämten Bemerkungen weitermache.

Es wurde versucht, sie von der Unschuld des Versuchsleiters zu überzeugen und auch davon, daß sie, unabhängig von seiner Unschuld oder Schuld, den Assistenten ohrfeigen solle, da er in dieser Angelegenheit ja tatsächlich die freie Wahl hatte. Sie erklärte jedoch, daß sie es vorziehe, ihre Ohrfeigen im Wachzustand zu verteilen, und daß, falls die Prozedur in Trance nicht geändert werde, sie sich selbst aufwecken und sich weigern werde, in Zukunft hypnotische Arbeit zu leisten. Es war notwendig, ihren Forderungen nachzugeben.

Kommentar: In diesen vier Berichten haben sich die Probanden nicht nur Suggestionen für Handlungen widersetzt, die sie im gewöhnlichen Wachzustand tatsächlich akzeptierten, sondern sie übertrugen die normale wache Tendenz in den Trancezustand, sich einer Instrumentalisierung durch andere zu verweigern. Wenn sie jedoch nach ihrem eigenen Verantwortungsgefühl handelten, zögerten sie nicht, sich gegenüber dem Versuchsleiter aggressiv zu verhalten, aber offensichtlich machte die Unterwürfigkeit des Trancezustands und die durch die hypnotischen Aggressionssuggestionen gegen andere hervorgerufene Instrumentalisierung diese suggerierten Handlungen so unpersönlich und unmotiviert, daß sie im Trancezustand völlig abzulehnen waren.

Beschimpfungen anderer und nachteiliges Gerede über andere

Bericht 17: Die Versuchsperson wurde instruiert, sowohl gegenüber Menschen, die sie nicht leiden konnte, als auch gegenüber solchen Menschen, die sie sehr gerne hatte, scharfe, unangenehme Bemerkungen zu machen. Sie weigerte sich jedoch, diese Aufgaben im Trancezustand auszuführen, und erklärte, daß sie die Gefühle ihrer Freunde nicht auf eine solche Weise verletzen würde und daß sie es vorziehe, wach zu sein, wenn sie Menschen, die sie nicht möge, unangenehme Dinge sage, damit sie sich an deren Unbehagen erfreuen könne.

Als man ihr suggerierte, gegenüber ihr unsympathischen Menschen als posthypnotische Aktivität unangenehme Bemerkungen zu machen, weigerte sie sich erneut und erklärte, wenn sie schon unfreundliche Dinge sage, dann sollten sie von ihr selbst kommen, und daß es nur auf ihren Wunsch hin geschehe und bei einer Gelegenheit, die sie bestimmte, und nicht als Reaktion auf die Forderung des Versuchsleiters. Trotz großem Drängen konnte sie nicht dazu gebracht werden, ihre Einstellung zu ändern.

In einem offensichtlich experimentellen Setting, bei dem es klar war, daß alle Beteiligten die Gesamtsituation verstanden, war die Versuchsperson jedoch bereit – wie auch viele andere (Erickson 1939) –, solchen Forderungen nachzukommen, und machte sich gar die Gelegenheit zunutze, um unangenehmere Dinge als nötig zu sagen. Um das zu erreichen, ist allerdings immer der Schutz nötig, den eine anerkannte experimentelle Situation bietet. Jedoch weigern sich viele Versuchspersonen selbst unter offensichtlichen Versuchsbedingungen, solchen Forderungen Folge zu leisten, und erklären, daß sie die Gefühle anderer nicht unabsichtlich verletzen könnten.

Kommentar: Die Suggestionen selbst widerstrebten der Versuchsperson nicht, die allgemeine Situation jedoch sehr. Die Versuchsperson bestand auf ihrer Entscheidungsfreiheit und war lediglich bei vollem Bewußtsein bereit, den Forderungen zu entsprechen. Allerdings war es auf einer rein experimentellen Ebene, bei der der Zweck der Handlung durch die Art des Settings zunichte gemacht wird, möglich, vollen Gehorsam zu erhalten. Wieder wird der Widerstand der Versuchspersonen gegenüber einer Instrumentalisierung offensichtlich.

Bericht 18: Eine Versuchsperson, von der bekannt war, daß sie über einen ihr sehr unsympathischen Bekannten bestimmte heikle Dinge wußte, wurde intensiv befragt, um ihr diese Informationen zu entlokken. Sie weigerte sich, etwas preiszugeben, obwohl sie vor der Trance bei verschiedenen Gelegenheiten im Begriff war, dem Versuchsleiter die Information mitzuteilen, und bewußt davon abgehalten worden war. Sie erklärte, daß sie die Fakten eines Tages, wenn sie wach sei, vielleicht präsentieren werde, nicht jedoch im Trancezustand. Keine Suggestion konnte sie zum Nachgeben bewegen, obwohl der Versuchsleiter aufgrund der geheimen Kenntnis der gesamten Angelegenheit in der Lage war, Fangfragen zu stellen und genügend Einzelheiten zu erzählen, um ihr das Gefühl zu geben, daß sie wenig oder nichts verraten würde. Nach unablässigem Drängen erklärte sie sich schließlich bereit, die Sache nach dem Aufwachen zu erzählen, falls der Versuchsleiter sie im Wachzustand von der Legitimität seiner Forderung überzeugen könne. Ihr Angebot wurde akzeptiert, als aber der Versuch unternommen wurde, vermied sie die Situation durch eine bewußte Lüge, die im Falle seines Beharrens dazu geführt hätte, daß der Versuchsleiter sie durch die Aufdeckung ihrer Lüge in Verlegenheit gebracht und gedemütigt hätte.

Kommentar: Die Versuchsperson widersetzte sich nicht nur den hypnotischen Befehlen, sondern sie widerstand auch einer Situation, die im Wachzustand in der Regel zu ihrer Kapitulation geführt hätte, und sie bewirkte darüber hinaus auf einer unbewußten Ebene einen unglücklichen Zufall, der jegliches weitere Handeln seitens des Versuchsleiters ausschloß. Zumindest in diesem Fall war die Versuchsperson im Trancezustand oder durch unbewußte Maßnahmen eher in der Lage, den Befehlen des Versuchsleiters zu widerstehen, als im Wachzustand.

Verstöße gegen den guten Geschmack und die Privatsphäre anderer

Bericht 19: Ein Proband wurde aufgefordert, in einer gemischten Gruppe schlüpfrige Geschichten zu erzählen. Er weigerte sich standhaft. Verschiedene Vorwände, wie etwa die anderen Mitglieder der Gruppe scheinbar zu hypnotisieren und sie zu instruieren, taub zu werden, konnten den Probanden nicht vom Realitätsgehalt der Situation überzeugen. Schließlich wurden ihm Suggestionen gegeben, daß die Anwesenden den Raum verlassen hätten, er nun mit dem Versuchsleiter alleine sei und die Geschichten erzählen könne. Anscheinend akzeptierte der Proband diese Suggestion der Abwesenheit der anderen, erklärte jedoch, es sei in dem Zimmer etwas Seltsames, daß es unerklärliche Geräusche gebe, und er weigerte sich, der Forderung nachzukommen.

Bei einer späteren Gelegenheit gab man dem Probanden eine Suggestion zu hynotischer Blindheit und brachte ihn in ein Zimmer, in dem sich andere Personen befanden und ruhig verhielten. Als er gebeten wurde, eine schlüpfrige Geschichte zu erzählen, erklärte er, daß er das nicht könne, weil er sich über die Situation nicht im klaren sei.

Bei wieder einer anderen Gelegenheit gab man ihm eine Suggestion zu hypnotischer Blindheit und Taubheit, wobei vorher vereinbarte taktile Auslöser unterschiedliche Verhaltensweisen hervorrufen sollten. Unter anderem sollte er eine bestimmte zu mißbilligende Geschichte zum Besten geben. Als ihm schließlich das Signal für die Geschichte gegeben wurde, verlangte der Proband, daß ihm der Versuchsleiter durch einen von ihm angegebenen taktilen Auslöser ehrlich versichere, daß sich niemand sonst im Zimmer befinde. Nur dann wolle er die Geschichte erzählen.

Als bei einem späteren Bericht angedeutet wurde, daß andere womöglich anwesend waren, bemerkte der Proband grimmig, daß aus dieser Situation entstandene Peinlichkeiten allein Sache des Versuchsleiters und der anderen Anwesenden seien.

Kommentar: Realitätsbedürfnis in der gegebenen Situation, die Fähigkeit zum Selbstschutz selbst bei erkannten experimentellen Settings und die Fähigkeit, Verantwortung zuzuweisen, ist offensichtlich.

Bericht 20: Eine Versuchsperson wurde instruiert, die Handtasche ihrer Begleiterin zu öffnen, eine Zigarette herauszunehmen und sie dem Versuchsleiter zu geben. Das sollte mit vollem Wissen ihrer Begleiterin geschehen, allerdings ohne ihre ausdrückliche Erlaubnis. Die Probandin weigerte sich trotz dringender Forderungen und ärgerlichem Beharren. Da diese Maßnahmen scheiterten, gab man ihr eine posthypnotische Suggestion, die bewirken sollte, daß sie nach dem Aufwachen sehen würde, wie der Versuchsleiter mit einer leeren Zigarettenschachtel spielt, woraufhin sie der Handtasche ihrer Freundin klar erkennbar eine Zigarette entnehmen würde. Sie stimmte zu, wenn auch nur zögernd. Nach dem Aufwachen und nachdem der entsprechende Auslöser gegeben worden war, unternahm sie mehrere vergebliche Versuche, dem Befehl zu gehorchen, und entzog sich schließlich der Situation, indem sie wieder in Trance fiel und erklärte: „Ich konnte es einfach nicht tun, es ist nicht nett, und es gehört sich nicht, und es ist einfach unhöflich." Sie wurde sofort darauf hingewiesen, daß die Forderung dadurch ihre Legitimität erhalte, daß ihre Begleiterin die Situation bewußt erlebe und keine Einwendungen erhebe. Dennoch bestand sie auf ihrer Weigerung.

Danach wurde sie mit einer vollständigen Amnesie für die Trance und die posthypnotische Erfahrung aufgeweckt. Im Verlauf einer beiläufigen Unterhaltung bat sie der Versuchsleiter um eine Zigarette. Als sie antwortete, sie habe keine, meinte er, daß ihre Begleiterin Zigaretten habe, und diese Aussage wurde von ihrer Freundin bestätigt. Sie wurde dann gefragt, ob sie die Handtasche ihrer Begleiterin öffnen würde, um ihr eine Zigarette zu entnehmen. Zuerst schien sie angesichts der Ungehörigkeit der Forderung schockiert zu sein, doch schließlich gab sie dem wiederholten Verlangen nach, indem sie erst nachdachte und dann laut begründete: „Wenn Sie mich bitten, so etwas zu tun, müssen Sie gute Gründe dafür haben und sie (die Freundin) sieht ganz danach aus, als ob sie darauf wartet, daß ich es tue, und nichts dagegen hat, also tue ich es mit Deiner Erlaubnis (an ihre Freundin gerichtet). Wenn ich nicht der Meinung wäre, daß Sie (der Versuchsleiter) gute Gründe dafür haben, würde ich es nicht tun."

Kurz darauf wurde sie wieder hypnotisiert, an den Verlauf der Ereignisse erinnert und wiederum gebeten, eine Zigarette herauszuholen. Sie erklärte, sie könne das im Wachzustand besser, und als der Versuchsleiter auf der Ausführung der Aufgabe im Trancezustand bestand, weigerte sie sich erneut. Auch wiederholte sie die als Reaktion auf posthypnotische Suggestionen durchgeführte Handlung nicht, denn einmal, so erklärte sie, sei genug, und die ganze Prozedur sei völlig unnötig.

Bericht 21: Eine andere Versuchsperson wurde nachdrücklich aufgefordert, den Inhalt der Handtasche ihrer Freundin zu inspizieren, jedoch ohne Erfolg. Man nahm schließlich Zuflucht zu posthypnotischen Suggestionen, und als auch das scheiterte, gab man ihr posthypnotische Suggestionen, die bewirken sollten, daß sie nach dem Aufwachen die Handtasche ihrer Freundin zerstreut aufhebt, da sie sie für ihre eigene hält (man hatte darauf geachtet, es so zu arrangieren, daß die Handtasche der Freundin leicht mit der der Versuchsperson zu verwechseln war), sie öffnet und zu ihrem Erstaunen feststellt, daß sich völlig unbekannte Gegenstände in ihrer Tasche befinden. Daraufhin würde sie

sie untersuchen, um herauszufinden, wie sie hineingelangt seien. Nach dem Erwachen wurde während eines beiläufigen Gesprächs der entsprechende posthypnotische Auslöser gegeben. Sofort erwähnte sie, daß sie Lust habe zu rauchen, nahm so nebenbei die Tasche ihrer Freundin und machte Anstalten, sie zu öffnen. Dabei bemerkte sie: „Was ist mit dem Verschluß meiner Tasche los? Er geht auf einmal furchtbar schwer. Na so was, das ist ja gar nicht meine Handtasche!" Als sie das erkannte, stellte sie die Tasche ab, ergriff ihre eigene und entschuldigte sich bei ihrer Freundin.

Nachdem sie wieder hypnotisiert worden war, erklärte sie, daß sie das, was gefordert war, einfach nicht hätte tun können, daß sie sich jedoch „sehr angestrengt" hätte.

Als versucht wurde, die Experimente 20 und 21 in Abwesenheit der Besitzerin der Handtasche zu wiederholen, widersetzte sie sich heftig, und dem Versuch des Versuchsleiters, die Handtasche zu untersuchen, begegnete sie mit Zorn und Verachtung. Mit verschiedenen anderen Versuchspersonen wurden ähnliche Ergebnisse erzielt.

Bericht 22: Eine Versuchsperson wurde in ein beiläufiges Gespräch hineingezogen, daß kleine Dinge viel über die Persönlichkeit aussagen. Davon ausgehend wurde eine Bemerkung gemacht über den Inhalt der Taschen kleiner Jungen, und dann wurde suggeriert, daß der Inhalt des Geldbeutels des Versuchsleiters überaus aufschlußreich sein könne. Die Versuchsperson wurde dann gedrängt, den Geldbeutel zu nehmen, völlig auszuleeren und den Inhalt kritisch zu untersuchen. Die Versuchsperson tat das nur sehr widerstrebend, aber nach heftigem Drängen gab sie schließlich nach und erklärte: „Sie müssen einen Zweck damit verfolgen, sonst würden Sie nicht wollen, daß ich das tue, und es ist Ihr Pech, wenn ich es tue. Ich tue es, obwohl ich es eigentlich nicht will. Ich nehme an, daß Sie gerade einen Versuch durchführen, und ich helfe Ihnen dabei, wie Sie das von mir wollen. Außerdem haben Sie das wahrscheinlich geplant, so daß sich in Ihrem Geldbeutel nichts befindet, das ich nicht sehen soll." Nach diesen Bemerkungen führte sie die Aufgabe aus, allerdings offensichtlich unwillig und widerstrebend, und sie mußte ständig angehalten werden, auch jeden Gegenstand zu untersuchen.

Kommentar: In den drei Berichten 20, 21 und 22 lehnten die Versuchspersonen die Suggestionen entweder ab oder wandelten sie so um, daß die Ausführung, die zwar geschmacklos, doch völlig zu entschuldigen war. Ihr Widerstand im Trancezustand war so groß, daß sie dem

Versuchsleiter nicht erlaubten, die von ihnen in den Berichten 20 und 21 verlangte Handlung auszuführen, außer unter großem Risiko für sich selbst. Kurz, sie kontrollierten nicht nur die Situation für sich selbst, sondern hielten auch den Versuchsleiter in seinem eigenen aggressiven Verhalten gegenüber anderen im Zaum, die nicht anwesend waren und die vermutlich von dieser Aggression niemals etwas erfahren würden.

Bericht 23: Monatelang wurde ein Hypnoseproband mit Hilfe einer sorgfältig geplanten Suggestionstechnik instruiert, die Liebesbriefe seines Mitbewohners zu lesen, ohne daß der Proband wußte, daß der Versuchsleiter mit dem Mitbewohner heimlich Kontakt aufgenommen und vereinbart hatte, persönliche Briefe leicht zugänglich aufzubewahren. Bei jeder hypnotischen Trance wurde der Proband eindringlich gefragt, ob er die Aufgabe ausgeführt habe, und es wurde alles unternommen, um ihn von der Legitimität der Handlung im Rahmen eines wichtigen wissenschaftlichen Versuchs zu überzeugen, der mit der Untersuchung der Fähigkeiten zusammenhänge, sich an unangenehme Dinge erinnern zu können, was sich wiederum auf eine Untersuchung der durch Hypnose beeinflußten Erinnerungsprozesse beziehe.

Dennoch weigerte sich der Proband, die Instruktionen zu befolgen, und bot an, alle möglichen unangenehmen Aufgaben auszuführen, die als Gedächtnistest verwendet werden könnten und nur ihn selbst betreffen würden. Schließlich konnte ihm das Versprechen abgerungen werden, an einem bestimmten Abend die Instruktion zu befolgen, wenn auch der Versuchsleiter anwesend sei. Dem stimmte er zu, und im Zustand tiefer Trance wurde von ihm verlangt, einen Brief zu finden, der übrigens leicht zugänglich war, und ihn zu lesen. Es war für den Probanden außerordentlich schwierig, den Brief zu finden. Ständig übersah er ihn und suchte an den falschen Stellen, da der Versuchsleiter keine Anstalten machte, seine Suche in die richtige Richtung zu lenken. Schließlich mußte man ihn zwingen, den Brief zu finden und ihn zu öffnen. Sofort fiel ihm auf, daß er ihn nicht lesen konnte, weil er seine Brille verlegt hatte. Bei der Suche nach seiner Brille gelang es ihm, den Brief zu verlegen, und als sowohl die Brille als auch der Brief vorhanden waren, öffnete er den Brief so, daß er die leeren Seiten vor sich hatte. Er drehte diese Seiten völlig hilflos hin und her und erklärte, die Seiten seien leer. Als man ihn eindringlich aufforderte, die Seiten umzudrehen, fügte er sich, allerdings so, daß die Schrift auf dem Kopf stand. Als dieser Fehler korrigiert war, wurde der Proband spontan von Blindheit geschlagen und konnte nicht lesen. Als die Blindheit durch Suggestionen behoben war und ihm der Brief wieder vorgelegt wurde, kehrte die Blindheit zurück, und es wurde schließlich notwendig, den Versuch abzubrechen.

Einige Wochen später bemerkte der Mitbewohner, wiederum durch den Versuchsleiter instruiert, zu dem Probanden: „Meine Freundin hat mir gerade geschrieben. Ich möchte, daß Du den Brief liest." Der Proband antwortete: „Gerne. Es ist komisch, aber ich habe Deine Post die ganze Zeit schon lesen wollen. Ich weiß nicht warum. Ich hatte einfach das furchtbar starke Bedürfnis, und das hat mich unheimlich gestört. Ich tu das jetzt gerne, dann hab ich diesen Zwang endlich hinter mir." Er las dann den Brief, und der Mitbewohner informierte den Versuchsleiter darüber. Bei der nächsten Trance wurde dem Probanden die generelle Frage gestellt, ob er die Post seines Mitbewohners gelesen hätte. Er bestätigte, daß er das an einem Tag im Wachzustand auf Bitte des Mitbewohners und nicht auf Bitte des Versuchsleiter getan habe. Er wurde dann ausgiebig nach dem Inhalt des Briefes befragt, konnte sich jedoch an nichts mehr erinnern. Als ihm suggeriert wurde, den Brief noch einmal zu lesen, stimmte er zu, verlangte jedoch eindringlich, erst den Mitbewohner um Erlaubnis fragen zu dürfen, und er war nicht bereit, den Brief wieder zu lesen, bevor nicht dieses Zugeständnis gemacht worden war.

Kommentar: Trotz einer hypnotischen Suggestionstechnik, die ausreichte, um dem Probanden monatelang eine unangenehme Aufgabe vorzuhalten, einer überaus plausiblen und akzeptablen Rechtfertigung und trotz offensichtlich berechtigter Motive, scheiterte der ganze Versuch so vollständig, daß der Proband hypnotisch nicht dazu gebracht werden konnte, die auf eine sozial akzeptable Art und Weise autorisierte wache Ausführung zu wiederholen, außer unter den Bedingungen, die der wachen Ausführung genau glichen. Da wir ihn jedoch ausgezeichnet kannten, wußten wir, daß er keineswegs konventioneller war als der durchschnittliche Collegestudent.

Die Annahme von Komplexen, die an anderen begangene Untaten beinhalten

Bericht 24: Bevor das Material der nächsten vier Experimente vorgestellt wird, über die in einer Studie über das Induzieren oder Implantieren künstlicher Komplexe schon kurz berichtet worden ist (Huston, Shakow und Erickson 1934), bedarf es einer einleitenden Erklärung.

Diese vier Experimente drehten sich um das Verfahren, hypnotische Versuchspersonen glauben zu lassen, daß sie bereits eine zu mißbilligende Handlung begangen hätten. Während wir eine adäquate Suggestionstechnik für diese komplexe Indoktrination entwickelten, entdeckten wir, daß der Komplex, wenn er wirksam sein soll, das heißt, wenn er ursprüngliche anstatt realistische Reaktionen hervorrufen soll, sich auf eine Handlung beziehen mußte, die in relativ weit zurückliegender Vergangenheit vermutlich bereits begangen worden war, und alle Versuche scheiterten, bei den Versuchspersonen einen Komplex in bezug auf eine bedauerliche Handlung zu erzeugen, die sie unweigerlich in Zukunft begehen würden. Als der zuletzt genannte Suggestionstyp ausprobiert wurde, erklärten alle, daß sie es sich nicht vorstellen könnten, so etwas in Zukunft zu tun. Wenn man denselben Versuchspersonen jedoch sagte, daß sie genau diese Sache in der Vergangenheit getan hätten, konnten sie dazu gebracht werden, die Suggestion zu akzeptieren, und reagierten dann in hochsignifikanter Weise, wie es in dem oben erwähnten Experiment berichtet wird. Die Signifikanz dieser Ergebnisse hinsichtlich der Suggestion von kriminellem Verhalten bei hypnotischen Versuchspersonen ist sogleich offensichtlich.

Eine ebenso bedeutende Überlegung betrifft die Tatsache, daß *die Versuchsperson notwendigerweise im Wachzustand eine Amnesie für die Komplexinhalte haben mußte.* Das bewußte Erinnern der Geschichte führt dazu, daß sie vollständig verstanden und damit abgelehnt wird, es sei denn, die Erinnerung ist so vage, unvollständig und unzulänglich, daß sie bedeutungslos wird. Versuche, sowohl bei wachem als auch bei hypnotischem Bewußtseinszustand den Glauben in einen Komplex zu induzieren, führten stets dazu, daß die Komplexgeschichte gänzlich und empört abgelehnt wurde. Das Ergebnis einer bewußten Erinnerung wird vollständig illustriert in *The Study of an Experimental Neurosis Hypnotically Induced in a Case of Ejaculatio Praecox* (Erickson 1935). Hier erinnerte sich die Versuchsperson zuerst an den Komplex als eine reale Erfahrung und erkannte dann sofort sein Wesen, wodurch seine Realität zunichte wurde. Folglich *darf man Versuchspersonen, auch wenn man ihnen einreden kann, sie hätten eine zu mißbilligende Handlung begangen, nicht erlauben, sich dieses Glaubens bewußt zu werden. Ob sie ihn als wahr akzeptieren, hängt offensichtlich davon ab, wie weit entfernt er von der Möglichkeit einer bewußten Überprüfung ist, und die Wirkung dieses Glaubens auf die Persönlichkeit läßt sich mit verdrängten Erfahrungen vergleichen.*

Da die vier Experimente generell gleich waren, werden sie in einem einzigen Bericht vorgestellt.

Dem Probanden A wurde ein Komplex eingeredet, der sich um den Glauben drehte, daß er beim Rauchen durch Nachlässigkeit in das Kleid eines Mädchens ein Loch gebrannt hatte. Er nahm den Komplex an, reagierte stark auf ihn, klagte am nächsten Tag über Kopfschmerzen, hörte auf zu Rauchen, verschenkte seine Zigaretten und verhielt sich gegenüber dem Versuchsleiter feindselig und aufgebracht und war in bezug auf eine zukünftige Hypnose unkooperativ. Rapport ließ sich nur schwer wiederherstellen, und noch Monate später war er, obwohl ihm der Komplex genommen und aufgeklärt worden war, nicht bereit, als hypnotische Versuchsperson zu fungieren, wenn er nicht vom Wert der wissenschaftlichen Ziele überzeugt war.

Den Probanden B und C war einzeln der Komplex suggeriert worden, die zum Inhalt hatten, daß sie als Assistenzärzte beim Erlernen der Punktionstechnik in ihrem Übereifer den Tod eines Patienten verursacht hätten, ohne das zu melden. Beide nahmen den Komplex zum Teil an, lehnten jedoch bestimmte Punkte aus unterschiedlich plausiblen Gründen ab, und als diese erläutert wurden, kam es zu einer vollständigen Zurückweisung des Komplexes. Beide zeigten sich gegenüber dem Versuchsleiter sehr verstimmt, obwohl sie ihm wieder freundlich gesinnt waren, als sie die gesamte Bedeutung des Experiments erfuhren. Auch äußerten beide ihr Bedauern, durch ihre Zurückweisung des Komplexes den Zielen des Versuchsleiters nicht gedient zu haben. Als später ein weiterer Versuch gemacht wurde, ihnen einen zweiten Komplex zu induzieren, der sich um eine schuldhafte Handlung drehte, wiesen sie ihn dennoch beide bedingungslos zurück, und zwar mit dem gleichen Ablauf wie beim ersten Komplex. Die Tatsache, daß einer der Probanden in dem in Bericht 2 beschriebenen Experiment eingesetzt war, ist von besonderer Bedeutung. Offensichtlich galt seine unendliche Neugier nicht einer derartig schmerzlichen Erfahrung.

Den Probanden D und E, beide Arbeitstherapeuten, wurden Komplexe suggeriert, die beinhalteten, daß sie sich durch eine minder schwere Nachlässigkeit schuldig gemacht hatten und für die schwere Verletzung eines Patienten verantwortlich waren. Beide nahmen den Komplex an, reagierten darauf mit großer Intensität und gegenüber dem Versuchsleiter ausgesprochen feindlich und empfindlich, kooperierten jedoch im Trancezustand wegen seines geheimen Wissens über ihre angebliche Nachlässigkeit. Nachdem der Komplex aufgelöst worden und sie aufgeklärt worden waren, verlangten beide, in Zukunft mit solchen Experimenten verschont zu werden, und sie überprüften in der Folge alle ihnen im Trancezustand gegebenen Suggestionen gewöhnlich genau.

Der Versuchsperson F, einer Krankenschwester, wurde ein Komplex suggeriert, der beinhaltete, sie habe eine Wunde aus Versehen falsch versorgt, was ernste Folgen hatte. Als der Versuch gemacht wurde, das Ausmaß der unglücklichen Folgen zu beschreiben, mußte man die Schilderung abmildern, damit die Versuchsperson dazu gebracht werden konnte, den Komplex anzunehmen. Nachdem der Komplex später aufgelöst und die Situation erklärt worden war, bemerkte die Krankenschwester spontan, daß sie den Komplex deshalb angenommen hätte, weil sie in ihrer Ausbildung fast einen ähnlichen Fehler gemacht habe; und sie fügte hinzu, daß der Versuchsleiter Glück gehabt habe, etwas anzusprechen, das sich direkt auf einen tatsächlichen Fall aus ihrer Vergangenheit bezog. Sonst könne sie sich nicht vorstellen, jemals so nachlässig gewesen zu sein.

Kommentar: Die Tatsache, daß sich solche Komplexe nur in bezug auf die Vergangenheit induzieren lassen, ist von großer Signifikanz. *Sich vorzustellen, daß man bereits einen Fehler begangen hat, fällt offensichtlich leichter, als die Möglichkeit in Erwägung zu ziehen, in Zukunft einen Fehler zu begehen.* Im Bericht der Versuchspersonen B und C findet sich ein indirektes Kriterium für die Validität des Experiments. Selbst als ihnen die experimentelle Natur des Verfahrens bekannt war, wiesen sie den zweiten Komplex bedingungslos zurück.

Schließlich demonstrieren diese Experimente, daß es zwar – im Trancezustand, nicht jedoch im Wachzustand – durchaus möglich ist, die hypnotischen Versuchspersonen glauben zu machen, daß sie eine zu mißbilligende Handlung begangen haben, nicht jedoch, eine solche Handlung in Zukunft zu begehen.

Übergriffe auf fremdes Eigentum

Beschädigung, Zerstörung oder Verlust

Bericht 25: Einer Versuchsperson wurde suggeriert, einem bestimmten unbeliebten Mädchen, das gegenüber dem Rauchen sehr kritisch eingestellt war und fälschlich behauptete, niemals zu rauchen, einen Streich zu spielen. Der Scherz sollte darin bestehen, daß die Versuchsperson eine Zigarette anzünden sollte und dann bei einer günstigen Gelegenheit ein Taschentuch vom Tisch des unbeliebten Mädchens nehmen und die Zigarette darin einwickeln sollte, damit die Eingeweihten sie entdecken und das Mädchen beschuldigen könnten, daß sie heimlich rauche, dabei überrascht und dazu gebracht worden sei, das Beweisstück auf diese Art und Weise zu verstecken.

Mit dem Opfer wurden heimlich die notwendigen Vorbereitungen getroffen, damit sich auch eine günstige Gelegenheit für den Scherz ergeben konnte. Als jedoch die Zeit zu Handeln gekommen war, weigerte sich die Versuchsperson und erklärte, daß es unfair und falsch sei, das Taschentuch des Mädchens mit einer brennenden Zigarette zu ruinieren, auch wenn das Mädchen eine Lügnerin sei. Sie argumentierte, daß es eine bessere Methode geben müsse, um ihr einen Streich zu spielen. Noch so viele Argumente konnten sie nicht dazu bewegen, den Vorschlag auszuführen, sie war jedoch völlig damit einverstanden, daß der Versuchsleiter das mache. Dennoch war sie nicht dazu zu bringen, den Versuchsleiter oder eine andere Person dazu zu ermutigen.

Bericht 26: Eine als Stenographin eingesetzte Versuchsperson tippte die endgültige Fassung des Artikels eines Kollegen, eine Aufgabe, mit der sie zu einer bestimmten Zeit fertig sein sollte. Bei dieser Beschäftigung wurde die Versuchsperson hypnotisiert, und ihr wurden viele unterschiedliche Suggestionen gegeben, die sie zwingen sollten, Fehler zu machen und eine schlechte Fassung abzuliefern, wobei sie als Entschuldigung anführen sollte, daß die schlechte Qualität der Arbeit ihrer Hast und ihrem Übereiferzuzuschreiben sei. Diese Suggestionen schlugen fehl, und sie konnte trotz der Tatsache, daß sie wußte, der Versuchsleiter würde sie kraft seiner offiziellen Position vor den möglichen Folgen schützen, nicht dazu gebracht werden, etwas Destruktives zu tun. Das einzige Resultat der Suggestionen war, daß sie eine Zeitlang langsamer tippte und sorgfältiger arbeitete.

Bericht 27: Eine Versuchsperson wurde instruiert, wichtige Papiere, die offen auf dem Schreibtisch des ungeliebten Vorgesetzten lagen, zu vernichten oder wegzuwerfen. Es wurde alles so arrangiert, daß die allgemeine Situation überaus günstig war, um die Sache durchzuführen. Trotz wiederholter und beharrlicher Bemühungen lehnte die Versuchsperson alle Suggestionen die Aufgabe zu erledigen ab, obwohl keine Einwände gegen das Angebot des Versuchsleiters erhoben wurden.

Bericht 28: Die Versuchsperson wurde instruiert, wichtige Unterlagen vom Schreibtisch eines Kollegen zu nehmen und sie an einen unzugänglichen Ort zu verlegen, was dem Besitzer ernsthafte Unannehmlichkeiten bereiten würde. Trotz beharrlicher und nachdrücklicher Suggestionen wurden die Instruktionen zurückgewiesen. Es wurden posthypnotische Suggestionen gegeben, die besagten, daß die Unterlagen bei der legitimen Suche nach anderen Papieren zu einem späteren Zeitpunkt des Tages zufällig und unbemerkt mitgenommen werden. Auf diese zerstreute Art und Weise könnten die Unterlagen tatsächlich völlig schuldlos verlegt werden.

Nur der erste Teil der posthypnotischen Suggestionen wurde befolgt, die richtigen Unterlagen wurden nämlich gefunden und eingeordnet, die anderen zur selben Zeit zwar auch mitgenommen, jedoch sofort aussortiert und zurückgebracht.

Kommentar: In den obigen vier Berichten führten weder die unterschiedlichsten Rechtfertigungsfaktoren für die Durchführung, noch das Vorhandensein eines ausreichenden Schutzes, noch der Grad der Bereitschaft, die suggerierte Handlung im Wachzustand auszuführen, und – in den Berichten 26 und 28 – auch nicht die Möglichkeit des völligen Freispruchs von Schuld aufgrund des Zufalls dazu, daß die suggerierte Handlung durchgeführt wurde.

Anstiftung zum Diebstahl

Bericht 29: Einem Probanden wurde das Scheinargument vorgelegt, daß es möglich sei, aufgrund hypnotischer Suggestionen eine ausgesprochene Fingerfertigkeit zu entwickeln. Dem Vorschlag, ihn zu diesem Zwecke einzusetzen, stimmte er bereitwillig zu. Dann wurde suggeriert, daß er die Taschen seines Mitbewohners „ausräume", und er wurde detailliert instruiert und ausgiebig trainiert, insbesondere darüber, wie er stehen müsse, wie die Aufmerksamkeit des Opfers abzulenken sei und wie er sich auf sein unbewußtes Verständnis der Fingerfertigkeit stützen könne, um die Taschen unbemerkt „auszuräumen".

Der Proband lehnte den ganzen Plan heftig ab, beugte sich aber schließlich doch den Scheinargumenten. Bei der entsprechenden Gelegenheit, als der Mitbewohner durch einen Gegenstand abgelenkt wurde, der seine ganze Aufmerksamkeit erforderte, drängten sich der Versuchsleiter und der Proband um den Mitbewohner, rempelten ihn an, während sie eifrig vorgaben, sich an der Untersuchung zu beteiligen. Währenddessen fing der Proband an, die Taschen auszuräumen, er machte das jedoch so ungeschickt und grob, daß das eingeweihte Opfer nicht umhin konnte, zu merken, was passierte.

Dennoch insistierte der Proband, die Handlung geschickt und feinfühlig ausgeführt zu haben, und nichts konnte ihn davon überzeugen, daß er sich wie ein Elefant im Porzellanladen angestellt hatte. Als wir das Verfahren mit diesem Probanden wiederholten, wurden ähnliche Resultate erzielt, obwohl ihm inzwischen bewußt war, daß es sich um eine experimentelle Situation handelte.

Auch mit anderen Probanden kam es zu ähnlichen Ergebnissen. Einer davon spielte seinen Freunden gerne einen Streich, indem er deren Hosentaschen ausräumte, um die Beute auf die Hosentaschen der Gruppenmitglieder zu verteilen. Durch einen schlauen Vorwand schaffte er es dann, daß der Trick entdeckt wurde. Im Trancezustand erklärte er, daß er im Wachzustand voll und ganz dazu bereit sei, da er dann „weiß, was alles passiert". In Trance weigerte er sich jedoch rundheraus, da er dann keinen Kontakt mit seiner Umwelt habe und es dann kein Streich sei, sondern eine sehr fragwürdige Sache, die auf Geheiß eines anderen ausgeführt werde.

Kommentar: Das scheinbare Akzeptieren der Suggestionen zum Taschendiebstahl wurde aufgrund des Charakters des Probanden völlig bedeutungslos. Das Beharren auf dieser Durchführungsart selbst dann noch, als das Wesen der Handlung aufgedeckt worden war, zeigte, daß allein der unkonventionelle Aspekt der Untat ausreichte, um eine zufriedenstellende Ausführung auszuschließen. Ebenso verdeutlicht die Haltung des Witzboldes die Einschränkungen, die hypnotisierte Probanden gegenüber ihrer Umwelt verspüren. Auch wird adäquat demonstriert, daß die hypnotisierten Probanden fähig sind, die unterschiedliche Bedeutung einer Ausführung als Streich oder einfach als eine auf Gehorsam gründende Handlung zu erkennen.

Bericht 30: Während eines zwanglosen Besuchs zeigte der Proband auf seine leere Schachtel und bat den Versuchsleiter um eine Zigarette. Dieser entschuldigte sich, daß er leider keine habe, induzierte eine tiefe Trance und suggerierte dem Probanden, eine aus der gewöhnlich im benachbarten Büro auf dem Schreibtisch liegenden Packung zu stehlen, da der Besitzer nicht wirklich etwas dagegen haben würde. So könnten sowohl er als auch der Versuchsleiter sich an einer Zigarette erfreuen, und dann könnte man das Ganze vergessen. Der Proband erklärte sich völlig einverstanden damit, falls man es dem Besitzer der Zigaretten gestehen dürfe. Als dieses Zugeständnis verweigert wurde, lehnte der Proband alle Suggestionen ab, selbst als der Versuchsleiter anbot, die Zigaretten später durch ein volles Päckchen zu ersetzen.

Als sich der Proband wieder im Wachzustand befand, wurde als Antwort auf sein ursprüngliches Verlangen nach einer Zigarette vorgeschlagen, aus demselben Büro zum Spaß Zigaretten zu stehlen. Dem stimmte der Proband sofort zu, ging in das Büro und holte zwei Zigaretten, gab eine davon dem Versuchsleiter und bestand darauf, daß er sie rauchte, während er die andere rauchte. Später kam heraus, daß dieser Proband dem Besitzer der Zigaretten alles gestanden hatte.

Kommentar: Eine Handlung, die im Wachzustand nicht voll und ganz zu akzeptieren war, was sich daran zeigte, daß die Probanden darauf bestanden, den Versuchsleiter mit einzubeziehen und sich später zu entschuldigen, erwies sich im Trancezustand, trotz des Wissens, daß der Besitzer entschädigt werden würde, als völlig unakzeptabel.

Bericht 31: Ein völlig mittelloser Collegestudent wurde in einer Reihe von Trancen, die sich über einen Zeitraum von Wochen erstreckten, wiederholt instruiert, kleine Geldbeträge zu stehlen, die sein in die Sache eingeweihter Mitbewohner nachlässig herumliegen ließ. Ausgefeilte Suggestionen und Rationalisierungen wurden eingesetzt, jedoch ohne Erfolg. Dennoch konnte er bei jedem neuen Trancezustand dazu gebracht werden, sein gegebenes Versprechen zu erneuern, wenngleich er dringend darum bat, von der Aufgabe befreit zu werden. Schließlich mußte das Experiment abgebrochen werden, da die heftigen Ressentiments des Probanden dazu führten, daß die Amnesien für die Tranceerfahrungen nicht mehr wirkten. Diese waren vom Versuchsleiter als ein Mittel verwendet worden, um die suggerierte Handlung zu fördern und um den Probanden daran zu hindern, den Zweck der wiederholten hypnotischen Trancen zu entdecken.

Später stellte sich heraus, daß der Proband im Verlauf des Experiments unter den Kollegen des Versuchsleiters wiederholt vage Auskünfte über dessen Charakter eingeholt hatte, da er sich sein Verhalten nicht erklären konnte. Als man dem Probanden später das experimentelle Verfahren erklärte, war er sehr erleichtert und protestierte, daß der Versuchsleiter hätte wissen müssen, daß sich Hypnose nicht verwenden läßt, um jemanden in einen Dieb zu verwandeln. Er gab an, daß er jetzt seine vergangenen „seltsamen unglücklichen Gefühle über Sie" verstehen könne, die ihn zu der Zeit sehr belastet hatten und ihn veranlaßt hatten, Informationen über den Charakter des Versuchsleiters einzuholen.

Kommentar: Offensichtlich liegt die Gefahr beim Versuch, verbrecherisches Verhalten durch Hypnose zu induzieren, nicht in einem möglichen Erfolg, sondern im Risiko für den Hypnotiseur selbst. Man kann nur darüber spekulieren, was geschehen wäre, wenn man negative Dinge über den Versuchsleiter verbreitet hätte. Jedenfalls legt das allgemeine Wissen über hypnotische Reaktionen nahe, daß eine ungünstige Auskunft die Suggestionen für eine Amnesie der Tranceereignisse außer Kraft gesetzt hätte. Diese Wahrscheinlichkeit wird in den Berichten 34 und 35 gezeigt.

Experimente, bei denen der Hypnotiseur das Vertrauen der Versuchsperson mißbraucht

Bericht 32: Durch sorgfältige Suggestionen wurde eine Versuchsperson dazu gebracht, eine Aussage als wahr anzusehen, die sie ursprünglich für falsch gehalten hatte. Das Ergebnis war, daß in den folgenden Trancezuständen der feste Glaube an die Wahrheit dieser Aussage zum Ausdruck gebracht, sie im Wachzustand jedoch als falsch erkannt wurde. Handlungen, die sich auf die Aussage bezogen, beschränkten sich auf den Wachzustand, da die Last des Handelns während der Hypnose beim Versuchsleiter lag. Die Bemühungen, den Glauben an die Wahrheit in den Wachzustand zu übertragen, scheiterten offensichtlich deshalb, weil es auf einer bewußten Ebene ein Zusammentreffen bewußter Einwände gegen die Aussage geben mußte.

Kommentar: Dennoch führt das „Vergiften des Verstandes" durch subtile Lügen im Wachzustand dazu, daß man schließlich sowohl bewußt als auch unbewußt eine umfassende Gläubigkeit entwickelt. Offensichtlich verhindern die zeitlichen und situationsbedingten Beschränkungen des Trancezustands, daß sich bei den unterschiedlichen Bewußtseinszuständen ein ähnlicher Glaube entwickelt.

Bericht 33: Einem anderen Probanden gab man boshafte Fehlinformationen über einen Bekannten, die durch die Kollegen des Versuchsleiters systematisch und überzeugend bestätigt wurden. Im Wachzustand entwickelte der Proband gegenüber dem Bekannten eine deutliche Abneigung, verhielt sich mißtrauisch und versuchte, ihn zu meiden. Das Ganze war gepaart mit einer deutlichen Wachsamkeit und einem intensiven Interesse ihm gegenüber. Nach wenigen Tagen beklagte sich jedoch der Proband beim Versuchsleiter, er habe sich seit der letzten Hypnosesitzung zwar vage, doch spürbar unbehaglich gefühlt, ohne zu wissen weshalb, und bat, wieder hypnotisiert zu werden, um sich zu entspannen. Dieser Bitte wurde entsprochen, allerdings wurde versucht, das Thema zu vermeiden. Der Proband bestand jedoch darauf, im Wachzustand seine Erinnerung an die Gespräche der früheren Trance wieder vollständig herzustellen, und erklärte, daß „es einfach sein muß".

Als das schließlich gemacht wurde, reagierte der Proband zwar erleichtert, aber sehr verwirrt und sagte dann: „Also wenn das wahr ist, und alle sagen, daß es stimmt, warum sagen Sie es mir dann, wenn ich schlafe? Selbst wenn sie behaupten, daß es wahr sei, glaube ich es nicht. Ich kann es nicht glauben. Ich müßte es selbst herausfinden, und dadurch, daß Sie es mir einfach sagen, wenn ich schlafe, glaube ich es noch lange nicht. Sie müßten es mir sagen, wenn ich wach bin, damit ich es auch weiß. Was man nicht weiß, kann man nicht glauben, und Sie haben es mir gesagt, als ich schlief, also weiß ich es nicht. Wenn Sie wollen, daß ich etwas glaube, müssen Sie es mir sagen, so daß ich es weiß, wenn ich wach bin und nicht nur wenn ich schlafe. Wenn es wahr ist, dann finde ich es heraus, und dann glaube ich es, aber auf diese Art und Weise ist es nichts anderes als eine fiese Geschichte. Was haben Sie eigentlich vor?"

Die Situation wurde durch den Beweis geklärt, daß das Opfer über das Experiment Bescheid wußte, und die nachfolgende hypnotische Arbeit verlief ohne Schwierigkeiten. Der Proband begründete das damit, daß die gesamte Erfahrung lediglich unangenehm, sonst aber nicht wichtig gewesen sei, außer vielleicht in wissenschaftlicher Hinsicht, und daß die Geschichte niemals glaubhaft war.

Kommentar: Nach den Worten des Probanden zu urteilen, fehlt einer Mitteilung an einen Probanden im Trancezustand offensichtlich ein Realitätsmerkmal oder ein Realitätsniveau, das für ihre Glaubhaftigkeit wesentlich ist. Obwohl die Geschichte im Zustand hypnotischer Unterwürfigkeit akzeptiert wurde, verliert sie dadurch, daß sie nicht durch bewußte Prozesse und bewußte Reaktionen aufgenommen wird, jegliche Glaubwürdigkeit.

Bericht 34: Ein zweiter Proband, der bei einer Wiederholung des obigen Experiments eingesetzt war, zeigte im wesentlichen die gleichen Verhaltensweisen, mit der Ausnahme, daß er nicht nach einer zweiten Trance verlangte. Statt dessen kam er häufig und offensichtlich ziellos in das Büro des Versuchsleiters und beklagte sich etwas vage und zögernd, daß er sich im allgemeinen deprimiert und unglücklich fühle. All das wurde gleichgültig angehört, was schließlich dazu führte, daß der Proband wütend und abrupt wegging.

Etwa eine Stunde später kam der Proband tobend ins Büro gestürzt, und die folgende Situation gestaltete sich sehr schwierig. Nachdem er das Büro verlassen hatte, war ihm langsam und dann immer rascher gedämmert, was sich in der Trancesitzung ereignet hatte. Er erinnerte sich spontan, überprüfte die Situation und die ihm gegebene Fehlinformation, wies sie als unglaubwürdig zurück und entwikkelte gegenüber dem Versuchsleiter und allen Beteiligten eine furchtbare Wut. Als ihm jedoch das Versuchsprotokoll und die Aufzeichnungen der Beobachtungen gezeigt wurden, sowie Beweise, daß das Opfer eingeweiht war, korrigierte er seine Haltung, wobei vermutlich seine wissenschaftliche Ausbildung und sein intensives Interesse an klinischer Psychologie und Hypnose eine Hilfe waren.

Als die Erfahrung ein paar Tage später überprüft wurde, führte der Proband im großen und ganzen die gleichen Erklärungen an wie der erste Proband. Ferner wurde die Intensität des Wutausbruchs als Reaktion auf die Verletzung der Beziehung zwischen Hypnotiseur und Proband erklärt, ausgelöst durch das scheinbare Desinteresse des Versuchsleiters an den vagen Klagen über Streß sowie durch seine praktische Weigerung, in einer Situation die Verantwortung zu übernehmen, in der er allein die gesamte Verantwortung zu tragen hatte. Wie beim ersten Fall verlief die weitere hypnotische Arbeit mit dem Probanden ohne Probleme.

Kommentar: Neben einer Bestätigung der Ergebnisse des vorhergehenden Experiments liefert dieser Bericht besonders aufschlußreiche Informationen in bezug auf die allgemeine Nutzlosigkeit dieser Versuche, Hypnose zu mißbrauchen, sowie auch auf das ernste Risiko, dem der Hypnotiseur bei solchen Versuchen ausgesetzt ist. Das Ergebnis läßt auch ahnen, was in dem Diebstahlexperiment in Bericht 31 hätte herauskommen können, wenn man es nicht abgebrochen hätte.

Bericht 35: Ein tatsächlicher Fall, bei dem Hypnose bewußt skrupellos angewandt wurde, betrifft einen hypnotischen Probanden, der von Herrn Blank, einem fähigen Hypnotiseur mit einem etwas fragwürdigen Charakter und einer starken Abneigung gegen den Autor, in Laborexperimenten eingesetzt wurde. Der Proband manifestierte im Verlauf einiger Wochen immer stärkere Vermeidungsreaktionen gegenüber dem Autor, mit dem er flüchtig bekannt war. Nachdem er sich etwa einen Monat lang so verhalten hatte, platzte er eines Tages ins Büro des Versuchsleiters, forderte grob dessen Aufmerksamkeit und ließ die folgende Tirade los: „Ich mag Sie nicht, ich hasse Sie, ich verachte Sie, ich habe keinen Respekt für Sie, ich kann Ihren Anblick nicht ertragen, und ich weiß nicht warum. Deshalb bin ich da. Ich will das herausfinden. Ich möchte, daß Sie mich hypnotisieren, und wenn ich in Trance bin, sollen Sie mich fragen, damit ich es Ihnen sagen kann. Für Sie ist das vielleicht nicht wichtig, mir jedoch schon, und ich will wissen, was das alles soll!"

Versuche, ihn im Wachzustand zu befragen, führten nur zu der mürrischen Antwort, auf der er hartnäckig bestand, daß er nicht hergekommen sei, um Worte zu wechseln, sondern um sich hypnotisieren zu lassen, um etwas herauszufinden. *Er fügte jedoch hinzu, daß er noch niemals etwas gegen den Autor getan oder gesagt hätte und daß niemand wisse, wie er sich fühle.* Ferner erklärte er, daß er ein gut trainierter Proband sei und daß er sicher sei, leicht in einen befriedigenden Trancezustand zu gelangen.

Ihn beim Wort nehmend, induzierte der Autor leicht eine tiefe Trance, rekapitulierte die Bemerkungen, die er gemacht hatte, als er ins Büro gekommen war, und fügte hinzu, daß er jetzt vielleicht wisse, was er damit wolle. Sofort fing der Proband an, eine lange, detaillierte Geschichte zu erzählen, wie ihn Blank in nahezu täglichen hypnotischen Sitzungen im Verlauf von zwei Monaten einer endlosen Litanei von Anspielungen ausgesetzt hatte, verschleierten Hinweisen und subtilen Suggestionen, die den Autor diskreditierten. Der Proband erklärte, daß ihm die Situation immer unerträglicher werde, auch wenn er den Bemerkungen keinen Glauben schenke, und daß es jetzt unbedingt erforderlich sei, ihr zu entkommen. Wie er das anstellen solle, wisse er nicht, da er Blanks experimentelle Arbeit nicht stören wolle, die er im übrigen für ausgezeichnet halte, was auch tatsächlich der Fall war. Er schlug dann vor, daß es ihm vielleicht helfen könne, wenn er sich an diese Dinge bewußt erinnere, da ihn Blank immer dringend instruierte, sich niemals bewußt an seine Tranceerfahrungen zu erinnern, denn um welche Erinnerungen es sich auch handle, sie könnten die experimentelle Arbeit stören, obwohl diese einen rein physiologischen Charakter hatte.

Der Vorschlag des Probanden wurde akzeptiert und ausgeführt, wobei sich seine Haltung gegenüber dem Autor völlig wandelte, er dagegen jetzt auf Blank einen Zorn hatte. Dieser Zorn war jedoch so kontrolliert, daß die experimentellen Ergebnisse, die Blank von ihm erhielt, mit denen anderer Probanden übereinstimmten. Nach Beendigung der Experimente weigerte sich der Proband, mit Blank weiter zu arbeiten. Nach der Trance mit dem Autor, so erklärte er später, habe er sich während der Trancen mit Blank an alle Ereignisse, die nichts mit dem Experiment zu tun hatten, erinnern können und sei sie auf diese Art und Weise sofort nach dem Erwachen „losgeworden".

Bei einer späteren Gelegenheit wurde ein anderer Proband Blanks vom Autor hypnotisiert, und die Befragung ergab, daß bei ihm ein ähnlicher Versuch unternommen worden war, seine Reaktion jedoch so gewesen sei: „Ich kenne Sie aber und mag Sie, also hörte ich nicht auf das, was er sagte, und als er nicht damit aufhörte, sagte ich ihm einfach, daß ich Sie mag und Sie ein Freund von mir sind, worauf er den Mund hielt."

Kommentar: Hier haben wir es tatsächlich mit einem skrupellosen Versuch zu tun, Hypnose zu mißbrauchen, und dennoch führte er trotz der extrem großen Vorsicht, mit der er durchgeführt wurde, zu Ergebnissen, die allein für den Hypnotiseur selbst nachteilig waren, und der Versuch verursachte auch nicht so große Persönlichkeitsstörungen, daß die legitime hypnotische Arbeit, die der skrupellose Hypnotiseur mit ihm ausführte, hätte behindert werden können. Es ist auffallend, wie adäquat und effektiv der offensichtlich für solcherlei Mißbrauch ansprechbare Proband seine Schutzmaßnahmen einsetzte.

Zusammenfassung und Schlußfolgerung

Zusammenfassend läßt sich ausführen, daß bei einer großen Zahl von gut trainierten Probanden eine große Vielfalt experimenteller Verfahrensweisen eingesetzt wurde, um sie im Trancezustand oder aufgrund von Befehlen oder Suggestionen, die im Trancezustand gegebenen wurden, zu veranlassen, unkonventionelle, schädliche, antisoziale und selbst kriminelle Handlungen zu begehen. Solche Handlungen sollten Aggressionen gegen sich selbst und andere umfassen und einen direkten Mißbrauch des hypnotischen Probanden durch den Hypnotiseur ermöglichen. Die größten Anstrengungen wurden unternommen, um Kontrolluntersuchungen durchzuführen, die die Möglichkeit von Verhalten im Wachbewußtsein miteinbezogen. Auch waren wir sehr darum bemüht, für realistische experimentelle Situationen zu sorgen und für ausreichende und vielfältige hypnotische Suggestionstechniken. Die Ergebnisse zeigten in schöner Beständigkeit auf, daß die hypnotischen Probanden durch die experimentellen Maßnahmen nicht dazu veranlaßt werden konnten, zu mißbilligende Handlungen durchzuführen, obwohl viele der suggerierten Handlungen für sie bei wachem Bewußtsein akzeptabel waren. Statt dem Hypnotiseur blind, unterwürfig, automatisch und gedankenlos zu gehorchen und seine sorgfältig gegebenen Suggestionen und Befehle zu akzeptieren, waren die Probanden durchaus in der Lage, sich selbst zu schützen, zeigten ein umfassendes Verständnis und ein kritisches Urteilsvermögen gegenüber Befehlen, die sie vermieden, umgingen oder völlig ablehnten, zeigten sich ablehnend und unwillig gegen Instrumentalisierung, und den zu mißbilligenden Suggestionen und Befehlen des Hypnotiseurs begegneten sie mit offenen Aggressionen und Vergeltungsmaßnahmen. Ferner zeigten viele, daß sie absolut fähig waren, die Kontrolle über die hypnotische Situation zu übernehmen, und sie taten dies auch tatsächlich, indem sie den Versuchsleiter zwangen, seine unannehmbaren Suggestionen wiedergutzumachen.

Hätten wir die obigen Experimente als offensichtliche experimentelle Untersuchungen durchgeführt, so ist es durchaus möglich, daß die Probanden sich in solchen geschützten Situationen realistisch verhalten hätten. Unter diesen Bedingungen wäre das Ergebnis jedoch keine Funktion der Hypnose selbst, sondern lediglich der allgemeinen Situation. In einem solchen Setting könnte man einen Probanden überlisten, eine zu mißbilligende Handlung zu begehen, der Betrug würde jedoch nicht von der Hypnose abhängen. Vielmehr wäre er auf völlig andere Faktoren zurückzuführen, und die Hypnose könnte sich, wie oben wiederholt gezeigt, als ein Hindernis für einen Betrug erweisen, der auf anderen Faktoren beruht.

Die aus diesen experimentellen Ergebnissen zu ziehenden Schlußfolgerungen lauten demnach, daß sich Hypnose nicht verwenden läßt, um hypnotisierte Menschen dazu zu bringen, tatsächlich verwerfliche Handlungen zu begehen, die gegen sie oder gegen andere gerichtet sind, und daß das Risiko bei diesen Versuchen allein der Hypnotiseur zu tragen hat, der damit rechnen muß, hart kritisiert, abgelehnt und bloßgestellt zu werden.

8. Der Fall einer möglicherweise schädlichen Fehlinterpretation von Hypnose[1]

Milton H. Erickson

Dieser Bericht ist ein Zusatz zu dem Artikel von Lawrence M. Staples, D.M.D., „One Aspect of Legal Implication Involved During the Use of Hypnosis", der in dieser Ausgabe veröffentlicht ist. Er ist nur einer von vielen Fehlinterpretationen; er wird hier dargestellt wegen seiner Aktualität und seinem einfachen Aufbau.

Im Frühjahr 1960 demonstrierte ein Student zu Unterhaltungszwecken Hypnose. Zuerst versuchte er, Frau A., eine jungverheiratete Frau mit mehreren Kindern, zu hypnotisieren. Frau A. behauptete wiederholt, daß er sie nicht hypnotisieren könne und daß sie „nicht klug genug" sei, um hypnotisiert zu werden. Nach zwei erfolglosen Versuchen mit Frau A. versuchte es der Student mit einem anderen Mitglied der Gruppe, hatte Erfolg und demonstrierte ausführlich das Phänomen der Altersregression. Dabei erklärte er fälschlicherweise, daß er ganz sorgfältig jeden einzelnen Schritt des Vorgehens im Gedächtnis behalten müsse, da seine Versuchsperson sonst vielleicht für immer in einem Kindheitsstadium verbleiben könnte. Später berichtete Frau A. ihrer Freundin, Frau B., was geschehen war.

Einige Monate später wurde Frau B.s kleiner Sohn während einer zahnärztlichen Behandlung erfolgreich hypnotisiert. Als sie über Hypnose diskutierten, betonte der Zahnarzt, daß man sie nur in seinem eigenen Zuständigkeitsbereich anwenden sollte, nicht zur Unterhaltung, und daß es falsch sei, damit zu „spielen".

Drei weitere Monate verliefen ohne Zwischenfall, doch dann hatte Frau A. plötzlich einen schweren „Nervenzusammenbruch", der eine eingehende psychiatrische Behandlung erforderlich machte. Diesen Zusammenbruch hielt man nicht für sehr bemerkenswert, da bekannt war, daß Frau A. eine äußerst traumatische Lebensgeschichte hatte. Sie hatte sehr früh ihre Mutter verloren, war in verschiedenen Pflegefamilien aufgewachsen, von denen sie einige abgelehnt hatten, hatte sich immer zurückgesetzt und ungeliebt gefühlt und hatte eine lange Geschichte von unberechenbaren Wutausbrüchenausbrüchen. Sie hatte auch das Gefühl, vor ihrer Ehe nie glücklich gewesen zu sein.

---

1 Zuerst erschienen in: *The American Journal of Clinical Hypnosis 3*, April 1961, 242–243

Voller Verwunderung über das Wesen der Geisteskrankheit und mit viel Anteilnahme erinnerte sich Frau B. etwa einen Monat nach Frau A.s Krankheitsausbruch an eine Laiendiskussion über ihre Symptome. Als sie darüber nachdachte, beeindruckte sie die Ähnlichkeit zwischen dem hilflosen psychotischen Verhalten sowie den wahnhaften Behauptungen der Patientin, wie sie für eine akute, katatone, schizophrene Episode charakteristisch sind, und ihren eigenen Erinnerungen an Frau A.s Bericht über die hypnotische Altersregression während jener geselligen Unterhaltung. Sie kam zu dem Schluß, daß Frau A. trotz ihrer gegenteiligen Behauptungen zum Zeitpunkt des Geschehens versehentlich hypnotisiert worden sei und gleichzeitig mit der anderen Versuchsperson regredierte. Dieser Effekt hätte irgendwie geruht, um nach vielen Monaten völlig unerwartet als „Nervenzusammenbruch" zutage zu treten.

Sie war davon überzeugt, wichtigen Informationen bezüglich der Wiederherstellung von Frau A. auf der Spur zu sein, aber glücklicherweise war sie so vernünftig, den Zahnarzt aufzusuchen, der ihren Sohn hypnotisiert und betont hatte, daß es „falsch sei, mit Hypnose zu spielen" oder sie zur Unterhaltung anzuwenden.

Der Zahnarzt gestand seine fehlende Kompetenz auf dem Gebiet der Psychiatrie ein und übergab die Angelegenheit zur psychiatrischen Untersuchung an den Autor.

Dieser Fall zeigt noch einmal sehr deutlich, daß gute Absichten, die auf mangelnden Kenntnissen, unlogischen Schlußfolgerungen und Post-hoc-propter-hoc-Denken basieren, dazu hätten führen können, alle Beteiligten zu schädigen, wenn der Zahnarzt nicht gut genug informiert gewesen wäre, um die Kette von Fehlinformationen und Mißverständnissen zu unterbrechen, die aus Frau B.s eifrigen, aufrichtigen Bemühungen zu helfen resultierten.

Aufgrund dieser Mißverständnisse hätte, auch wenn sie auf dem uninformierten Bemühen basierten, nützlich zu sein, irreparabler Schaden über die drei an dem gesellschaftlichen Spielchen beteiligten Familien kommen können. Dem Studenten hätte ungerechtfertigterweise die Schuld zugeschrieben werden können, und die Anwendung von wissenschaftlicher Hypnose durch seriöse Experten hätte in den Augen der Öffentlichkeit fragwürdig erscheinen können.

Es ist schlimm genug, daß die Patientin eine lange, traumatische Geschichte und eine erkennbare Psychose hat, ohne daß diese Umstände durch Fehlinterpretationen noch mehr verwirrt werden. Es ist äußerst wünschenswert, daß ihre Verwandten und ihre Umgebung ihren Zustand möglichst in einem psychiatrischen Sinn verstehen, und nicht in Form eines uninformierten, irreführenden Post-hoc-Denkens, das für wissenschaftliche Erkenntnisse so destruktiv ist.

9. Rückensyndrom nach Bühnenhypnose[1]

Milton H. Erickson

Im Verlauf der vergangenen 14 Jahre sind dem Autor etwa ein Dutzend Patienten begegnet, sowohl Männer als auch Frauen und alle unter 30 Jahren, die zwei besondere Erfahrungen miteinander teilten. Die erste Erfahrung bestand darin, daß sie als freiwillige Versuchspersonen für einen Bühnenhypnotiseur fungiert hatten, der seinen Zuschauern die völlige Körperkatalepsie demonstrierte, indem er den starren Körper seiner Versuchsperson zwischen zwei Stühlen oder ähnlichen Stützen aufhängte und den starren Unterleib der Versuchsperson mit schweren Gewichten belastete.

Die zweite Erfahrung bestand in langandauernden Rückenschmerzen, die schwer zu beschreiben waren, den behandelnden Arzt aufgrund ihres vagen Ursprungs und merkwürdigen Symptomatologie vor ein Rätsel stellten und auf die Behandlung nicht zufriedenstellend ansprachen.

Als diese Patienten nach ihrer Krankengeschichte gefragt wurden, stellte sich bei jedem Fall heraus, daß der Zeitabstand zwischen Bühnenhypnose und Rückenschmerzen zwischen fünf und sieben Monate betrug. Keiner der Patienten hatte spontan einen Zusammenhang zwischen Bühnenhypnose und den Rückenschmerzen hergestellt, und dies wurde ihnen auch nicht suggeriert, da es sich um Patienten handelte, die aus anderen Gründen zur Psychotherapie gekommen waren. Allerdings waren sie vor Bühnenhypnotiseuren gewarnt worden, und diese Warnung wurde bereitwillig, in manchen Fällen begierig akzeptiert.

Zu Beginn traten die Rückenschmerzen gewöhnlich auf zweierlei Art auf. Bei einer Minderheit der Patienten begannen sie auf eine heimtückische Art. Ein Patient beschrieb sie so: „Sie schlichen sich an mich heran, bis sie so schlimm waren, daß ich sie einfach spüren mußte, und dann machten sie mir schwer zu schaffen." Doch die meisten Patienten brachten den Ausbruch der Schmerzen mit einer harmlosen Überanstrengung der Muskeln in Verbindung. So hatte ein Patient den Eindruck, daß „mit meinen regelmäßigen Liegestützen etwas schiefgegangen sein muß und ich mir den Rücken verrenkt habe, aber ich habe es nicht gleich gemerkt". Ein anderer dachte, daß es an seiner

---

1 Zuerst erschienen in: *The American Journal of Clinical Hypnosis 5*, October 1962, 141–142

falschen Haltung beim Golfspielen gelegen habe. Noch ein anderer sprach von einem möglichen verrenkten Rücken während seiner regelmäßigen Tauchübungen. Einige Frauen schoben die Schmerzen auf das Gewicht der fortgeschrittenen Schwangerschaft. Eine erklärte es als eine Folge davon, daß „mein ganzer Körper wie gelähmt erstarrte, als ich diesen Autounfall sah". In keinem Fall wurde eine auch nur einigermaßen plausible Ursache beschrieben, die man hätte akzeptieren können.

Trotz ihrer unterschiedlichen Persönlichkeit und ihres Hintergrundes beschrieben diese Patienten ihre Beschwerden in bemerkenswert vergleichbaren Begriffen. Die verschiedenen Darstellungen lassen sich am besten durch typische Zitate zusammenfassen, die die von allen Patienten beschriebenen, hervorstechenden Sypmtome am deutlichsten schildern:

1. „Der Rücken tut überall furchtbar weh, aber man kann einfach nicht genau ausmachen, wie weh es tut oder wo genau; es fühlt sich an wie Nadelstiche in den Knochen, die kommen und gehen."
2. „Der Nacken und die Oberseite der Schulter tun weh, man spürt es genau, aber man kann dem Arzt nicht genau zeigen wo." (Allerdings gaben einige Patienten an, daß ihre Beschwerden von einem schmerzhaften Zustand oben am Dornfortsatz der oberen Wirbelsäule begleitet wurden.)
3. „Da, wo die Rippen mit der Wirbelsäule verbunden sind, hat man das Gefühl, als würden sie abgerissen, besonders die unteren Rippen."
4. „Das Atmen kommt einem schwer vor, aber es scheint einen nichts daran zu hindern. Man fühlt sich einfach so."
5. „Wegen diesen Rückenschmerzen hat man Angst, sich zu bewegen, und man hält sich steifer, und das verschlimmert die Schmerzen, aber man hat immer noch Angst, sich zu bewegen."
6. „Wenn man Schmerzen nicht aushalten kann, dann liegt man mehr oder weniger auf der Nase, oder man nimmt haufenweise Schmerzmittel und Schlaftabletten, und nach ungefähr drei Monaten verschwinden die Schmerzen allmählich wieder."

Die medizinische Behandlung dieser Patienten umfaßte viele verschiedene Medikamente und Verfahren, einschließlich Gips- und Streckverbände. Am wirkungsvollsten erschienen jedoch die natürlichen Heilungsprozesse des Körpers im Verlauf der Zeit.

Bei den ersten Fällen wurde der körperliche Zustand vom Autor nicht völlig erkannt und die Patienten darum auch nicht umfassend befragt. Bei allen anderen Fällen dieses Berichts handelt es sich um Patienten, die detailliert über eine vergangene Behinderung berichteten. Drei Patienten, die den Autor in einem frühen Stadium ihres Zustandes aufsuchten, wurden zwecks Voruntersuchung an einen Orthopäden überwiesen, kamen allerdings nicht zurück, weil die Orthopäden sie vor der Anwendung von Hypnose durch einen Psychiater warnten.

Dieser Bericht erhebt keinen Anspruch auf Endgültigkeit, sondern will lediglich bei denjenigen Interesse wecken, die eher in der Lage sind als ein Psychiater, bestimmte unklare Arten von Rückenschmerzen offensichtlich unbekannter Kausalität eingehender zu untersuchen und öffentlich zu machen, daß ein traumatischer Zustand möglich ist, der die Bezeichnung Rückensyndrom nach Bühnenhypnose verdient.

Der Autor versucht keinesfalls, diesen ihm beschriebenen Zustand zu erklären. Es erscheint unverständlich, daß die traumatischen Ergebnisse sich erst nach fünf bis sieben Monaten manifestieren. Allerdings wurde das psychologische Wohlergehen des Patienten für viel wichtiger erachtet als eine Untersuchung der Einzelheiten einer vergangenen Erfahrung, die zur Entwicklung neuer Ängste und Sorgen führen könnte. Folglich wurde den Patienten keine Gelegenheit gegeben, eine Verbindung herzustellen zwischen den Rückenschmerzen und dem, was sie nur als albernen und etwas peinlichen exhibitionistischen Vorfall ansahen, und so neue neurotische Sorgen zu entwickeln. Akute Fälle lassen sich viel detaillierter und wirkungsvoller untersuchen und eröffnen außerdem viel bessere Möglichkeiten, informative Ergebnisse zu erzielen.

10. Editorial[1]

Milton H. Erickson

In den letzten Jahren hat der Autor wegen seines bekannten Interesses an Hypnose eine Menge Telephonanrufe und Besuche unter dem Vorwand der Beratung erhalten. Diese Beratungen stellten sich als Versuche von Laien heraus, Hilfe und Instruktionen dazu zu erhalten, wie sie mit Hilfe von Hypnose andere Menschen ausnutzen könnten. Der Autor ist auch nicht der einzige, den skrupellose und unkundige Laien vor ihren Karren spannen wollten. Viele Kollegen haben über ähnliche Vorkommnisse berichtet.

Vor kurzem rief ein Laienhypnotiseur an und verlangte nachdrücklich nach Informationen. Er suchte Anweisungen für eine neue Technik, um sie in einem „Notfall" anzuwenden. Ungeduldig erklärte er, er habe die Oberschule abgeschlossen, sich einer Ausbildung in einer örtlichen Laienschule für Hypnose unterzogen und eine Hypnosetechnik für die Bühne erlernt. „Nebenher" hätte er diese Technik benutzt, um zahlende Kunden anzuwerben und sie von Kopfschmerzen, Rückenschmerzen und verschiedenen schlechten Gewohnheiten wie Überessen und Rauchen zu „heilen".

Er sagte, er habe jetzt einen Notfall. Er habe seiner „Klientin" gesagt, daß er ihr das Rauchen durch Hypnose abgewöhnen könne und daß die „Behandlung" sofort wirksam wäre. Die Klientin hatte auf die einzige Tranceinduktionstechnik, die er kannte, gut reagiert und seine „therapeutischen" oder „korrektiven" posthypnotischen Suggestionen akzeptiert, daß „der Gedanke an eine Zigarette, ihre Erwähnung oder ihr Anblick Brechanfälle auslösen" würden. Jetzt ersuchte er dringend, ihm telephonisch eine andere Tranceinduktionstechnik durchzugeben, da er bei seinem Opfer, das „seit drei Tagen Brechanfällen ausgesetzt ist und weitere Hilfe braucht", keine Trance mehr induzieren könne. Er weigerte sich, seinen Namen oder den seines Opfers anzugeben, sagte aber, daß sie vor zwei Jahren in psychiatrischer Behandlung gewesen sei und daß er sich offensichtlich eine selbstzerstörerische Persönlichkeit ausgesucht habe, die die Situation ausnutze. Außerdem weigerte er sich aus Angst vor den Konsequenzen, sein Opfer zu einem Arzt zu bringen. Statt dessen bestand er

---

1 Zuerst erschienen in: *The American Journal of Clinical Hypnosis* 7, July 1964, 1–3

darauf, vom Autor sofort telephonische Anweisung zu erhalten, wie er „mit diesem Notfall umgehen" solle, den sein Mangel an medizinischer Ausbildung, Urteilsvermögen und gesundem Menschenverstand heraufbeschworen hatte.

Die Ermahnungen und Bedenken des Autors wegen seines Verhaltens wies er schroff zurück und behauptete, daß der Autor sich bloß „in das Revier eines ehrlichen, seinem Berufsethos verpflichteten Laienhypnotiseurs drängen" wolle, und daß er ein „qualifizierter Hypnotechniker" sei, dem es nur an ein paar „hypnotischen Techniken" mangele. Danach beendete er zornig das Telephongespräch.

Dieser Fall läßt sich mit einem anderen Beispiel vergleichen, bei dem ein „seinem Berufsethos verpflichteter Laienhypnotechniker" seine psychosomatische Privatpraxis im Telephonbuch eintragen ließ. Er heilte „nächtliches Zähneknirschen" und gab seiner Klientin die posthypnotische Suggestion, daß das „Zähneknirschen" ganz einfach geheilt werden könne, wenn man die Zunge zwischen die Zähne stecke und „so fest knirscht, daß ganz schnell ein posthypnotisch konditionierter Reflex hergestellt und dadurch die schlechte Gewohnheit abgestellt wird".

Der behandelnde Arzt riet dem Opfer, einem jungen Mädchen, das durch die Zungenverletzung stark behindert wurde, den Mann wegen Praktizierens der Medizin und Zahnmedizin ohne Lizenz zu verklagen. Leider teilte sie dem Scharlaten ihre Absicht mit, und er verließ die Stadt mit unbekanntem Ziel. Das Ergebnis war, daß bei einem Arzt große Widerstände gegen Hypnose geweckt wurden, ein Mädchen hatte leiden müssen und Hypnose in Verruf geraten war, und der „seinem Berufsethos verpflichtete Laienhypnotechniker", wie es in seinem Inserat hieß, übte wahrscheinlich weiterhin an einem anderen Ort seine „seinem Berufsethos verpflichtete hypnotechnische" Praxis der Medizin und Zahnmedizin an anderen Opfern aus. Das Mädchen, ein zwanghaft hysterischer Typ, berichtete und bestätigte dem Autor diesen Sachverhalt, als sie zur Behandlung kam.

Es kamen unzählige Anrufe von Scharlatenen, die sich selber als „ihrem Berufsethos verpflichtete Laienhypnotiseure" bezeichneten. Unqualifizierte Personen kamen in Scharen zur Spezialausbildung, um ihre Praxen der Medizin und Psychiatrie unzulässigerweise mittels sorgfältig formulierter Behauptungen in den Gelben Seiten des Telephonbuchs inserieren zu können, wobei sie nach Möglichkeit den Namen eines ehrbaren Arztes mit in das Inserat aufnahmen. Das Warenzeichen des Scharlatans ist in der Tat das Eindruckschinden mit bekannten Persönlichkeiten in den selbstverherrlichenden Inseraten, insbesondere in Werbebroschüren, die mit der Post verschickt werden.

Viele seiner Kollegen haben dem Autor von ähnlichen Erfahrungen berichtet. Aufgrund falscher und einseitiger Informationen stellt dieser Zustand eine ernste Gefahr für die breite Öffentlichkeit dar. Viele Krankenhäuser sowie ärztliche Vereinigungen der Bezirke und Staaten verbieten qualifizierten, kompetenten und voll ausgebildeten Medizinern die korrekte Ausübung einer Technik, die von unlizenzierten, uninformierten Scharlatanen mehr schlecht als recht und obendrein noch mit großartigen und die Öffentlichkeit irreführenden Versprechungen ausgeübt wird.

Man braucht bloß die Gelben Seiten der Telephonbücher in den Städten des ganzen Landes zu Rate zu ziehen, um zu erkennen, daß die Ärzteschaft, anstatt sich sachkundig zu machen, diesen pseudomedizinischen Betrügern der allgemeinen Öffentlichkeit hilft, indem sie Hypnose als legitime Methode der Heilkunst allzuoft links liegen läßt. Die Bevölkerung ist in der derzeitigen Situation gezwungen, Scharlatane um ärztliche Hilfe aufzusuchen, die eigentlich völlig in der Zuständigkeit der in den Heilkünsten ausgebildeten Experten liegen sollte.

Hier ist ein Beispiel dafür, wie mangelnde Kenntnisse der Ärzteschaft über Hypnose und ihre Ermutigung von Laienhypnotiseuren zu Fehlern führen: Eine Ärztevereinigung aus dem Mittleren Westen lud einen Scharlatan ein, der seinen akademischen Titel aus dem Katalog eines Diplomversandhauses in Indiana bestellt hatte, bei ihrer Jahresversammlung einen Vortrag zu halten. Für diesen „Dienst" bekam er ein Honorar und hielt diese Rede in einer Stadt, in der „qualifizierte, ihrem Berufsethos verpflichtete Hypnotechniker" behaupten, 200 Mitglieder zu haben, die sich rühmen, „in ihrer professionellen Praxis Migräne, Rückenschmerzen, Kopfschmerzen, Alkoholismus, Rauchen, Emphyseme, Fettleibigkeit, Colitis usw." zu behandeln und zu heilen. (Nebenbei bemerkt hat der Autor unter verschiedenen Namen von Fehlern strotzende, mit Bleistift auf einem Notizblock geschriebene Anfragen verschickt und von verschiedenen dieser Organisationen eine Menge Informationen und Einladungen erhalten, an Kursen teilzunehmen und „amtlich zugelassener Hypnotechniker" zu werden oder ein „qualifizierter Laienhypnotiseur, der Ärzten und Zahnärzten bei ihrer Arbeit assistieren und Fälle behandeln kann, die zur Therapie überwiesen werden" oder ein „ausgebildeter, seinem Berufsethos verpflichteter Laienhypnotiseur, der in der Lage ist, verschiedene körperliche und geistige Störungen zu behandeln" usw. Der durch die mühsame, schlecht leserliche Bleistiftschrift, den linierten Notizblock, die Rechtschreibfehler und Ausradierungen erwiesene Bildungsmangel stellte kein Hindernis dar für die Teilnahme an Kursen zur „amtlichen Zulassung als ausgebildeter, seinem Berufsethos verpflichteter Laienhypnotiseur, der qualifiziert ist, Hypnose bei körperlichen und geistigen Störungen zu praktizieren".)

Ein weiteres Beispiel ist das einer medizinischen Fakultät im Osten, die für ihr Promotionsprogramm eine Gruppe von Dozenten vorsah, von denen einer ein staatlich anerkannter „Psychologe" war. Sein Studienbuch zeigte, daß er nur 30 Einzelstunden psychologische Kurse belegt hatte. Der Bundesstaat, der seine Zulassung ausstellte, erklärt, daß dafür zwar offiziell der Doktorgrad in Psychologie verlangt wird, daß jedoch das unglückliche Hintertürchen einer wohlwollende Klausel die Zulassung eigentlich unqualifizierter Personen gestattet.

Noch ein Beispiel ist das einer zahnmedizinischen Fakultät, der offiziell empfohlen wurde, einen geplanten Kurs über Hypnose abzusagen. Dieser Kurs sollte von einer Fakultät geleitet werden, zu deren Mitgliedern neben zwei Psychiatern – der eine mit einem Diplom des American Board of Psychiatry and Neurology und Fellow of the American Psychological Association, der andere Inhaber eines Doktortitels in Psychologie sowie Mitglied des American Psychiatric and Psychological Associations – auch qualifizierte Internisten, Geburtshelfer, Anästhesisten, Psychologen und Zahnärzte gehörten. Begründet wurde die Absage damit, daß ein solcher Kurs angeblich nur unter der Schirmherrschaft der psychiatrischen Abteilung der medizinischen Fakultät stattfinden dürfe. Zur gleichen Zeit, als dieser Kurs in einer anerkannten zahnmedizinischen Fakultät von einer offiziell ernannten, zentralen medizinischen Kommission abgelehnt wurde, verabschiedete die Legislative eines anderen Bundesstaates, beeinflußt durch Laienhypnotiseure, ein Gesetz, das die medizinische Anwendung von Hypnose durch Laienhypnotiseure erlaubt. Dieser Schritt wurde durch keine offiziellen Ärztevereinigungen behindert.

All das steht im krassen Gegensatz zur konstruktiven und verantwortlichen Tat einer kanadischen Ärztevereinigung, die denselben Scharlatan als Sprecher zu ihrer Jahresversammlung eingeladen hatte wie die Ärztevereinigung aus dem Mittleren Westen. Sie wurde dazu ermutigt durch die vorhergehende Einladung, auf der Jahresversammlung einer Ärztevereinigung eines US-Bundesstaates einen Vortrag zu halten, eine Tatsache, die der Scharlatan in seinen Inseraten voll ausnutzte.

Glücklicherweise überprüfte die kanadische Vereinigung aufgrund der entsprechenden Gesetzgebung des Landes die Zeugnisse des Scharlatans bei seiner Ankunft und wies ihn wegen betrügerischer Vorspiegelung falscher Tatsachen aus dem Land. Man ersetzte ihn im Programm durch einen ordnungsgemäß ausgebildeten und erfahrenen medizinischen Experten.

Leider haben sowohl die amerikanische Ärztevereinigung als auch die amerikanische Psychiatervereinigung viel dazu beigetragen, die Anwendung von Hypnose durch medizinisch kompetente Personen zu verhindern, die ihre Fähigkeiten schon hinreichend bewiesen haben, alle Arten von Patienten unter allen möglichen Streß- und Belastungsbedingungen gut und erfolgreich zu behandeln. Und in den Telephonbüchern der Orte, an denen diese Vereinigungen ihren Sitz haben, nämlich Chicago und Washington D.C., sind diese Scharlatane Legion. Sie lachen sich ins Fäustchen, daß sie die Experten, die Hypnose korrekt anwenden könnten, verdrängen. Verlierer sind die Ärzte, die Öffentlichkeit wie auch die Wissenschaft selbst. Außer den skrupellosen Ausbeutern profitiert niemand.

Man kann nur bedauern, daß dem wissenschaftlichen Fortschritt im Verlauf der Geschichte der Wissenschaft, auch der medizinischen Wissenschaft, zu viele Steine in den Weg gelegt worden sind durch diejenigen, die ihn eigentlich hätten fördern müssen, und daß dieser Fortschritt durch diejenigen behindert worden ist, die menschliche Schwächen und Ignoranz zu ihrem Vorteil nutzen.

11. Editorial[1]

Milton H. Erickson

Der Autor läßt sich in seiner psychotherapeutischen Praxis von seinen eigenen Auffassungen leiten, was er in der Psychotherapie für wirkungsvoll hält. Außerdem ist er mit den vielen unterschiedlichen Lehrmeinungen über die Methodik der Psychotherapie vertraut. Er kennt die vielfältigen Mittel und Wege, wie ein Patient behandelt, manipuliert, bekehrt, umerzogen, neukonditioniert und zu einer konstruktiveren Lebensweise als derjenigen, die dazu geführt hat, daß er Hilfe sucht, hingeführt werden kann. Für den Autor ist das Hinführen des Patienten zu einer befriedigenderen Lebens- und Selbstdarstellungsweise an sich ein berechtigtes und wünschenswertes Ziel. Zu erfahren, wie dies am besten erreicht werden kann, ist ein Anliegen aller Studenten psychotherapeutischer Verfahren.

Wenn es auch das Hauptanliegen ist, ist das Erreichen des Ziels doch nicht der einzige Gesichtspunkt. Auch der Aufwand an Zeit und Mühe und vor allem die möglichst volle Nutzbarmachung der funktionalen Kapazitäten und Fähigkeiten des Patienten sowie seines Erfahrungslernens und seiner Fertigkeiten sind es wert, beurteilt, geplant und vom Therapeuten überdacht zu werden. Diese sind wichtiger, als dem Patienten neue Lebensweisen beizubringen, die der Therapeut möglicherweise aus seinem unvollständigen Verständnis dessen entwickelt, was er für den Betroffenen für richtig und nützlich hält. Den Autor beunruhigen solche Therapeuten am meisten, die willkürlich erklären: „Sie werden X Mal pro Woche drei Jahre lang zur Therapie kommen müssen, bevor Sie sich für angepaßt genug halten können, um das Leben zu meistern." Für den Autor liegen solche Erklärungen auf der gleichen Ebene wie die eines Laienhypnotiseurs, der in zehn einfachen Lektionen ungeniert ein völlig neues Leben verspricht. Keiner dieser Möchtegern-Therapeuten berücksichtigt die Individualität der Patienten, ihre besonderen Lernfähigkeiten sowie Ihre Fähigkeit, entsprechend ihrer Veranlagungen zu handeln und ihr Wissen zu vertiefen. Die Rolle der Emotionen im Funktionsmuster eines Patienten wird nur im Sinne formalisierter Konstruktionen betrachtet.

---

1 Zuerst erschienen in: *The American Journal of Clinical Hypnosis 8*, July 1965, 1–2

Ein hervorragender junger psychiatrischer Assistenzarzt, der sich wegen seiner Ängste über eine echte rheumatische Herzkrankheit Sorgen machte, wandte sich beispielsweise unabhängig voneinander an zwei hervorragende Männer, die als Vertreter einer bestimmten psychotherapeutischen Schule weit und breit bekannt waren. Er berichtete über seine Befürchtungen wegen dieser emotionalen Reaktion auf seine Sorgen um sein Herzleiden, erzählte, daß er interessiert sei, eine Familie zu gründen und sich über seine Frau sorge, mit der er seit einem Jahr verheiratet war und die eventuell Gefahr lief, den Unterhalt für ein Kind aufbringen zu müssen, falls sie eins bekommen sollten und wenn er daran gehindert sei, für dieses Kind zu sorgen. Die Ehefrau war Hochschulabsolventin.

Beide Therapeuten versicherten ihm, daß sowohl er als auch seine Frau (sie war noch nicht interviewt worden) nicht weniger als sechs Jahre intensiver Psychotherapie benötigen würden, bevor die Probleme des Familienlebens überhaupt berücksichtigt werden könnten. Beide akzeptierten diesen Rat; der Mann übernahm eine aufreibende Arbeit in einer psychiatrischen Einrichtung, um seine Therapie zu bezahlen; die Frau nahm einen Lehrauftrag an, um ihre zu bezahlen. Sechs Jahre später kam ein ungeplantes Kind auf die Welt, was sie in Verzweiflung und finanzielle Schwierigkeiten stürzte und eine Intensivierung der Therapie zur Folge hatte. Vier Jahre später kam ein zweites Kind, wiederum eine ungeplante Schwangerschaft. Was den vielversprechenden jungen Psychiater betrifft, so war er ein glühender Anhänger seines Therapeuten geworden. Er lebte, atmete und dachte ausschließlich im Sinne der Lehren seines Therapeuten. Inzwischen, nach mehr als zehn Jahren, hat er sich endlich von den mehrfachen wöchentlichen Besuchen in der Praxis des Therapeuten unabhängig gemacht. Aber anstatt wirklich Psychiatrie oder Psychotherapie zu praktizieren, lehrt dieser einst vielversprechende junge Mann weiterhin dieselben Prinzipien, die ihn zehn endlose Jahre lang gefangenhielten und daran hinderten, ein normales Leben zu führen. Dieser Fall ist zugegebenermaßen sehr extrem, doch die Befürworter dieser bestimmten Lehre sind strikt gegen jede Form von Psychotherapie unter zwei Jahren intensiver Arbeit, ungeachtet dessen, daß andere Psychiater sich vielleicht einig sind, daß ein bestimmter Patient nur eine kurze Psychotherapie benötigt. Auch ist dies nicht das einzige extreme Beispiel, das zitiert werden könnte. Kollegen des Autors haben von vergleichbaren Fällen berichtet.

Bei solchen Beispielen wird häufig fetischistisch der Ausdruck „psychodynamische Orientierung" betont, als wäre psychodynamische

Orientierung in ihrer wahren Bedeutung nicht fester Bestandteil aller zwischenmenschlichen Beziehungen. Jede Lehrmeinung, die „psychodynamische Faktoren“ als ihren alleinigen Besitz beansprucht, verdreht entweder blind oder absichtlich die Tatsachen. Doch der Begriff „psychodynamisch“ ist zu einem Symbol geworden – wenn auch zu einem bedeutungslosen –, um das einfache Volk einzuschüchtern, nahezu mystische Werte von großer und seltener Bedeutung anzudeuten und willkürlich definierte Begriffe und Methoden die Aura einer Überlegenheit einzuräumen, während andere therapeutische Erfahrungen konsequent verurteilt werden.

Für den Autor ist jeder Kontakt zwischen zwei Menschen „*psychodynamisch*“, bei dem Vorstellungen und Erkenntnisse ausgetauscht werden. So müßte dieser Begriff angewandt werden, und nicht rigide reduziert auf einen therapeutischen Ansatz.

Jenseits der formalen Strukturen des Denkens und ungeachtet der vorherrschenden Lehrmeinung müßte in jeder therapeutischen Situation die Wichtigkeit der Patienten als empfindungsfähige Wesen mit Bedürfnissen, Fähigkeiten, Erfahrungen und als eigenständige Individuen mit eigenem Erfahrungslernen und Fertigkeiten anerkannt werden. Sie dürfen strenggenommen weder in ritualistische, traditionelle Verfahrensmethoden hineingedrängt noch durch vorherbestimmte Regeln und Formeln eingeschränkt werden.

Unter anderem aus diesen Gründen bevorzugt der Autor die Verwendung von Hypnose als Modalität der Psychotherapie, weil sie dazu dient, die eigentlichen Verhaltens- und Reaktionsmuster des Patienten freizusetzen und sie für einen adäquaten und nützlichen Ausdruck der Persönlichkeit verfügbar zu machen. Hypnose versucht nicht, den Patienten zu einer der vielen willkürlich reglementierten Lehrmeinungen zu erziehen, die möglicherweise zu verschiedenen Menschen passen, jedoch niemals universal angewandt werden können. Hypnose ist vielmehr eine Modalität, die mit außergewöhnlicher Leichtigkeit jene Verhaltens-, Denk- und Gefühlsmuster hervorrufen kann, die dem Wohl des Individuums und der Gesellschaft dienlicher sind als der Förderung irgendeiner Schule interpretativer und spekulativer theoretischer Begriffe und Formulierungen.

Literatur

Baken, P. (1969): Hypnotizability, laterality of eye movements and functional brain asymmetry. *Perceptual and Motor Skills 28*, 927–932.

Bandler, R. a. J. Grinder (1975): *Patterns of the hypnotic techniques of Milton H. Erickson, M.D.*, Vol. 1. Cupertino, CA (Meta Publications).

Barber, T., N. Spanos a. J. Chaves (1974): Hypnotism, imagination and human potentialities. New York (Pergamon).

Bateson, G., D. Jackson, J. Haley a. J. Weakland (1956): Toward a theory of schizophrenia. *Behavioral Science 1*, 251–264. [dt. (1981): Auf dem Weg zu einer Schizophrenie-Theorie. Schizophrenie und Familie. Frankfurt/M. (Suhrkamp)].

Bateson, G. (1972): Steps to an ecology of mind. New York (Ballantine) [dt. (1981): Ökologie des Geistes. Frankfurt/M. (Suhrkamp)].

Bateson, G. (1974) Persönliche Mitteilung (Brief).

Bateson, G. (1975) Persönliche Mitteilung (Brief vom 10. November 1975).

Beahrs, J. (1971): The hypnotic psychotherapy of Milton H. Erickson. *American Journal of Clinical Hypnosis 2*, 73–90.

Beahrs, J. (1977a): Integrating Erickson's approach. *American Journal of Clinical Hypnosis 20*, 55–68.

Beahrs, J. (1977b): That which is: An inquiry into the nature of energy, ethics and mental health. Palo Alto (Science and Behavior Books).

Beahrs, J. a. K. Humiston (1974): Dynamics of experiential therapy. *American Journal of Clinical Hypnosis 17*, 1–14.

Bernheim, H. (1895): Suggestive therapeutics. New York (Putnam). [dt. (1896): Die Suggestion und ihre Heilwirkung. Leipzig/Wien (Franz Deuticke)]

Binet, A. a. C. Féré (1888): Animal magnetism. New York (Appleton).

Bramwell, J. (1921): Hypnotism. London (Rider).

Brickner, R. a. L. Kubie (1936): A miniature psychotic storm produced by a super-ego conflict over simple posthypnotic suggestion. *Psychoanalytic Quarterly 5*, 467–487.

Cheek, D. a. L. LeCron (1968): Clinical hypnotherapy. New York (Grune & Stratton).

Christensen, A. (1975): Luria's neuropsychological investigation. New York (Halstead Press, Wiley).

Copi, I. (1954): Symbolic logic. New York (Macmillan).

Deikman, A. (1972): Deautomization in the mystic experience. In: C.T. Tart (ed.): Altered states of consciousness. New York (Doubleday).

Erickson, M. (1932): Possible detrimental effects of experimental hypnosis. *The Journal of Abnormal and Social Psychology 27*, 321–327. Auch in: E. Rossi (ed.) (1980): The Collected Papers of Milton H. Erickson on Hypnosis, Vol. I. New York (Irvington), 493–497. [dt.: Mögliche nachteilige Auswirkungen von experimenteller Hypnose. In: E. Rossi (Hrsg) (1996): Gesammelte Schriften von Milton H. Erickson, Band II. Heidelberg (Carl-Auer-Systeme).]

Erickson, M. (1934): A brief survey of hypnotism. *Medical Record 140*, 609–613.

Erickson, M. (1935): A study of an experimental neurosis hypnotically induced in a case of ejaculatio praecox. *British Journal of Medical Psychology 15*, 34–50.

Erickson, M. (1939): The application of hypnosis to psychiatry. In: E. Rossi (ed.) (1980): The Collected Papers of Milton H. Erickson on Hypnosis, Vol. IV. New York (Irvington), 3–13. [dt. (in Vorbereitung): Die Anwendung von Hypnose in der Psychiatrie. In: E. Rossi (Hrsg): Gesammelte Schriften von Milton H. Erickson, Band V. Heidelberg (Carl-Auer-Systeme).]

Erickson, M. (1943): Hypnotic investigation of psychosomatic phenomena: Psychosomatic interrelations studies by experimental hypnosis. *Psychosomatic Medicine 5*, 51–58. Auch in: E. Rossi (ed.) (1980): The Collected Papers of Milton H. Erickson on Hypnosis, Vol. II. New York (Irvington), 145–156. [dt. (in Vorbereitung): Hypnotische Untersuchungen psychosomatischer Phänomene: Psychosomatische Beziehungsstudien durch experimentelle Hypnose. In: E. Rossi (Hrsg): Gesammelte Schriften von Milton H. Erickson, Band III. Heidelberg (Carl-Auer-Systeme).]

Erickson, M. (1952): Deep hypnosis and its induction. In: L.M. LeCron (ed.): Experimental hypnosis. New York (Macmillan).

Erickson, M. (1954): Pseudo-orientation in time as a hypnotherapeutic procedure. In: E. Rossi (ed.) (1980): The Collected Papers of Milton H. Erickson on Hypnosis, Vol. IV. New York (Irvington), 397–423 [dt. (in Vorbereitung): Pseudoorientierung in der Zeit als hypnotherapeutische Vorgehensweise. In: E. Rossi (Hrsg): Gesammelte Schriften von Milton H. Erickson, Band VI. Heidelberg (Carl-Auer-Systeme).]

Erickson, M. (1959): Further techniques of hypnosis-utilization techniques. *American Journal of Clinical Hypnosis 2*, 3–21.

Erickson, M. (1961): Historical note on the hand levitation and other ideomotor techniques. *American Journal of Clinical Hypnosis 3*, 196–199.

Erickson, M. (1964): A hypnotic technique for resistant patients: The patient, the technique, and its rationale and field experiments. *American Journal of Clinical Hypnosis 1*, 8–32. Auch in: E. Rossi (ed.) (1980): The Collected Papers of Milton H. Erickson on Hypnosis, Vol. I. New York (Irvington), 299–330. [dt.: Eine hypnotische Technik für Patienten mit Widerstand: Der Patient, die Technik, die Grundlagen und Feldexperimente. In: E. Rossi (Hrsg) (1995): Gesammelte Schriften von Milton H. Erickson, Band I. Heidelberg (Carl-Auer-Systeme)].

Erickson, M. (1965): Hypnotherapy: The patient's right to both success and failure. *American Journal of Clinical Hypnosis* 7, 254–257. Auch in: E. Rossi (ed.) (1980): The Collected Papers of Milton H. Erickson on Hypnosis, Vol. IV. New York (Irvington), 134–138. [dt. (in Vorbereitung): Das Recht des Patienten auf Erfolg und Mißerfolg. In: E. Rossi (Hrsg): Gesammelte Schriften von Milton H. Erickson, Band V. Heidelberg (Carl-Auer-Systeme).]

Erickson, M. (1966): The interspersal technique for symptom correction and pain control. *American Journal of Clinical Hypnosis 3*, 198–209. Auch in: E. Rossi (ed.) (1980): The Collected Papers of Milton H. Erickson on Hypnosis, Vol. IV. New York (Irvington), 262–278. [dt. (in Vorbereitung): Die Einstreutechnik für Symptomkorrektur und Schmerzkontrolle. In: E. Rossi (Hrsg): Gesammelte Schriften von Milton H. Erickson, Band V. Heidelberg (Carl-Auer-Systeme).]

Erickson, M. (1973): An induction technique. In: American Society of Clinical Hypnosis (ed.): A syllabus on hypnosis and a handbook of therapeutic suggestions (Special Issue). Des Plaines, IL, 68–69.

Erickson, M. a. E. Rossi (1974): Varieties of hypnotic amnesia. *American Journal of Clinical Hypnosis 16*, 225–239.

Erickson, M. a. E. Rossi (1975): Varieties of double bind. *American Journal of Clinical Hypnosis 17*, 143–147. Auch in: E. Rossi (ed.) (1980): The Collected Papers of Milton H. Erickson on Hypnosis, Vol. I. New York (Irvington), 412–429. [dt.: Doppelbindungsvariationen. In: E. Rossi (Hrsg) (1996): Gesammelte Schriften von Milton H. Erickson, Band II. Heidelberg (Carl-Auer-Systeme).]

Erickson, M. a. E. Rossi (1976): Two-level communication and the microdynamics of trance and suggestion. *American Journal of Clinical Hypnosis 18*, 153–171. Auch in: E. Rossi (ed.) (1980): The Collected Papers of Milton H. Erickson, Vol. I. New York (Irvington), 430–451. [dt.: Kommunikation auf zwei Ebenen und die Mikrodynamik von Trance und Suggestion. In: E. Rossi (Hrsg) (1996): Gesammelte Schriften von Milton H. Erickson, Band II. Heidelberg (Carl-Auer-Systeme)].

Erickson, M., E. Rossi a. S. Rossi (1976): Hypnotic realities. New York (Irvington).

Erickson, M. a. E. Rossi (1979): Hypnotherapy: An exploratory casebook. New York (Irvington). [dt.: (1981): Hypnotherapie. Aufbau, Beispiele, Forschungen. München (Pfeiffer).]

Gur, R. a. J. Reyher (1976): Enhancement of creativity via free-imagery and hypnosis. *American Journal of Clinical Hypnosis 18*, 237–249.

Haley, J. (1963): Strategies of Psychotherapy. New York (Grune & Stratton). [dt.: (1978): Gemeinsamer Nenner Interaktion. München (Pfeiffer).]

Haley, J. (ed.) (1967): Advanced techniques of hypnosis and therapy: Selected papers of Milton H. Erickson. New York (Grune & Stratton).

Hull, C. (1931): Quantitative methods of investigating hypnotic suggestion: Part I. *Journal of Abnormal and Social Psychology 25*, 390–417.

Huston, P., D. Shakow a. M. Erickson (1934): A study of hypnotically induced complexes by means of the Luria technique. *Journal of General Psychology 11*, 65–97.

Jenkins, J. (1974): Remember that old theory of memory? Well, forget it! *American Psychologist 29*, 785–795.

Kendler, H. a. T. Kendler (1962): Vertical and horizontal processes in problem solving. *Psychological Review 69*, 1–16.

Kinsbourne, M. a. Smith, W. (ed.) (1974): Hemispheric disconnection and cerebral function. Springfield, IL. (C.C. Thomas).

Kroger, W. (1963): Clinical and experimental hypnosis. Philadelphia (Lippincott).

Lundholm, H. (1928): An experimental study of functional anesthesias as induced by suggestion in hypnosis. *Journal of Abnormal and Social Psychology 23*, 337–355.

Luria, A. (1973): The working brain. New York (Basic Books).

Messerschmidt, R. (1927–28): A quantitative investigation of the alleged independent operation of conscious and subconscious processes. *Journal of Abnormal and Social Psychology 22*, 325–340.

Moll, A. (1890): Hypnotism. London (Walter Scott).

Morris, C. (1938): Foundations of the theory of signs. In: V. Neurath, R. Carnap a. C.W. Morris (ed.): International encyclopedia of unified science. Vol. 1, No. 2. Chicago (University of Chicago Press).

Osgood, C. (1953): Method and theory in experimental psychology. New York (Oxford University Press).

Pattie, F. (1956): Methods of induction, susceptibility of subjects and criteria of hypnosis. In: R. Dorcus (ed.): Hypnosis and its therapeutic applications. New York (McGraw-Hill).

Platonow, K. (1933): On the objective proof of the experimental personality age regression. *Journal of Experimental Psychology 9*, 190–210.

Platonow, K. (1959): The word as a physiological and therapeutic factor. Moscow (Foreign Languages Publishing House).

Prince, M. (1929): The unconscious. New York (Macmillan).

Rossi, E. (1972): Dreams and the growth of personality: Expanding awareness in psychotherapy. New York (Pergamon).

Rossi, E. (1973): Psychological shocks and creative moments in psychotherapy. *American Journal of Clinical Hypnosis 16*, 9–22.

Rowland, L. (1939): Will hypnotized persons try to harm themselves or others? *Journal of Abnormal and Social Psychology 34*, 114–117.

Schilder, P. a. O. Kauders (1927): Hypnosis. Washington, D.C. (Nervous and Mental Disorders Publishing Company).

Shor, R. (1959): Hypnosis and the concept of the generalized reality orientation. *American Journal of Psychotherapy 13*, 582–602.

Sidis, B. (1898): The psychology of suggestion. New York (Appleton).

Sluzki, C. a. D. Ransom (1976): Double bind. New York (Grune & Stratton).

Spanos, N. a. T. Barber (1974): Toward a convergence in hypnotic research. *American Psychologist 29*, 500–511.

Sternberg, S. (1975): Memory scanning: New findings and current controversies. *Quarterly Journal of Experimental Psychology 22*, 1–32.

Tinterow, M. (1970): Foundations of hypnosis. Springfield, IL. (C.C. Thomas).

Watzlawick, P. (1978): The language of change. New York (Basis Books).

Watzlawick, P., J. Beavin a. D. Jackson (1967): Pragmatics of human communication: A study of interactional patterns, pathologies and paradoxes. New York (Norton). [dt. (1969): Menschliche Kommunikation. Bern (Huber)].

Watzlawick, P., J. Weakland a. R. Fisch (1974): Change: Principles of problem formation and problem resolution. New York (Norton). [dt. (1974): Lösungen. Bern (Huber)].

Weitzenhoffer, A. (1953): Hypnotism: an objective study in suggestibility. New York (Wiley).

Weitzenhoffer, A. (1957): General techniques of hypnotism. New York (Grune & Stratton).

Weitzenhoffer, A. (1960): Unconscious or co-conscious? Reflections upon certain recent trends in medical hypnosis. *American Journal of Clinical Hypnosis 2*, 177–196.

Weitzenhoffer, A. (1963): The nature of hypnosis, Parts I a. II. *American Journal of Clinical Hypnosis 5*, 295–321; *6*, 40–72.

Weitzenhoffer, A. (1974): When is an „instruction" an „instruction"? *The International Journal of Clinical and Experimental Hypnosis 22*, 258–269.

Whitehead, A. a. B. Russell (1910): Principia mathematica. Cambridge (Cambridge University Press). [dt. (1986): Frankfurt/M. (Suhrkamp).]

Williams, G. (1929): The effects of hypnosis on muscular fatigue. *Journal of Abnormal and Social Psychology 24*, 318–329.

Wolberg, L. (1948): Medical Hypnosis, Vol. I. New York (Grune & Stratton).

Woodworth, R. a. H. Schlosberg (1956): Experimental psychology. New York (Holt).

Personenregister

Sachregister